투자의 태도

초판 1쇄 발행 2020년 8월 25일
초판 7쇄 발행 2020년 9월 15일

지은이 | 곽상준(증시각도기)
발행인 | 홍경숙
발행처 | 위너스북

경영총괄 | 안경찬
기획편집 | 안미성

출판등록 | 2008년 5월 2일 제 2008-000221호
주소 | 서울 마포구 토정로 222, 201호(한국출판콘텐츠센터)
주문전화 | 02-325-8901
팩스 | 02-325-8902

디자인 | 김종민
지업사 | 월드페이퍼
인쇄 | 영신문화사

ISBN 979-11-89352-30-1 03320

투자의 태도

곽상준(증시각도기) 지음

돈을 잃지 않고 투자에 성공하는 기본 노하우

Winner's Secret Library · 위너스북
WINNER'S BOOK

추천사

·금융시장의 면밀한 관찰자, 곽상준

고백하건대 나는 25년간의 펀드매니저 시절 동안, 경제 관련 뉴스를 귀 기울여 듣지 않으려 노력했다. 많은 증권사 애널리스트나 이코노미스트들의 분석자료나 세미나의 내용에도 크게 관심 두지 않았다. 가치투자자를 자처하는 나에게 뉴스나 정보는 심리를 흔들어 평소 스스로 꾸준히 측정하고 있는 투자자산들의 가치를 왜곡시키는 방해물이 될 가능성이 높았기 때문이었다. 예를 들자면 금번 코로나19 사태 초기, 쏟아져 나오는 경제 관련 뉴스를 보고 있노라면 공포심이 커져가 아무리 미리 원칙을 잘 만들어 놓았더라도 도저히 폭락장에서 저가매수를 실행하기 어려웠을 것이다. 애써 뉴스와 분석을 외면한 덕

투자의 태도
004

분에 나는 나의 투자원칙을 지킬 수 있었다. 너무 많은 정보나 자극적인 뉴스는 투자자와 투자 대상의 오히려 경계해야 할 대상인 것이다. 투자의 좋은 성과는 투자하는 자신을 잘 알아야 하고 투자하는 대상에 대해 잘 알아야 하는 소위 '지피지기'의 태도에서 나오는 것이지 빠른 뉴스와 많은 정보에서 나오는 것이 결코 아닌 것이다.

하지만 어느 날, 우연히 '증시각도기' 곽상준의 방송을 유튜브에서 듣게 되었고 순간 매료되었다. 그는 단순히 입담만 좋은 방송 리포터가 아니었다. 깔끔하게 복잡한 금융시장을 정리해주고 가끔씩 자신의 의견을 전달하면서도 전혀 어느 한 방향으로 편향되거나 투자자의 감정을 크게 흔들리게 하지 않는 묘한 재주가 있었다. 그의 해설은 어떤 이벤트를 일방적으로 강조하기보다는 항상 과도한 해석을 경계하며 중용의 미덕을 지키고자 하는 노력이 녹아 있었다. 그는 정답을 제시하려는 인도자라기보다는 시장의 핵심 포인트를 대신 잘 끄집어내어 빠른 시간에 최대한의 것을 전달해주는 타고난 관찰자였다. 요리하는 우리에게 이 재료를 넣고 이 조리법을 써야 한다는 식이 아니라 요즘 이런 재료, 이런 조리법이 새로 나왔는데 이런 식으로 사용하면 유용하니 각자의 요리에 맞게 참조해보시라 하는 식이다. 그런 뉴스와 해석은 좋은 투자를 위해 나에게도 필요하다 생각했고 그의 유튜브 방송은 내가 거의 유일하게 보는 경제뉴스 방송이 되었다.

· 초보 투자자들, 실패한 투자자들의 마음가짐을 보듬어주는

 에세이, '투자의 태도'

'투자의 태도'는 탁월한 관찰자인 그가 20년 긴 세월 동안 산전수전 겪었던 시장상황들, 시장 속에서 보이는 투자자들의 다양한 행태, 그리고 이를 통해 알게 된 가장 기본적이자 핵심적인 투자자들의 덕목들을 서술해내고 있다. 책을 읽는다는 느낌보다는 그냥 그의 진술한 얘기를 듣고 있다는 느낌이다. 그의 방송과 마찬가지로 이 책에서도 그는 한 방향으로 편향되거나 투자자의 감정을 크게 흔들리게 하지 않는 재주를 부리고 있다. 책 내용의 일부로 예를 들어보자.

"가장 빠른 성공의 길은 훌륭한 스승을 만나는 일이다. 훌륭한 스승을 만나서, 그 스승의 행위를 카피copy하고 그대로 패스트paste하는 전략이 가장 빠르게 성공적인 투자자가 되는 방법이라는 이 사실을 기억한다면, 이 책은 사명을 다하는 것이다. 이걸 마음에 새긴다면, 이 책을 잡은 사람들은 금맥을 잡은 것과 마찬가지다."

 이렇게 얘기하면서도 그는 결코 구체적으로 누구를 스승으로 두어야 할지를 강요하지 않는다. 다만 그동안 그가 관찰해오고 학습해왔던 몇몇 스승 후보자들을 소개하고 그들에 대한 정보를 최대한 빠르고 쉽게 파악할 수 있도록 독자들을 유도하고 있을 뿐이다. 이처럼 빠르게 정보를 전달하면서도 그 정보를 습득하는 사람이 스스로 생각하고 판단할 수 있게 하는 방식은 그의 방송 스타일과 무척 닮아 있어 만족스럽다.

이 책은 결코 나같은 전문가나 오랫동안 시장을 탐구하고 경험하여 많은 것을 터득한 투자자들을 위한 서적은 아니다. 나에게는 처음부터 끝까지 너무나 당연하고 익숙한 내용들이 전개되고 있는 책이다. 하지만 이 당연한 '투자의 태도'들이 인지되고 익숙하게 될 때까지 나는 얼마나 많은 시행착오와 고통을 겪어야 하였는가? 이 많은 스토리를 알기 위해 얼마나 많은 시간들이 소요되었던가? 저자는 다양한 각도의 많은 스토리 예시를 통해 자연스럽게 투자 입문자들이 시장의 역사를 습득하고 바람직한 '투자의 태도'를 고찰할 수 있도록 유도하고 있다. '투자의 태도'는 누구는 혼자 끙끙거리며 엄청난 시간과 노력을 소비하며 얻을 수 있는 내용들을 몇 시간의 강의로 쉽게 터득케 하는 '일타강사'와 같은 책이다.

2020년 8월 여의도에서

서준식

타락하는 돈 vs 생산성 향상

· 타락하는 돈

옛날 옛적 이야기로 시작해보자~

어려서 하드로 불리우던 아이스바는 어린 우리들에겐 가장 먹고 싶은 선망의 것이었다.

엄마가 어떤 심부름을 시키던, 하드 하나면 그 심부름은 어렵지 않았다. 그 하드 하나 가격은 10원. 네모난 통에 까만 갓처럼 생긴 고무뚜껑을 열면, 그 안에 드라이아이스와 함께 하얀 비닐 포장으로 들어있던 아이스바. 지금 생각해보면 별맛 아니고 설탕물 얼려 놓은 듯 한것이었는데도, 그거 한번 먹고 싶어 안달하고, 친구가 먹으면 한입이라도 줄까 옆에 서 있던 그런 기억이 난다.

어려서 폐병을 앓은 탓에, 취학 전 큰 병원에 자주 다녔던 기억이 있다. 갈 때마다 아픈 주사를 맞아야 해서 몹시 병원에 가기 싫어했는데, 가기 싫다고 떼를 쓰기 시작하면 어른 여럿이 달라 붙어도 데리고 가기 힘든 고집쟁이였다. 이런 고집쟁이인 나를 주사 맞게 하는 한가지가 있었으니… 병원 앞 리어카에서 팔던 쥐포 한 마리였다. 쥐포가 어찌나 맛나던지, 쥐포를 걸고 주사 맞자고 하면 꾹 참고 주사를 맞던 기억이 난다. 아픈 주사로 눈에 눈물이 그렁한 사이에도, 50원짜리 쥐포 한 마리가 언틘볼 위에서 몸을 비틀며 익어가면 신나하던 모습의 기억이 생생하다. 요즘은 쥐포 하나에 얼마나 할까?

요즘 마트에 가서 아이스크림 하나 잡으면 다들 1,000원 이상씩은 하는 것 같다. 가끔 1+1 행사를 하기도 하지만, 대체적으로 1,000원에 대한 거부감은 그다지 없는 듯하다. 새우깡도 50원 하던 때가 있었는데 지금은 가격이 계속 올라 얼마나 하는지도 잘 모르겠다. 하드를 놓고 보면 10원이 1,000원이 되었다. 효용 가치는 약간 올라가긴 했지만, 사실 하드는 큰 변화없이 그대로 하드인 것인데, 돈 가치는 따지고 보면 1/100로 떨어진 것이다.

돈이 화폐화 된 이후, 돈의 가치는 대체적으로 꾸준히 하락하는 방향을 걸어왔다. 이를 일컬어 '돈의 타락'이라 표현할 만하다. 이 화폐의 타락과 더불어 현대 자본주의 구성의 또다른 핵심은 바로 생산성 향상이다.

자본주의 동력의 핵심 중 하나인 생산성 향상. 과거 수십, 수백 명의 농부가 생산하던 쌀을 이제는 한두 명이 생산한다. 그것도 더 빠른 시간 안에 말이다.

농업 종사 인구는 드라마틱하게 줄었지만, 쌀 생산량은 더 늘었고, 농산물 가격은 상대적으로 더 저렴해진 것에서부터, 벽돌만한 휴대폰이 지금은 주머니에 넣고 다닐만한 크기로 진화한 것을 보면서 우리는 생산성 향상이 얼마나 급격하게 이루어졌는지 확인할 수 있다. 예전 같으면 연구소에 있어야 할 컴퓨터가 내 주머니에 들어와 있으니 이 얼마나 혁혁한 생산성 향상인가?

어렸을 때, MSX 컴퓨터라는 286 컴퓨터를 샀던 기억이 있다. 애플 컴퓨터가 막 소개되고 있을 때, 팩을 꽂아 게임을 하던 그런 컴퓨터였다. 아버지는 컴퓨터 세상이 도래 할거라고 예견하고 일찌감치 컴퓨터를 사주셨는데, 그 당시 한 달 월급보다도 비싼 8비트 컴퓨터를 사서 장난감 게임기처럼 사용하던 기억이 난다. 게다가 컴퓨터 배우라고 학원도 다니곤 했는데… 컴퓨터 공부하면서 프로그램 만든 건 기억에 나는게 없고 아이들과 학원 계단을 오르내리던 기억밖에 없으니…

어쨌든, 화면도 흑백이고 그래픽이 아주 천천히 움직이는 프로그램 제작하던 기억이 남아 있는 그 컴퓨터는 지금과 비교하면 가격이 엄청났다. 당시의 컴퓨터와 지금의 컴퓨터를 비교하면 요즘 것은 하늘을 나는 비행기 같이 느껴진다. 조만간 도래할 가상 현실이 일반화되면, 집안에 있는 컴퓨터로, 비행기 조종 시뮬레이션이 가능할지도 모르겠다.

· 자본주의의 본능 - 인플레이션과 생산성 혁명

잃어버린 30년으로 불리는 일본의 예외적 경우가 있기는 하지만, 인플레이션Inflation[1]에 의한 화폐 타락은 자본주의가 걸어온 일반적인 방향으로 여겨진다. 특별히 코로나19 사태로 인해, 각국이 경기 하락을 방어하기 위해 맹렬히 시도한 재정 확대 정책과 초저금리 기조는 이러한 통화가치 하락을 더욱 부채질할 수밖에 없다. 상상을 초월할 정도로 많은 돈들이 이번 위기를 막기 위해 시장에 풀렸고, 이 풀린 돈들을 잘 회수하지 못한다면, 자연스럽게 통화가치는 하락할 수밖에 없을 것이다. 성장을 갈구하는 자본주의 속성은 인플레이션을 자연스런 현상으로 받아들인다. 급격한 충격을 가지고 오는 하이퍼 인플레이션[2]이 아니라면, 성장이란 이름으로 포장된 인플레이션을 편안히 받아 들이는 경향을 가지고 있다.

자본주의 활동의 또다른 날개인 생산성 향상이란 것은 꾸준히 정방향으로 발전되어 왔다. 그리고 대체적으로는 같은 값으로 더 좋은 물건을 살 수 있는 방향으로 가고 있다. 물론 과점에 의한 퇴행이 있기

---

1) 한 국가의 재화와 용역 가격 등의 전반적인 물가가 지속적으로 상승하는 경제 상태.
2) 하이퍼 인플레이션은 엄청난 폭으로 물가가 상승하는 것으로 쉽게 이야기해 단기간에 1만 원이 1원되는 현상이 발생하는 것을 일컫는다.

도 했지만 세계가 연결된 지금, 이러한 생산성 향상은 거스를 수 없는 대세가 되고 있다. 국제적으로 무역이 활발해지고, 국가 간의 장벽이 온라인을 통해 해소되면서 생산성 향상도 급속도로 진행되고 있다.

근본적으로 자본주의에서의 생산성 향상은 인간의 욕망에 근거하고 있다. 자본주의 시스템에서 생산성 향상이 이루어지는 근간은, 더 좋은 물건을 만들어서 남들보다 더 많이 팔고 더 높은 수익을 내겠다는 의지가 내면 속에 담겨 있다. 물론 위에서 언급한대로 독점이 이루어지면, 투자 없이 더 많은 수익을 내고자 하는 욕망도 실현 가능하다. 그런 점에서 독과점에 대해서 혹독하게 다루는 미국은, 그야말로 자본주의의 전형을 보여주는 국가라 표현할 만하다. 어쨌든 자본주의에서 목도되는 인간 욕망에 근거한 생산성 향상은 자본주의 특유의 문화라 할 만하다. 또한 이는 투자에 있어서도 매우 중요한 포인트이기도 하다.

최근 이러한 생산성 향상 속도는 점차 빨라지고 있다. 인공지능이 일상화되고 있는 현 시점에서는 월등히 빠른 연산 속도를 근거로, 기술진보의 속도가 가속 페달을 밟고 있다. 실제로 미래 20년 후를 예측한다는 것은 이제 거의 불가능할 정도로 진행이 빠르다. 영화가 현실이 되는 그런 사회가 지속적으로 도래하고 있으니 말이다.

· 인플레이션 vs 생산성 향상, 그리고 투자

자본주의의 여러 속성 중 이 두 가지를 언급한 이유는 이것들이 투자에 있어서 가장 중요한 핵심 아이디어이기 때문이다. 이 두 가지를 이해해야만 우리는 투자의 본질을 깨달을 수 있고, 좋은 성과를 거둘 수 있다. 투자는 마치 인플레이션과 생산성 향상이라는 두 물결 위에서 노를 저어가는 여행과 같다라는 생각을 하곤 한다.

인플레이션과 이로 인한 화폐가치 하락을 어떻게 다룰 것인지와 생산성 향상을 이루어가는 과정을 어떻게 간파해서 투자할 것인지가 중요한 투자 과정이 되겠다.

스마트폰 생태계가 형성된 지난 10년은, 생산 효율은 극대화되었는데, 기묘하게도 인플레이션은 억제된 기간이었다. 저금리가 유지되는데도 불구하고, 인플레이션은 쉽사리 나타나지 않았고, 오히려 각국은 디플레이션에 대한 우려로 꾸준히 저금리 대응을 해 오고 있었다. 무엇보다 이렇듯 인플레이션이 약화된 데에는 스마트폰 생태계가 점차 커지면서 나타난 비용 효율성 극대화 측면이 있다. 스마트폰 한 개에 들어가 있는 기능들을 살펴보면, 과거 수십 개 이상의 기기 역할을 하고 있어서, 개인 측면에서는 비용 지출이 확연히 줄었다.

그런데 이런 흐름이 외부적 충격으로 달라질 조짐을 보이기 시작한다. 생산성 향상의 속도가 너무 광속으로 진행되어 인플레이션이 따라올 틈을 주지 않았던 것에서, 화폐의 무한 공급 사건들이 발생하면서 화폐가치를 떨어뜨릴 충분한 공간이 마련되었다. 그렇기에 향후에는 화폐가치 하락과 생산성 향상이라는 두 가지 축 속에서 어떻게 자산을 지켜나갈지는 더욱 중요한 문제가 될 것이다.

2020년 세계를 강타한 코로나19 사태는 각국 중앙은행과 정부로 하여금 실질적인 MMT(현대화폐이론) Modern Monetary Theory or Modern Money Theory[3]를 실행하게 했고, 이 부분은 화폐가치의 하락속도를 가속화 시킬 것이다. 일반적인 봉급 생활자들은 선량하게 열심히 살았음에도 실질 소득이 줄어드는 경험을 하게 될 것으로 보인다.

· 자산을 지킬 방법이 필요

생산성 향상과 화폐가치 하락 속에서 어떻게 자산을 지키고 키워 나가야 할지는 삶에 중요한 요소로 자리 잡을 것이다. 2020년 시작된 일명 '동학개미운동'을 현장에서 목격하면서, 어설픈 지도라도 급하게 필요하다는 생각을 하게 되었다. 무엇보다 현장에서 실전 투자를 해 본 사람의 경험담이 필요하다는 요청이 많았다. 이론적 이야기를 다룬 책은 많지만 실패라 할지라도 현장에서 직접 투자를 경험한 사람들의 책이 많지 않다는 것이 매우 아쉬웠다. 그리고 투자 세계와 실전 투자에서 '어떻게 돈을 버는가?' 하는 문제보다 훨씬 더 중요한, '어떻게 하면 돈을 잃지 않는가?'에 대한 책이 많지 않다는 것도 아쉬운 대목이다.

2008년 이후 약 10년간 미국 시장은 시장 참여가 투자 성공으로 이

---

3) 현대통화이론이라 칭하기도 한다. 경기 부양과 완전 고용을 위해 통화를 독점하고 있는 정부가 화폐를 계속해서 발행해야 한다는 비주류 거시경제이론.

어지는 것을 경험하게 해주었다. 금융시장은 가끔씩 이런 일들을 우리에게 선사하는데, 한국 주식시장의 경우는 2000년 IMF 대세상승장 이후, 저절로 돈 벌게 해주는 시기가 매우 짧았다. 이번 2020년 '동학개미운동'으로 지칭된 운동이 20년만에 그런 시장 흐름을 만들 가능성도 배제할 수 없는 상황에서 투자에 처음 뛰어든 일반 투자자들에게 투자의 궤도를 안내할 나침반이 절실한 상황이다. 특히, 사이버라이제이션cyberization [4]이라고 표현할 만한 세계상의 변화 속에서 각 개인들은 각자도생의 길로 뛰어 들었다. 그 나침반이라는 것이 개인적 선호에 의해 취사 선택되는 상황이 도래했다. 각 개인에게 적용 될 맞춤형 가이드를 받을 길은 찾기가 더 힘들어진 상황이 아닌가 싶다. 물론 과거에도 제대로 된 길안내를 받기란 이 금융시장에서 쉽지 않았다. 이런 상황 속에서 부끄럽기는 하지만, 작은 길안내 책자가 필요하다는 생각이, 준비가 덜 된 필자에게 글을 쓰게 강제했다.

2000년 닷컴 버블 장세 이후, 퇴장한 수많은 투자자들의 전철을 밟지 않기를 바라고, 건전한 투자 문화가 조금이나마 정착되어, 한국의 자본 시장이 미래 꿈나무들을 위한 추진체로 자리잡기를 소망한다. 또한 성실히 일한 사람들의 미래에 대해 보다 희망을 줄 수 있는 곳이 한국의 자본시장이 되길 간절히 바란다.

가능하면 쉽게 접근할 수 있도록 일반 투자자들을 위한 글쓰기를

---

4) 컴퓨터네트워크, 사이버, 인터넷 등을 생활 속으로 받아들이는 행위나 과정.

시도했다. 글도 거칠고 내용도 빈약하기 짝이 없다. 그러나 실전 현장에서 수많은 시행착오와 가다듬기를 거듭하면서 쌓아왔던 경험치는 투자를 시작하는 후배들에게 조금은 도움이 되지 않을까 싶다. 투자를 시작하는 사람들에게 소박한 여행 지도 하나를 건넨다.

자 그럼~ 조금은 어려울 수 있지만, 신나고 재미나고 우리 미래를 희망차게 만들어 줄 투자의 여행을 떠나보자.

곽상준(증시각도기)

차례

01
투자는 공격보다 방어가 먼저

| 자전거 타듯 투자하기

자전거를 탈 줄 아는가? 투자를 자전거 타는 이야기에 빗대어 설명하고자 한다. 자전거는 잘 타는 사람에겐 무척 쉬운 일이기는 하지만, 처음 배울 때는 중심 잡기가 여간 어렵지 않다. 뒤에서 누군가 중심을 잡아주고, 기우뚱거리며 중심 잡기까지 시간이 좀 걸린다. 그런데 중심을 잡고 나면 '이 쉬운 걸 왜 못했을까' 싶기도 한 것이 바로 자전거 타기다.

투자가 이와 비슷한 면이 많다. 누구나 쉽게 하는 거 같아서 시도하지만 중심을 잡기까지 의외로 어려운 점이 많다. 그리고 자전거로 옆 동네까지 갈 땐 별일이 없지만, 자전거로 긴 여행을 떠나게 되면 예기치 못했던 수많은 난관에 봉착하게 된다.

투자가 그렇다. '초심자의 행운'을 맞아 너무나 쉽고 가볍게 수익을 내어 투자가 쉬워 보이기도 하지만, 투자의 시간이 길어지면 본격적인 난관에 봉착하게 된다.

필자의 취미생활은 200km~1,200km에 이르는 장거리 사이클링이다. 꽤 긴 거리에 시간제한을 두고 달리는 란도너스Randonneurs[5]라는 경기를 즐기는데, 장거리 사이클링을 하면서 느꼈던 투자와의 유사점에 관해 이야기를 나눠보고 싶다.

장거리 사이클링을 하다 보면 그게 200km가 되든 1,200km가 되든 중간에 한두 번쯤은 위기의 국면이 연출된다. 배가 고파서 힘이 없는 봉크bonk[6]가 오든지, 무릎이 아프든지, 잠이 오든지, 큰 언덕 앞에 주저앉아 더 못 가겠다고 생각을 하게 된다. 이 같은 여러 번의 고비가 찾아오는데 그 고비를 어떻게 넘기는지가 완주의 핵심이다. 특히 장거리 사이클링 초보자들이 쉽게 적응하지 못하는 부분이기도 하다. 고비가 왔을 때 드는 자괴감은 다음과 같다.

'내가 왜 등 따시게 눕고 편할 수 있는 집 밖으로 나와서 이 고생을 하는 거지?'

'이거 완주한다고 특별한 상을 얻는 것도 아닌데 내가 왜 지금 이 짓

---

5) 200km에서 1,200km 혹은 그 이상의 거리를 제한 시간 내에 자전거를 통해 구간을 돌아오는 비경쟁 대회이다. 경쟁 경기가 아니라 완주하는 데 의의가 있다.
6) 자전거 타기 등의 육체적인 운동을 하던 중 급작스럽게 힘이 없어 그만두어야겠다고 느끼는 순간, 저혈당 증세와 비슷.

을 하는 거지?'

'그냥 포기하고 집에 간다고 아무도 나에게 뭐라고 하지 않는데 편하게 여기서 마감하자.'

'여기서 더 타다가는 사고가 나든가 다치든가 한다. 그만하자.'

'앞으로 놓인 코스가 너무 험해서 이 힘든 걸 더한다는 건 무모해 그만해야지.'

'여기서 무리하면 향후 생활하는 데 분명 지장이 있을 거야.'

포기할 많은 이유들이 머릿속에 떠오르면서 실제로 포기하는 경우가 많다.

그러나 자전거 경력이 많은 사람들은 어려운 고비와 순간을 뚫고 넘어야 완주의 성취감을 만끽할 수 있다는 사실을 경험을 통해서 알고 있다. 물론 오래도록 타서 체력이 준비되어 있기 때문이기도 하지만 그들에게도 분명 힘든 시간은 있다. 그럼에도 경력자들이 완주를 할 수 있게 하는 원동력은 경험을 통한 자제력을 가지고 있기 때문이다.

'지금 힘든 건 맞지만 이 고비만 넘기면 완주할 수 있어.'

'나만 힘든 게 아니라 이 구간은 누구에게나 힘들거야. 포기하지 않고 조금만 지나면 또 나아질 거야.'

이런 여러 가지 경험치가 쌓이다 보면 어려움이 찾아왔을 때, 으레 올 게 왔구나 하면서 초보 때보다는 좀 더 쉽게 넘기기도 한다. 포기하지 않고 정진하면 정말 안 올 거 같이 여겨지던 목적지에 결국엔 도착하는 것이 장거리 사이클링에서 배운 점 중 하나다. 그런데 이런 장거리 사이클링에서 느낀 감정이 투자에 어떻게 도움이 될까?

투자가 좋아서 증권회사에 입사하고 어느덧 20년의 세월이 흐르는 동안 증권사 현장의 모습은 참으로 많이 변했다. 무엇보다 그 많던 투자 열의가 싸늘하게 식고, 주식투자를 터부시하는 문화가, 일반인들이 아닌 증권사 내부에 생겼다. 이는 여러 어려운 과정을 거치면서 수많은 사람들이 투자를 포기하거나 시장을 떠났기 때문이다.

그렇다. 장거리 사이클링을 통해서 배운 투자의 미덕 하나는 '인내'다. 참고 견뎌야 하는 과정이 왜 그렇게 많은지 과정 중엔 고통스럽지만, 그 고비를 넘고 나면 환희의 성취감을 얻을 수 있다는 점은 자전거나 투자나 동일한 감정이다. 투자자에게 필요한 첫 번째 덕목이 뭐냐고 묻는다면, 필자는 주저 없이 '인내'를 첫 번째로 꼽는다.

〈투자에서 인내가 필요할 때〉

* 원하는 기준의 주식이 나올 때까지 주식을 찾는 과정을 지속하고 참아야 한다.

* 자기 기준에 맞지 않는 주식을 사지 않고 견뎌야 한다.

* 자기가 분석한 것이 실제화되는 데까지 시간을 들여 기다려야 한다.

* 5배~10배 이상 수익을 내는 종목군들은 그 과정이 하루아침에 이루어질 수 없다. 그만큼의 충분한 인내가 필요하다. 시간 없이 수익 없다. 그 오랜 시간을 참아내야만 환희의 결과치에 도달할 수 있다.

* 현금을 들고 기다릴 수 있는 것도 강력한 인내 능력 중 하나다. 초보자

들이 거의 갖지 못한 품성이기도 하다.

* 폭락 시엔, 폭락의 끝이 나올 때까지 인내하는 것도 보통 어려운 일이 아니다.

* 공포의 순간에 피해를 입었다고 해도 그 순간을 견뎌내면 회복된다는 믿음을 가지고 참고 기다리는 것도 그 과정의 고통을 생각하면, 꼭 권할 건 아니지만 인내가 그 어느 때보다 가장 필요한 순간이다.

이 외에도 투자를 하다 보면 수없이 많이 인내해야 할 때를 만나게 된다. 투자를 경험한 사람들은 이런 측면에서 투자가 결코 쉬운 게 아니라는 것을 대부분 인정한다. 그러나 전문 투자자 또는 특별히 회사에 고용된 투자자들에 비해 개인은 인내하기에 좀 더 유리한 환경을 가지고 있다. 온전히 내가 책임을 지는 투자이기 때문에, 투자의 책임을 다른 이가 묻지 않는다. 그러나 기관투자가 등은 투자 결과에 대한 엄청난 심리적 압박 가운데 놓여있기 마련이다. 오히려 인내력을 발휘하기엔 개인들이 좀 더 유리한 측면이 있다. 그런데도 내가 쉽게 인내하지 못한다면, 나는 투자에 적합한지를 한번 고민해봐야 한다. 그리고 투자를 계속할지 말아야 할지에 대해서도 심각하게 재점검해 보아야 한다. 또 하나 제대로 투자에 발을 들여놓을지 말지에 대해서도 고민이 필요하다.

필자는 인내 없이 정상의 자리에 간 사람을 아직 본 적이 없다. 투자는 '참을 인忍'자 3개가 아니라 일곱 번씩 일흔 번이라도 기꺼이 해야 하는 영역이다. 물론 '참을 인忍'이 몸에 밴다면 그 인내도 점차 익숙해져 간다. 그렇게 익숙해져 가는 과정을 통해 우리는 서서히 투자자로서 필요한 덕목들을 쌓아가게 된다. 익숙해지면 초보자가 느끼는 것만큼 인내가 어렵지 않다. 경력이 많은 장거리 사이클리스트들이 쉽게 고비를 넘듯, 투자의 세계에서 경력이 많이 쌓이면 여러 어려운 감정의 장애물들을 점차 쉽게 넘어갈 수 있다. 이런 여러 덕목을 쌓기 전에 반드시 기억해야 하는 투자의 원칙들이 있다.

| 투자는 먹는 게임이 아니라 안 깨지는 게임

주식투자하는 사람들끼리 하는 말이 있다. 주식은 먹는 게임이 아니고 안 깨지는 게임이라고… 깨지는 것만 피하면 주식투자로 돈 버는 건 어려운 일이 아니라고…

너무 뻔한 이야기처럼 들리지만 사실 여기엔 상당한 수준의 노하우가 들어가 있는 경험칙이다. 투자로 수익을 내본 사람들은 거의 공통적으로 고개를 끄덕이는 대목이기도 하다.

왜 이 부분이 중요한가 하면 자산증식에 있어 핵심적이고도 가장 빠른 방법이기 때문이다. 안 깨지는 게 가장 빠른 방법이라고? 이해가 안 되는 독자들이 있을 텐데 본 책에서 그 부분을 귀에 못이 박히게 다룰 계획이다. 실제 투자 현장에서는 수많은 사람들이 깨질 것을 각오하고 투자에 뛰어든다. 그러나 성공 투자는 절대 그것이 아니다. 깨지길 각오하고 수익의 바다로 뛰어드는 게임이 아니라, 안 깨지는 길만을 찾아서 걸어가는 길 찾기 게임이다. 정확히는 안 깨지는 투자가 이기는 게임이다. 핵심적 사항은 책에서 계속 강조하게 될 것이다. 왜냐하면 이 사실을 머릿속에 각인하지 않으면, 우리는 패배하는 게임을 할 존재들이기 때문이다.

주식시장에 참여한 시점에 따라서 사람들의 수익률은 천차만별로 벌어진다. 소위 일컬어 '초심자의 행운'이라는 것도 보통은 진입 시점에서 결정되는 부분이다. 2008년 리먼 사태 이후, 2019년 일본 수출 규제 이후, 2020년 3월 같은 폭락 시장 직후에 시장에 진입하면 시장이 나를 성공으로 떠밀었을 것이다. 반대로 2000년 닷컴 버블 이후 2007년 호황 장세 끝, 2018년 1월 바이오 버블 이후 시장에 뛰어들었다면 열심히 노력해도 좋은 결과를 얻기는 어려웠을 것이다. 시장이 열광할 때 들어오면 십중팔구 낭패를 당하고, 시장이 초상집이 되었을 때 들어오면 강력한 '초심자의 행운'을 맛볼 수 있다.

아마 이 책이 많이 팔린다면 시장 상황이 좋을 때일 것이다. 그러니 과거보다 시장이 괜찮다고 생각되는 시점에서 이 책을 집었다면, 투자하는데 매우 신중해야만 한다. 왜 그런지에 대해서는 뒤에 계속해서 설명할 테니, 이 책을 다 완독하고 나서 투자에 임하길 권해본다.

문제는 초심자의 행운이 곧바로 실력이 되지는 않는다는 것이다. 일반적으로 상승장에 참여해 수익을 내본 사람들 가운데 위험관리에 대한 개념이 생기기도 전에 하락 시장을 맞이하면 처참하게 무너지는 경우가 다반사다. 그리고 사실 이런 하락의 경험을 몇 번 하고 나면, '주식은 먹는 게임이 아니라 안 깨지는 게임이다'라는 말이 귀에 들어오기 시작한다.

안 깨지려면, 투자의 태도가 안 깨지도록 만들어져야 한다. 그런데 이게 말처럼 그렇게 쉽지 않다. 그래서 보통은 처절한 실패를 경험하고 실패의 교훈을 쌓아가면서 조금씩 자신의 태도를 바꾸게 된다. 물론 그 사이에 많은 사람들이 시장을 떠난다. '내가 여기 다시 들어오면 성을 갈겠다'라고 이를 갈면서 말이다. 필자와 함께 투자를 이야기했던 업계 선배 중 투자의 세계에 그대로 남아있는 사람은 이제 많지 않다. 심지어 과거 증권사에 근무했다는 사람을 고객으로 만난 적이 있는데, 시장에 대한 무지함에 충격을 받았던 적이 있다. 아무리 증권사 또는 은행, 보험 등 금융회사에 재직하고 있다고 해도 스스로 생각하고 고민하고 공부하고 경험하면서 자기 자신을 수련하지 않으면, 결코 시장에 대해서 이해하기도 어렵고 투자에 대한 지식을 얻을 수도 없다.

안 깨지기 위해서는 적절한 위험관리가 필요하다. 그러나 인간이란 존재가 묘해서 성공을 여러 차례 하거나 수익이 쌓이게 되면 자연스럽게 자기가 잘해서 그렇게 되었다는 착각을 한다. 어쩔 수 없는 인간의 굴레다. 그런데 사실은 그 굴레가 기회이기도 하다. 모든 사람들이 투자에 완벽한 성향을 갖고 있다면 투자의 기회가 이렇게나 많이 생기지는 않을 것이기 때문이다. 인간이 '심리적 존재'라는 사실은 투자의 틈이 크게 열려있다는 것을 의미하기도 한다. 사실 투자에서 성공하는 방법은 이론적으로는 너무나 뻔하다. 사람들이 공포에 빠져있는 공포국면에는 진입을 하면 되고, 환호하는 순간에는 퇴장을 하면 된다는 점은 누구나 쉽게 이론적 접근이 가능하다. 그러나 실제 현장에 들어가서 자기가 그 공포와 환희를 경험하면 상황은 전혀 달라진다. 이는 마치 운동경기를 TV로 시청하는 것과 본인이 직접 경기를 할 때만큼이나 큰 차이를 나타낸다.

예를 들어 프로야구 경기를 볼 때, 우리는 시속 120km/h 즈음밖에 되지 않는 공을 타자가 치지 못하면 저게 뭐냐고 힐난하는 경우도 있다. 그러나 동호인 야구에 나가 타석에서 120km/h 내외의 공을 대해 본 적이 있는가? 프로야구 선수들은 슬라이더를 그 속도로 던지기도 하는데, 그 정도의 속도가 휘어서 들어온다면? 동호인 야구를 경험한 사람들은 다 알겠지만, 그 정도의 공이 나를 향해 들어오면 무서워 타석에 서있기 힘들다. 130km/h 즈음 되는 공이면? 일단 타석에 서기가 싫어진다. '투수 공에 맞으면 나는 어떻게 되는 거지? 황천 가는 건가?' 이런 생각이 이미 머릿속에 들어오기 때문이다. 실전에서 이런 경우를 본 사람들은 이 말에 공감이 갈 것이다. 심지어 동호인들이 던지는 100km/h 아래의 공을 동영상으로 찍어보면 소위 말하는 아리랑볼(이퍼스볼)처럼 느껴진다. 그러나 실전에 들어가면 시속 100km/h만 되어도 타석의 타자는 부담스럽기까지 하다. 그만큼 실전과 이론은 하늘과 땅 차이고, 그 차이가 가장 큰 영역은 투자의 영역이 아닐까 싶다. 그 괴리가 이렇게까지 크지 않았다면 사람들이 이 정도까지 투자를 포기하지는 않았을 것이란 생각도 든다. 한마디로 '투자, 그렇게 만만한 게 아니다.'

투자가 어렵다고 아예 포기하기에는 우리 앞에 놓인 상황도 만만치 않다. 향후 빠른 시간 안에 생산현장은 AI(인공지능)artificial intelligence[7]로 대체될 가능성이 높다. 자동차가 스스로 알아서 다니기 시작하는 세상이 도래했는데, 산업자동화가 현재보다 더 진화하는 것은 너무나 자연스러운 현상이 아니겠는가? 여기서 잠시, 왜 그런 세상이 도래할 것으로 생각하느냐고 묻는다면, '전기 가격이 저렴하기 때문이다'라고 답변하고 싶다. 실제로 아무리 열심히 딥러닝Deep Learning[8] 학습을 진행한다고 해도, 이것이 사람보다 뛰어나기는 쉽지 않다. 그러나 사람은 생리주기라는 것이 있고 유기적인 생물체이기 때문에, 활동을 하기 위해서는 에너지를 보충하기 위해 밥을 먹어야 하고, 또 잠을 자야 한다. 그러나 기계의 특성은 그들의 식량이라고 할 수 있는 전기만 계

---

7) 인간이나 동물의 자연적 지능이 아닌 기계 즉 컴퓨터에 의해 지능이 표현되는 것으로 기계 지능machine intelligence라고도 불린다.
8) 체계가 없고 비구조적인 데이터들로부터 자율적 학습이 가능한 네트워크를 가지고 있는 인공지능이 학습을 하는 하나의 형태로, Deep neural learning(신경학습) 혹은 Deep neural network(신경망)이라고도 불린다.

속해서 공급해 주면 24시간 내내 쉬지 않고 일을 할 수 있다. 스스로가 창의적 존재가 아니기에 지루해하지도 않는다. 이 점이 능력 측면에서는 사람과 비교하기 어렵다. 어린아이들은 개나 고양이를 구분하는데 특별한 에너지가 들지 않는다. 보는 순간 다른 동물이란 걸 알게 되는데, 인공지능은 이것을 구분하는데도 상당한 시간과 에너지가 필요하다. 그러나 쉬지 않는다는 특성이 진보를 가능하게 해주고, 결국 우리 인간이 할 수 있는 일 중에 독특한 창의력을 필요로 하는 영역을 제외한 지루한 영역들은 결국 기계로 다 대체될 공산이 크다. 그것도 그다지 멀지 않은 시간 내에 말이다. 새로운 시대가 펼쳐지면 새로운 일자리가 탄생을 하겠지만, 과거 200여 년 전 기계가 만들어지면서 일자리가 없어져 러다이트Luddite[9) 운동이 일어난 것처럼 우리 생전에 일자리가 급격히 축소되는 상황을 목격하게 될 가능성도 농후하다. 그렇게 된다면, 아마도 가지고 있는 자산의 효율성을 높이는 투자의 영역은 한결 더 중요해지리라고 판단된다. 지금 투자를 남의 일로 치부하고 버리기에는 우리의 미래가 호락호락하지 않다. 여기까지 읽고 나면 많은 독자들이 걱정이 많아지겠다. 그러나 공포로 마케팅해서 장사하려는 사람은 아니니 너무 걱정은 마시라.

본 책의 목적은 실전에서 겪게 될 수 있는 처절한 경험을 최소화하

---

9) 1811~1817년 영국 중부, 북부의 직물공업지대에서 일어났던 기계파괴운동. 정체불명의 지도자 N. 러드라는 인물이 지도하여 운동이 조직적으로 전개되었기 때문에 러다이트운동 불린다.

면서 성공적 투자에 진입하기 위한 가이드 역할이다. 투자에 대한 두려움을 실제로 대처하기 위한 방법을 고민해보고, 향후 투자를 하면서 맞이하게 될 위험이 무엇이고, 어떻게 위험을 관리해야 하는지를 나누고자 한다. 적절한 가이드 역할이 되도록 노력하겠다.

먼저 큰 위험을 다루는 법에 대해서 생각해 보고자 한다. 투자를 하다 보면 다양한 위험들과 맞닥뜨리게 되는데, 작은 위험들은 사실 무시할 수도 있다. 그러나 큰 위험에 대해서는 대처를 잘 할수록 누적수익률을 올리는데 결정적인 기여를 하기 때문에, 어떻게 위험을 다스릴지에 대해서 자전거에서 얻은 경험을 통해 접근해 보고자 한다.

자전거를 타다 보면 참으로 다양한 일들이 발생한다. 한강변 자전거도로를 탈 때 갑자기 아이들이 튀어나온다던가, 도로에 구멍이 크게 파여있다거나, 바닥에 모래가 깔려있다거나, 차가 급작스럽게 끼어든다거나 등등의 상황이 있다. 실력이 늘면 아무래도 위험을 좀 더 잘 피할 수 있다. 다양한 라이딩 경험이 도로 사정을 선제적으로 읽고 대응할 수 있게 해주고, 같이 타는 라이더들의 반응이나 주변 지형지물의 위험에 대한 감각이 길러져서 사고 발생 위험성이 적어지게 된다.

투자도 마찬가지다. 실력이 늘면 늘수록 위험을 피할 가능성이 점차 커지는데, 그럼에도 방심은 언제든 사고를 일으키는 아주 좋은 재료가 된다. 그러나 정말 피할 수 없는 위험들이 가끔 나온다.

400km를 넘어가는 장거리 라이딩에서는 필연적으로 야간 라이딩

을 하게 된다. 보통 자정 즈음에도 라이딩이 끝나지 않고 이어지는 경우가 많은데, 이런 때 시골 산악지역을 돌다 보면, 부지불식간에 고라니나 멧돼지 등이 등장하는 경우가 자주 있다.

2016년 백두대간 450km 코스의 마지막 약 100여 km 남겨두고 지리산 자락으로 접어들었다. 낮 동안 체감온도가 40도를 넘었기에 이미 몸은 지칠 대로 지쳐있었고 체력이 떨어져 판단력도 상당히 흐릿해있었다. 그러나 제한 시간에 맞춰 목적지인 정령치에 도달하기 위해선 쉴 여유가 조금도 없었다. 지금까지도 이미 목표한 시간보다 상당히 느려지고 있었다. 시간당 15km 이상을 전진해야 하는데, 수십 개의 언덕을 넘으면서 속도는 떨어졌고, 더위를 먹으면서 몸은 탈진 상태가 되었다. 너무 힘들었지만 현재 속도를 유지하면 시간 내에 완주가 가능했기에 밤을 새워 지리산 자락을 타고 지리산 정령치를 향해 가고 있었다. 지리산 진입 전 마지막 언덕을 넘고 완만한 내리막을 빠른 속도로 내려가고 있던 중, 눈 깜빡했는지도 알 수 없는 순간에 대형 고라니가 눈앞에 떡하니 서있는 것이 아닌가? 너무나 급박한 순간 브레이크를 잡을 사이도 없이 그대로 고라니와 정면충돌하고 고라니와 필자는 모두 도로에 나뒹굴었다.

필자는 자신이 내리막길 잘 탄다고 생각했고, 실제로 오르막은 느려도 내리막은 남들보다 빠르게 타는 사람이었다. 사람들이 사고를 그리 당할 때도 사고 한번 없이 빠른 내리막 스킬을 자랑하던 사람이었다. 그런데 한순간 그렇게 갑자기 생각지도 못한 고라니가 출현하다니… 도저히 피할 수 없었다. 투자에서도 이런 일이 발생한다. 가까운 대표적인 예가 2020년에 발생한 코로나19 사태였다.

코로나19가 처음 중국 우한에서 발발하면서 우한 폐렴이라고 시작할 때, 사람들은 '후진국 중국에서 사람들이 야생동물 잡아먹다가 사태가 커졌구나. 아니 왜 사람들이 박쥐를 잡아먹지?'라고 생각하고 무시했었다. 게다가 우리는 과거 홍콩 사스와 메르스도 경험을 해보았고 그 상황들을 잘 극복해왔기에 충격이 그렇게 클 것이라고 생각하지 않았다. 우한이란 지역 문제가 세계의 문제가 될 것이라고는 1월 말까지도 전혀 생각하지 않았다. 필자도 그렇게 생각했고 '아주 심각한 독감이구나' 정도로 상황을 안이하게 보았었다.

그러나 그 사태가 점점 커지더니, 평생 처음 겪어보는 사태로 확산되었다. 모든 것들이 셧다운(폐쇄) 되는 놀라운 경험을 하게 된 것이다. 총성 없고 피 흘림 없는 전쟁이라고 표현해야 할까? '전염병이 창궐했다'는 무슨 역사 책에서나 읽을 수 있는 이야기가 현실이 되어 비현실적 현실이 발생되었다. 모든 것이 멈추었다. 금융시장은 허둥댔다. 보다 정확히는 너무 재빨리 움직여 허둥대고 있는 것처럼 보였다. 특별히 미국의 연방준비제도(연준, FED)Federal reserve board[10]의 선제적이고 이례적인 조치들을 보면서 '아니 왜 FED는 저 정도의 조치를

---

10) 국가의 통화금융정책을 수행하는 미국의 중앙은행 연합체. 코로나19 사태 쇼크 발생했을 때, 금리를 제로로 낮추고, 통화를 무한 공급하고 신용도가 낮은 기업의 채권을 매입하는 유동성 완화 조치를 취했다.

취하는 것일까? 뭐 저렇게까지 할 필요가 있나?'하는 생각이 들게 할 정도로 과감한 조치를 취했다. 조치를 취할 당시에 필자에게 처음 든 생각은 '금융시장이 그리도 중요한가? 금융시장 살리기 위해서 이런 정도로 미친듯한 대응을 하는 것은 과하지 않은가?'였다. 그러나 실제 상황은 훨씬 더 궤멸적으로 다가왔고, 모든 것을 쓸어가는 쓰나미처럼 실제 경제는 그보다 더한 총체적 붕괴 상황으로 다가왔다. 전 세계를 한꺼번에 덮는 쓰나미라니… 미국의 실업자 수는 28만 명에서 328만 명, 그다음은 약 670만 명, 또 다음은 2천만 명이 넘어서는… 이전까지 읽어본 적 없는, 지표 수준에서는 상상할 수 없는 숫자를 만나게 되고, 미국 실업률이 20%가 넘을 것이란 전망까지 나왔다. '세상에 이런 일이 실제화되다니, 정말 말도 안 돼!'란 탄성이 연발되었다. 사태 초기 1987년 블랙먼데이Black Monday[11], 2008년 리먼 사태Lehman Brothers subprime mortgage crisis[12]와 비교하더니 결국 2차대전 이후 최악의 실물경기로 표현되었다. 아마 타임머신을 타고 미래로 가서 현재의 상황을 뒤돌아보면 이 상황이 얼마나 독특하고 대단한 일이었는지를 확인할 수 있지 않을까 싶다. 물론, 시간이 좀 더 지나면 기억이 퇴

---

11) 1987년 10월 19일. 뉴욕증권시장에서 일어났던 주가 대폭락 사건을 말한다. 23개의 주요 국가의 주식시장이 폭락했으며, 8개 시장은 20~29%가, 3개 국가는 30~39%(말레이시아, 멕시코, 뉴질랜드), 3개 국가(홍콩, 호주, 싱가포르)는 40% 주가가 폭락했다.

12) 2008년 9월 15일. 미국의 투자은행 리먼브라더스 파산에서 시작된 글로벌 금융위기를 칭하는 말이다. 리먼 파산은 미국 역사상 최대 규모의 기업 파산으로, 파산 보호 신청할 당시 자산규모가 6,390억 달러였다.

색되어 기록으로 확인하게 될 희미한 옛 과거가 되겠지만 말이다.

전염병이 인류 역사에 종종 큰 영향을 미치긴 했지만, 문명화가 상당히 진척되고 의학기술이 발달한 현대사회에서 어떻게 이런 일이 발생할 수 있을까 하는 생각, 정말 얼토당토 않는 현실이라고 느껴지던 그 시점에, 금융시장은 2008년 100년 만의 대공황이 왔다고 여겨지던 그 수준만큼의 충격으로 붕괴하였다. 그것도 금융 역사상 가장 빠른 속도로 말이다.

그야말로 블랙스완Black Swan[13]의 전형을 보게 되었고, 이 사건으로 주변의 수많은 고수들이 고개가 꺾이고 무릎이 꺾어지는 모습을 보았다. 수백억 원이 한 달 만에 공중분해되는 일에서부터 신용 반대매매로 계좌가 제로로 수렴해 깡통이 나버리는 상황까지, 삽시간에 세상이 멸망할 것 같은 상황으로 전개되었다.

이러한 위기의 순간 살아남은 자는 누구였던가? 극소수이긴 하지만, 위기의 조짐을 느끼고 빨리 발을 빼내었던 사람. 그리고 아예 사전에 시장에서 상당한 거리를 두고 있었던 사람 정도였다. 즉, 현금을 빼놓거나 현금화해서 보유하고 있었던 사람들 외에는 전방위적인 타격을 입었다. 그것도 궤멸적인 타격을… 필자도 이 국면에서 '아, 이거 좀 이상하다', '불안한데'라는 여러 감정 속에서 제대로 대응하지 못하고, 역대 최악의 손실률을 기록하며 궤멸당했다. 다행히 신용거래를

---

13) 예상치 못한 갑작스러운 사건, 예기치 못한 일들을 일컬을 때 사용하는 비유다.

거의 하지 않았기에, 엄청난 손실이었음에도 불구하고 그 이후 나타난 V자형 반등 덕분에 다시금 회복을 하긴 했지만, 이때 작성된 '복기록'[14]은 짧은 기간 대비 최대치를 기록할 정도로, 상황에 제대로 대처하지 못했던 자신에 대한 후회와 한탄, 수많은 감정과 실수들에 대한 다짐을 적기도 했다.

자 그럼, 이런 예상치 못하는 상황, 소위 블랙스완적 상황과 회색 코뿔소 상황[15]에서 상처를 당하지 않을 최대한의 방법은 무엇일까?

필자처럼 장거리 사이클링을 즐기다 보면, 1년에 몇 번씩 주변에서 벌어지는 사고 소식을 듣곤 한다. 가장 많은 사고는 타다가 넘어지는 사고이고, 가장 안 좋은 사고는 자동차 또는 동물과 충돌하는 사고다. 동물과 충돌하는 사건은 그것이 발생하는 특정 조건이 반드시 존재한다.

낮에 동물과 충돌했다는 이야기는 거의 들은 적이 없다. 동물과의 충돌사고는 보통 밤 시간에 일어난다. 시야가 잘 확보된 낮 시간에는 고양이 같은 동물이 나타나도 선제적으로 대응할 수 있다. 또한 동물들은 보통 낮에는 출몰하지 않는다. 동물과 충돌이라는 큰 사건이 발

---

14) 바둑이나 투자에서 자신이 한 행위에 대해 반성하고 되새기며 작성하는 일기형식의 글이다.

15) 미국의 작가인 미셸 부커Michele Wucher가 2013년 1월 스위스 다보스에서 열린 세계경제포럼에서 소개. 블랙스완이 예상치 못한 상황을 말한다면, 회색 코뿔소는 큰 위험이 충분히 예견되어 있음에도 우리가 무시해 버리는 상황을 말한다.

생하는 한 가지 조건은 시야가 제대로 확보되지 않고 동물들이 많이 출연하는 환경, 즉 밤이라는 상황이 중요한 포인트 중 하나다. 또 하나의 주요 원인은 내리막이나 빠른 속도에서 발생한다. 오르막길에서 동물과 충돌해 사고 났다는 이야긴 들어본 적이 없다. 이 두 가지 상황이 투자에서도 그대로 연출되는 중요한 포인트들이다.

첫째, 밤이라는 조건은 투자의 세계에서는 '불확실성'이라고 표현할 수 있다. 뭔가 사태가 보이기는 하는데 그 너머에는 무엇이 있는지 잘 보이지 않고, 보이더라도 명확하게 무엇이라고 이야기하기 어려운 그런 상황들이 투자와 금융시장에 종종 발생한다. 상황 전개가 어떻게 될지 파악하기 힘든 상황, 불확실성이 나타난 그런 상황들에서는 일단 심리적으로 노란 불을 켜고 주의운전을 시작해야 한다. 길이 보다 명확하게 보이기 전까지는 언제든 브레이크를 밟을 준비를 하고 엑셀에서 발을 떼는 것이 좋다.

이런 밤에 사고를 당하지 않으려면 어떻게 해야 할까? 어두운 환경에서도 잘 달리는 법이 있다. 밝은 전등을 달고 길이 쭉욱 뻗은 상황에서 컨디션이 좋을 때, 그리고 도로에 충분한 가로등이 설치되어 있고 다니는 차가 없는 길이라면 그런대로 잘 달릴 수 있다. 내 현재 투자의 상황에 그러한 조건이 구비가 되어있는지 확인해봐야 한다. 나는 밤에도 달릴만한 충분한 준비와 경험을 가지고 있는가?

그러나 이런 환경이라 할지라도, 고라니의 출현은 낮이 아니라 밤에 이루어진다. 안전장비를 하고, 주변 여건이 잘 달릴 수 있다고는 하나, 예상치 못한 고라니의 출현까지 막을 수는 없는 일이다. 그럼 고라니와 충돌하지 않기 위해서는 어떻게 해야 할까?

둘째, 동물과 충돌하는 큰 사고의 원인은 속도다. 특별히 내리막에서는 속도가 빨라지기에 위험이 커진다. 속도가 빨라지면 속도를 완벽하게 제어하기 어렵다. 물리적 운동성이 급작스럽게 바뀌는 걸 우리는 '사고'라고 부른다. 시속 50km로 달리던 중 갑자기 0km로 설 수가 없다. 멈춰있는 것과 충돌하지 않고서는 말이다.

사고는 느리게 갈 수밖에 없는 오르막에서 발생하지 않나. 빠르게 내달리는 내리막에서 주로 사고가 발생한다.

우리가 여기서 투자에 원용할 수 있는 중요한 하나의 포인트가 있다. 바로 사고를 당하지 않으려면 이 물리적 법칙에 순응해야 한다. 즉, 속도를 줄여야 한다는 말이다. 그렇다면 투자에서 속도를 줄이는 방법은 무엇일까? 투자에 있어서 가장 느린 것은 무엇일까? 바로 투자하지 않고 대기하는 상태인 현금이다.

투자에서 가장 느리다고 생각하는 현금은 사고를 일으키지는 않는다. 오히려 가장 빠르다고 생각하는 신용과 대출을 사용하여 투자가 급작스런 고라니, 블랙스완을 만났을 때 큰 사고가 발생하는 것이다.

그래서 워런 버핏Warren Buffett은 이렇게 말한다. '레버리지를 사용하는 것은 스포츠카 핸들에 칼을 꽂고 달리는 것과 같다.'

남들보다 월등히 빠르게 달려나갈 수 있지만, 급정거해야 하는 순간 그 칼은 가슴팍을 파고 들어오게 된다.

실제로 지난 코로나19 사태 때, 궤멸적 타격을 입은 사람들은 누구보다도 신용거래를 했던 사람들이다. 신용거래를 하지 않았다면, 그래서 그냥 눈 감고 그 상황을 지나갔다면, 몇 개월간 시장을 떠나있었다면, '언제 무슨 일이 있었는데?'라고 반문하면서 아무 일 없던 것처럼 시장에 컴백할 수 있었을 것이다. 그런데 신용을 사용해서 거래한 경우에는 시장이 폭락할 때, 마진콜margin call[16]을 견디지 못하고 자산이 공중분해되는 경험을 했다.

정말 수많은 고수 자산가들이 이때 큰 어려움에 빠져들었다. 주변에 성한 사람을 찾아보기 힘들 정도의 흐름이었다. 전혀 예상치 못했던 중 역습을 당한 경우라서 피하기 어려웠다. 세계적 투자자로 이름을 드날리던 레이 달리오Ray Dalio[17]나 워런 버핏 같은 위대한 투자자들도 자산 가격이 큰 폭 하락하는 경험을 같이했다. 그러나 시간이 지나면서 시장은 다시 복원되었고, 그 사태 전에 현금을 많이 확보했던 사람들은 대바겐세일한 가격에 자산을 매입해 반등 국면에서 몇 년 치 수익을 단지 며칠 또는 몇 개월 만에 거둬들이게 되었다.

투자자들이 이 부분만 명심한다면 한결 나아진 투자를 할 수 있을

---

16) 신용거래 시 추가 증거금 납부 요구.
17) 미국의 억만장자로 헤지펀드 매니저이자 자선가. 브리지워터 어소시에이츠를 설립하고 세계 최고의 헤지펀드 회사로 성장시켰다.

것이다. 정말 극단적인 경우를 제외하고는 레버리지 사용을 극히 조심하는 것이 좋겠다.

오히려 느리지만 빨리 가는 방법 중 하나는, 현금을 어떻게 보유하고 있는가다. 앞서 잠시 언급했지만 현금이 있는 사람은 시장 폭락 시 최대의 수혜자가 되고, 그것도 단기에 최고의 수익을 올릴 수 있는 기회를 잡게 된다. 이런 점에서 현금은 기회다.

현금이 느리게 돌아가는 것 같아도 두 가지 면에서 느리지 않다는 점을 언급하고 싶다. 첫 번째는 현금을 보유하고 있으면 매수해야 하는 포지션에 있기 때문에 하락하는 시장을 보다 객관적으로 볼 수 있게 된다. 즉, 현금 없이 자산에 몽땅 투자된 경우, 시장 붕괴 시 팔 기회만 노리게 되고, 그러다가 공포심이 가득해져서 자산을 처분하게 되면 최악의 매도시점이 되는 경우가 자주 발생하게 된다. 그러나 현금을 보유할 경우, 매수를 해야 한다는 생각도 같이 돌아가기 때문에 시장 패닉 매도 구간에서 공포에 빠지지 않는 데 도움이 된다.

두 번째는 앞서 언급한 대로, 예상치 못했던 투매 시장이 발생했을 때, 투자자가 그렇게도 원하던 저가에 자산을 매입할 기회를 얻는다. 최근 몇 년간 주식시장의 경우를 살펴보면, 1년에 한두 번씩 꼭 이런 패닉이 발생했다. 그때 현금을 보유한 사람들은 누구보다도 저렴하게 자산을 구입할 수 있었다.

투자에서 수익을 내려면 현금을 투자할 자산으로 교환해야 한다. 현금 자체는 들고 있을 때 이자 외 어떠한 추가적인 소득을 발생시키지 않는다. 현금을 무엇인가 다른 자산으로 이동을 시키고 그래서 그 자산 가격이 상승을 하면, 그 오른만큼 이익을, 반대로 떨어진 만큼은 손실을 내게 된다. 그렇기 때문에 투자 수익을 많이 내고 싶은 투자자들은 보다 많은 자산을 현금에서 다른 투자자산으로 이동시킨다.

사람의 심리는 더 많은 이익을 내고자 할 때 더 큰돈을 투자하고 싶어진다. 영화 〈타짜〉에서 '내 돈 전부와 내 손목을 걸어 부러~'라고 이야기하듯, 가지고 있는 것을 올인해서 큰 수익을 내고 싶은 게 사람 욕심이다. 더 빨리 더 많이 벌고 싶다는 욕망. 이 욕망으로 남들보다 좀 더 빨리 수익 목표에 도달하기 위해 쓰는 방법이 '신용' 사용이다.

영화 〈타짜〉에서도 봤듯이 만약 이게 잘못될 경우, 그야말로 손목이 날아가는, 즉 큰 충돌사고가 발생하게 된다. 신용을 쓰면 빨리 달리는 것처럼 보인다. 그러나 이런 급행열차가 아니라도 생각보다 빨리 달릴 수 있다.

열차보다 느려 보이는 자동차가 열차보다 빨리 달릴 수 있는 방법 중 하나는 멈추지 않고 달리는 것이다. 구체적인 예를 들어보자. 새벽녘, 자동차는 전철보다 월등히 빨리 우리를 목적지까지 데려다준다. 그러나 출퇴근 혼잡시간에는 자주 멈춰야 하기 때문에 절대 열차를 따라잡기 힘들다. 열차는 정해진 역에서만 서고 고속 열차는 멈추는 역도 적다. 열차가 목적지까지 빠르게 도착하는 이유다. 투자도 마찬가지다. 손실을 한번 당할 때마다 자산의 증가 속도는 현저하게 줄어든다. 느리게 가더라도 자산이 손실로 줄어들지 않는다면, 실제 목표

점에 도달하는 속도는 월등히 빠를 수 있다. 빨리 가는 것도 중요하지만 꾸준히 가는 게 오히려 더 중요할 수 있는 게 투자경기다.

단지 빨리 잘 달리는 것만이 투자에서 중요한 게 아니다. 멈추지 않고 꾸준히 달릴 수 있는지가 큰 성공의 비결이자 빠른 성공의 비결이기도 하다. 앞으로 이 부분에 대해서 하나하나 풀어 나갈 것이다.

다음 장에서는 실제로 신용 레버리지를 썼을 때 나타나는 현상들에 대한 이야기와 경험담을 나눠보고자 한다.

| 신용 레버리지의 늪

투자를 하다 보면 누구나 조금 더 빠른 길을 가고 싶어 한다. 투자에 처음으로 임할 때, 누구나 동일하게 갖는 생각이 있다.

'수익을 내고 싶고, 가능하면 더 많이 내고 싶고, 또 가능하면 더 빨리 내었으면 좋겠다.'

그러나 그동안 투자를 해본 결과, 안 깨지고 덜 깨지는 사람들이 누적적으로는 실적이 더 좋은 경우가 많았다. 그런데도 대부분은 덜 깨지는 것보다, 더 먹겠다는 심리 속에서 상처를 많이 입는 경우를 무수히 많이 목격했다. 그 심리를 한번 파악해보자.

무엇보다 투자의 고속도로처럼 보이는 방법이 있다. 실제로 이 고속도로를 잘 타서 상당히 빠른 성공적 보상을 받은 경우도 가끔씩 있다. 바로 신용거래 또는 차입거래가 바로 그 방법인데, 초보 투자자들에게는 아니 사실 상당한 실력자들조차 단 한 번의 예상을 깨는 방향 출현으로 어려움을 당했다는 점은 앞서 여러 번 언급했다.

왜 사람들이 그렇게도 차입거래와 신용거래를 하게 되는지, 그게 왜 위험하다고 하는지에 대해서 살펴보자.

예를 들어 내 돈 1천만 원으로 10% 수익을 내면 100만 원, 남의 돈 1천만 원을 더 빌려 10% 수익을 내면 200만 원, 원금 1천만 원에 수익 200만 원을 같은 노력으로 20% 돈을 벌게 되니 이 얼마나 강력한 지름길인가?

이런 연유로 너무나 많은 사람들이 쉽게 신용에 손을 댄다.

그런데 완벽하게 똑같은 동전의 뒷면을 무시하는 경우가 너무 흔하다. 특히나 상승장이 길어질수록 그러한 상황이 심화되는데 동전 뒷면을 보자.

1천만 원의 돈으로 이번엔 10% 수익을 내는 게 아니라 10% 손실을 내면 100만 원 손해 보고 원금이 900만 원이 되지만, 1천만 원 추가 신용을 해서 10%만 깨지면 원금 중 200만 원이 날아간다. 남은 원금은 800만 원.

너무 뻔한 이야기이기는 하지만, 왜 사람들은 이런 조건들을 잘 알고 있음에도 불구하고 신용거래에 뛰어들게 되는 것일까? 빠르게 성장하고 싶은 욕망이 첫 번째이고, 스스로가 이 욕망을 잘 통제할 것이라고 믿는 것이 두 번째다. 또한 실제로 성공적인 신용 사용을 통해 자산을 크고 빠르게 성장시킨 경우가 세 번째 정도가 되겠다.

이게 왜 투자에 있어 불리한 일인지에 대해서 언급해 보고자 한다.

첫 번째, 빠르게 성장하고 싶은 욕망은 대체적으로 '조급함'과 연결이 되는 경향이 높다. 미천하지만 투자를 하면서 깨달은 투자의 최대 악덕 중 하나는 바로 이 '조급함'이었다. 조급함이 밥이 다 익기 전에 뚜껑을 열게 만들었고, 시세폭발 직전 기다림을 철회하게 했으며, 보유하고 있던 건전한 주식을 내동댕이치고, 내일을 알 수 없는 폭등주로 이동하게끔 우리를 충돌질했다. 투자는 심리게임임에 분명한데 심리적으로 한 칸 내어주고 시작한다는 것은 체급이 다른 사람과 권투를 하는 것이나 마찬가지다.

웰터급(70~77kg) 복서가 미들급(77~84kg) 복서와 싸워서 이기기는 매우 어려운 일이고, 플라이급(57kg 이하) 선수가 미들급을 싸워 이길 수는 없는 일이다. 그런데 '조급함'을 가진 순간, 우리는 심리적으로 현저하게 많은 것을 양보한 상황에서 시작하게 된다는 점을 기억해야겠다. 내가 아무리 심리적으로 충분히 훈련이 되었다 할지라도 판을 유리하게 이끌어가는 게 만만치 않다. 그런데 심지어 투자경력이 쌓이지 않는 사람이야 말해 무엇하겠는가? 심리적으로 불리한 상황에서는 아무리 분석을 잘했다고 해도, 작은 잔진동에도 큰 충격을 받게 되어있다. 본질적 위험보다 그 위험이 증강되어 3배, 4배 크게 보인다고 하면 과연 어떻게 될 것인가? 그때는 나의 이성과 합리성이

나의 공포감을 이성적으로 설명하기 시작한다. 패배할 수밖에 없는 상황에 봉착하게 된다. 이런 심리에 강력한 추진체가 '조급함'이다.

두 번째, 자기는 제어가 가능하다고 믿고 시작한다는 점이다. 이 부분은 자기를 부정적으로 보고, 객관적으로 봐야 투자 게임에서 승리할 수 있다는 전제에서 나를 멀어지게 한다. 투자에 있어서 매우 중요한 심리 법칙 중 하나가 '자기부정'이다. 자기가 실수할 수 있는 존재라는 것, 그리고 자기의 분석이 틀릴 수 있다는 것, 나는 완전한 존재가 아니라는 것에 대한 전제를 깔고 시작해야 우리는 다양한 사람들이 함께 참여하는 시장에서 객관성을 확보할 수가 있다. 기본적으로 인간은 자기 편향적이고, 자기에게 엄청나게 우호적이다. 사실 인간이 스스로에게 우호적이지 못한다면 수많은 사람들은 제정신으로 살 수 없을 것이다. 자기 스스로를 좋게 보는 것은 인간이 가지고 있는 일종의 자기보호본능이라 할 수 있다. 투자의 어려움 중 하나는, 바로 이런 자기보호본능을 해체하고 냉철하게 자기 판단을 남들의 입장, 즉 타자의 눈으로 자기 위치를 분석해 봐야 한다는 것이다. 하지만 '나는 제어할 수 있어!'라는 감정은, 이런 객관성 확보를 무력하게 한다. 내가 서있는 위치가 불명확한데 내가 보는 것이 정확할 것인가? 이는 영점조준이 잘못된 총으로 과녁을 맞히겠다고 애쓰는 것과 같다. 안 되는 일이다.

세 번째, '이미 나는 여러 경험을 통해서 성공해왔고, 검증을 받았다'라는 실제적 성공 경험, 이 부분은 언급하기가 사실 좀 복잡하다.

간략하게 이야기하면 '우리가 언제, 다가올 엄청난 대폭락을 제대로 예측한 적이 있었던가?'라고 되묻고 싶다. '그게 예측으로 가능한 영역이라고 생각하는지'도 묻고 싶다. 이 질문은 초보 투자자들에게 하는 이야기가 아니고, 신용으로 충분히 성공을 거두고 투자에 일정 수준 이상 성공 경험을 가지고 있는 사람들에게 하고 싶은 말이다. 우리가 그렇게 정확히 예측을 한 존재였던가? 그렇다면 묻겠다. 나의 내년은 정확히 어떠할까? 어제의 성공이 내일의 성공으로 이어지는 것이 투자의 세계지만, 그것이 진리처럼 정확하게 보장되어 있지 않기에 단 한 번의 사건으로 10년간의 수고가 물거품이 될 수 있다는 사실이 지난 '코로나19'때에 확인되지 않았던가? 세 번째, 네 번째의 성공이 다섯 번째의 성공으로 이어지지 못하게 만드는 것이 레버리지 사용 아니던가? 마지막 한마디, 오를수록 레버리지를 줄이는 게 맞지 않는가?

사람들은 수익에서 얻는 희열보다 손실에서 느끼는 고통이 무려 3배는 더 크다. 신용 레버리지를 사용할 경우 우리의 심리는 3명의 적과 싸우는 꼴이 된다. 바로 이러한 심리를 헤쳐가기 위해 만들어진 여러 가지 투자방법들이 우리가 그동안 투자방법론으로 일컫는 '가치투자', '안전마진' 등이다. 불리한 심리와 싸울 수 있는 방법론으로 더는 빠질 게 없어 보이는 자산에 투자해서 손실의 아픔을 최소화하고 수익을 얻어내자는 투자법이 '가치투자'이자 '안전마진'에 흐르는 마인드라고 할 수 있겠다.

시간도 중요한 문제 중 하나다. 개인 투자자 최고의 무기는 시간이다. 그런데 신용은 이 무기를 제대로 활용하기 어렵게 한다. 좋은 회사에 투자했지만 잘못될 수도 있다. 의외로 시기를 잘못 선택해서 떨어진다면, 다시 회복될 때까지 여유를 가지고 기다릴 수가 있다. 개인 투자자들이 이 장점을 잘 활용한다면, 누적적으로는 나쁘지 않은 결과를 도출할 수 있다. 이 점 잘 기억했으면 좋겠다. 시장 방향성 매매인, 인덱스ETFIndex Exchange-Traded Fund나 인버스ETFInverse는 대상에서 제외된다.

신용은 이런 개인들의 장점을 무력화시키면서 시간을 적으로 돌리게 되는데, 첫 번째는 대출에 따른 이자비용이 계속해서 연간 수익률을 갉아먹게 된다는 것이다. 기다릴수록 수익이 아닌 비용이 나간다는 것은 절대적으로 불리한 자리가 된다.

두 번째, 신용은 일정 수준 이상 떨어지면 더이상 기다려주지 않는다. 담보비율이 떨어진 만큼 돈을 더 넣으라고 재촉이 들어오기 때문이다. 이렇게 되면 심리적으로는 더 쪼그라들 수밖에 없다. 결국 시간에서도 엄청나게 불리한 환경에서 투자를 진행하게 만드는 게 신용이다.

마치 단거리선수가 배낭을 메고 출발선에 선 상황이나 마찬가지라고 할까?

특별히 지난 몇 년간 한국 시장에서의 신용 사용은 많은 투자자들을 시장에서 떠나가게 했다. 왜냐하면 시장 자체가 미국 시장처럼 꾸준한 상승을 했던 것이 아니라, 중간중간 큰 폭락세가 부정기적으로 자주 찾아왔기 때문이다. 거의 매년 2번 정도의 폭락세가 발생한 것 같다. 신용을 잘 사용해서 돈을 많이 벌었던 전문투자자들도 이런 하락장에 살짝만 잘못하면, 어느 순간 가슴에 칼이 박혀있는 것을 확인할 수 있을 것이다.

여기서 신용 사용의 실제를 한번 살펴보자.

1억 원을 가지고, 1억 원을 더 빌려서 운 좋게 50% 정도 수익을 내면, 실제 내 돈은 2억의 50% 1억 수익금이 합해져, 원금 1억 원 + 수익 1억 원 = 도합 2억 원으로 원본 대비 수익률 100%가 된다. 바로 이런 논리가 신용 사용을 부추기게 되는데, 50% 수익이 난 상태에서 여전히 기존 대출 1억을 포함한, 3억 원으로 투자를 계속하다 갑작스레 이번처럼 코로나19 사태가 터져, 운 나쁘게 50% 손실이 발생하면, 3억 원은 1.5억 원이 된다. 이렇게 되면 증권사에서는 빨리 돈을 갚으라는 재촉이 온다. 1억 원을 다 갚는다면, 내 남는 돈은 5천… 오를 때도 50%, 내릴 때도 50%였지만, 내 원금은 반으로 줄어든다는 사실. 신용의 놀라운 신비이다.

〈수익 50% 시〉

자기자본 1억 + 신용 사용 1억 = 2억

수익률 50% = 1억

자기자본수익률 100%

도합 3억

〈손실 50% 시〉

자기자본 1억 + 신용 사용 1억 = 2억

수익률 − 50% = 1억

자기자본수익률 − 100%

도합 0원(대출 회수)

〈50% 수익 후 50% 손실 시〉

50% 수익 후 잔고 3억(신용 포함)

수익률 − 50% = 1.5억

잔고 1.5억

자기자본 0.5억(대출 회수)

손실의 복리화! 수많은 투자 상담과 컨설팅을 하면서 정말 너무나 많이 보아온 장면이다. 신용은 손실의 복리화로 작용한다.

이 책을 잡아든 초보 투자 독자에게 부탁하고 싶다.

"저하고 약속 하나만 해주세요. 신용 사용은 없을 것이라고 말이지요~"

아, 아니다. 이 신용 레버리지를 성공 투자를 위해서 잘 사용하는 방법이 있다. 신용을 잘만 사용하면, 엄청난 수익을 거둘 수 있는 상당히 좋았던 방법. 실패가 별로 없는 방법이 하나 있다.

오히려 신용과 레버리지를 거꾸로 사용하는 것이다. 그러면 좋은 결과를 얻을 수 있다. 실제로는 포화를 맞은 전쟁터 같은 심리 분위기 지만 신용과 레버리지를 사용하는 것이 아니라, 이것을 거꾸로 사용 하면 엄청난 결과를 거둘 수 있다. 바로 신용 반대매매를 활용하는 것이다.

반대매매란 주식이나 기초자산을 담보로 돈을 빌려준 증권사가 자기 빌려준 돈을 받을 수 있는 마지노선이 깨지면, 고객 계좌의 주식이나 기초자산을 무조건 시장에 팔아서 자신의 대출원금을 회수하는 방법이다. 신용을 사용하는 사람들은 급작스러운 주가 하락이 발생할 경우, 증권사로부터 담보비율 유지를 위한 추가금 입금을 요청받게 된다. 마진콜Margin call이라고 일컫는 상황이다.

왜 이 마진콜이 어마어마한 상황일까? 보통은 투자한 기초자산 가격이 급작스럽게 하락하면, 현금으로 투자한 경우 그냥 견디는 경우가 많다. 심지어 자기의 분석이 잘못되지 않았고, 회사도 건실하고 미래가 밝다면 당연히 버티는 게 맞다. 그 하락의 사이클 이후, 원래의 전망대로 해당 기초자산은 제자리를 찾고 수익을 안겨주기 때문이다. 일반적으로 하나의 자산을 매입할 때, 해당 자산의 미래를 긍정하지 않고 진입하는 경우는 별로 없다. 그래서 보통 시장이 붕괴되어 마진콜이 다가올 때 사람들은 일반적으로 바로 해당 자산을 매도해서, 손실을 확정하기보다는 가지고 있는 다른 쪽 자산을 당겨와서 해당 자산을 지키기 위해 노력한다. 즉 가용할 수 있는 현금을 가지고 와서 마진콜을 막는다. 그런데 시장 붕괴 상황이 생각보다 심각해서 더 하락할 경우, 추가적으로 열심히 융통할 수 있는 자산들을 모아서 마진콜을 막는다. 마진콜이 들어왔을 때, 매도해서 해결하는 경우보다는 마진콜을 막기 위해 애쓰는 과정들이 훨씬 더 흔한 게 사실이다. 그렇다 보니, 최종의 진짜 마진콜이 나올 때는 견디다 못해, 더 이상 긁어모을 수 있는 자금과 융통할 수 있는 신용이 바닥이 났을 때 발생한다. 결국 마진콜이 대규모로 일어날 때는 시장이 바닥일 가능성이 매우 높다. 심지어 그 마진콜이 두 번, 세 번 연속해서 이어지는 경우는 거의 확실한 바닥의 징후다. 한 번의 마진콜 후 얼마 남지 않은 자산마저 마진콜을 당하는 경우, 그래서 소위 깡통이라는, 자산이 제로 또는 마이너스로 둔갑하는 상황이 2차, 3차의 마진콜 상황이다. 시장이 일반적 하락이 아닌, 대규모로 폭락할 때 이런 반대매매가 발생한다. 연속적인 반대매매가 발생하고 나면, 거의 예외 없이 시장은 바닥을 확인하고 반등하곤 한다.

실제로 투자 고수들 중에는 이런 반대매매 발생을 기다려서 투자를 실행하는 투자자들도 있다. 이럴 때만 투자를 해도 높은 수익을 얻을 수 있다는 점에서, 꽤 유용한 방법임에는 틀림없는 듯하다. 그러나 사실 이런 기회를 활용하라고 이야기하는 것은 필자의 본심이 아니다. 아예 이런 일을 당하지 않도록 준비하는 것이 최선의 방법이다. 다른 사람들이 피를 토하며 죽어가는 상황을 기회라고 생각하며 기쁘고 즐거워하는 일이 잦으면 그건 사이코패스가 되는 과정이다. 사람들이 모여서 만들어진 사회라는 곳에서 참사람이 되기 위해서 가져야 할 가장 중요한 덕목 중 하나는 '공감 의식'이다. 우리는 이런 공감 의식이 완전히 결여된 사람을 이해하기 힘들어하고 그래서 그들을 '사이코패스'라 명명했다.

역발상으로 투자해 좋은 성과를 내는 것은 참신할 수 있지만, 사람의 아픔을 아픔으로 여기지 못하는 '사이코패스'는 사회적으로 설 자리가 없다. 사이코패스가 되지 않는 것도 좋은 투자자가 되는 데 꼭 필요한 요소라고 생각한다. 그러니 마진콜을 이용하겠다는 생각보다는, 마진콜 당할 자리에 서지 않도록 노력하라고 권면하고 싶다.

현장에서 당한 처절한 임상들이 많기에 이번 장에서 다룬 신용 사용의 위험성을 다음 장에서 한 번 더 다뤄보고자 한다. 또한 신용 사용의 위험을 줄이는 것은 현금에 대한 개념을 세우는 것으로 가능하다. 현금 보유를 잘해서 기회를 잘 잡는 달인 중 한 사람이 워런 버핏이다. 그가 어떻게 지금의 워런 버핏이 되었는지를 다음 장에서 나눠보고자 한다.

| 워런 버핏의 할아버지, 현금은 선택이 아니라 필수

앞서 깨지지 않는 것이 투자 성과를 올리는 최고의 지름길이라는 이야기를 하면서 현금의 중요성에 대해서 이야기했다. 현금이 중요하다는 것을 모르는 투자자들은 별로 없는 거 같다. 그러나 그게 그렇게 절실하게 와닿지 않는 게 문제. 이 책을 통해서 실제 현금 보유가 중요하다는 사실을 깊이 동감한다면, 본 책에 쓴 돈은 그 어떤 돈보다 값어치가 높아질 것이다.

현금의 중요성에 대해서 누구보다 잘 언급한 분이 계시다. 바로 워런 버핏의 할아버지인 어니스트 버핏이다. 그가 자식들에게 쓴 편지를 필자가 읽으면서, 왜 그토록 버크셔 헤서웨이[18]가 현금을 많이 보유하고 있으며 시장 폭락시에, 그 많은 현금으로 바겐세일하는 기업들을 사들이는지에 대한 이유를 깨닫게 되었다.

투자의 세계에서는 폭락 또는 대폭락의 상황이 부정기적이지만 꾸준히 발생한다. 최근 화폐 발행의 증가로 인해서 이런 변동성이 과거 이야기만은 아닐 것이라고 예상한다. 오히려 더 많이, 자주, 크게 일어날 것이라고 보는 것이 더 합리적이지 싶다. 앞 장에서 언급했던 코로나19에 의한 대대적인 폭락세도 있었지만, 그 이전에도 일본 수출규제에 의한 2019년 8월 폭락 시장. 그리고 바로 그전으로는 미중 무역전쟁 시작과 금리 인상에 의한 2018년 10월과 12월 폭락 등 거의 매

---

18) 미국의 다국적 지주회사. 본사는 네브라스카주 오마하에 위치해 있으며 소유주는 워런 버핏이다. 섬유회사이던 버크셔 헤서웨이를 구입해 여러 회사의 지주회사로 재설립했다.

년 폭락세가 나타났다는 것이 최근 한국 자본시장의 특징이다. 이런 흐름이 최근만의 특이한 것은 아니다. 자본주의의 근본적인 특징이 버블과 공황의 순환 아니었던가? 그것을 강하게 비판했던 경제학자가 바로 마르크스Karl Heinrich Marx며 그의 자본론이 아니었던가?

다시 본론으로 들어가면 100년래 최대 공황, 아니 자본주의 역사 최고의 공황이라고 여기던 1929년 대공황을 경험해봤던 버핏의 할아버지가 자녀들에게 썼던 편지를 재인용 해보도록 하겠다. 1929년 대공황이라는 큰 위기를 겪고 난 사람들의 심리상태를 반영하기는 했지만 투자를 하는 사람들에겐 시사하는 바가 강력하다.

나는 단지 현금이 없어서 온갖 방식으로 고초를 겪는 사람들을 나는 오랜 세월 수없이 보았단다. 당장 현금이 필요해서 재산 일부를 헐값에 팔아야만 했던 사람들도 보았고 말이다.
그래서 나는 즉시 쓸 수 있는 자금 일정액을 오랜 세월 유지해 왔다.

나는 급히 자금이 필요한 상황이 발생하더라도 사업에 지장이 없도록, 오랜 세월 습관적으로 비상금을 적립해 놓았다. 그리고 이 자금을 요긴하게 사용한 사례도 두어 번 있었다.
따라서 나는 누구에게나 비상금이 필요하다고 생각한다. 너희에게는 이런 일이 절대 없기를 바라지만, 아마 언젠가 돈이 필요해질 것이며, 그것도 절실하게 필요한 때가 올 것이다. 이런 생각에 나는 너희가 결혼했을 때 너희 이름이 적힌 봉투에 먼저 200달러를 넣으면서 기금을 적립하기 시작했다. 이후 해마다 봉투에 돈을 보태서 이제는 기금이 1,000달러가 되었구나.

너희가 결혼한 지 10년이 지났고, 이제 이 기금이 완성되었다.

이 봉투를 너희 안전금고에 보관하면서, 이 기금을 만든 목적에 맞게 사용하기 바란다. 이 자금 일부가 필요한 때가 오면 가급적 최소금액만 사용하고 되도록 빨리 채워 넣는 방법을 권한다.

이 기금을 투자해서 이자를 벌고 싶은 마음도 있을 것이다. 그런 생각은 잊어라. 투자로 버는 이자 몇 푼보다는, 언제든 쓸 수 있는 돈 1,000달러가 있다는 안도감이 더 소중하단다. 특히 그 투자로 단기간에 이익을 실현할 수 없다면 말이다.

나중에 이 방법이 좋다고 생각되거든, 너희 자녀들에게도 이렇게 해주기 바란다.

참고로 말하면, 버핏 가문에는 자녀에게 막대한 재산을 물려준 사람도 없었지만, 재산을 전혀 물려주지 않은 사람도 없었단다. 우리 가문 사람들은 번 돈을 모두 쓰는 일이 절대 없어서 항상 일부는 저축했는데 그 결과가 매우 좋더구나.

이것은 너희가 결혼하고 10년을 채운 날에 쓴 편지다.

어니스트 버핏

이 편지는 1939년 버핏의 할아버지가 그의 막내아들이자 워런 버핏의 삼촌인 프레드Pratt Buffett에게 보낸 것이다. 필자는 이 편지를 읽으면서 지금의 워런 버핏에 대한 이해를 한 단계 더 높일 수 있었고, 그의 자산운용방법에 대해서도 좀 더 깊이 이해할 수 있었다. 또한 '자녀들에게 이런 편지와 비상금을 남겨줄 필요가 있겠구나' 생각하면서, 저 당시의 1,000달러면 지금의 얼마쯤인가 생각을 해보기도 했다.

버핏의 할아버지가 편지에서 쓴 첫 문장, '단지 현금이 없어서 온갖 방식으로 고초를 겪는 사람들을 나는 오랜 세월 수없이 보았단다. 당장 현금이 필요해서 재산 일부를 헐값에 팔아야만 했던 사람들도 보았다'는 말을 보면서 머리에 수많은 예들이 스쳐 지나갔다.

증권사가 가장 좋았던 때를 꼽아보라면, 거침없이 1998년 IMF 이후 2000년까지의 기간이라고 이야기할 수 있다. 그 당시는 온라인 거래가 본격화되기 직전이었기 때문에, 주문의 상당수가 오프라인으로 이루어졌고, 그 규모도 꽤 컸던 상황에서 거래량이 폭증했기 때문에 증권사 영업사원들은 전무후무한 거래 수익을 거둘 수 있었다. '바이코리아' 열풍까지 불면서, 지금은 없어진 '바이코리아' 펀드를 출시한 증권사 직원들 중에서는 연봉이 수억씩 되는 사람들이 발에 채는 상황이었다. 그 당시 강남 아파트값이 몇 억대 수준을 했으니 얼마나 큰 연봉이었는지 알 수 있다. (2000년 말 압구정 현대아파트 가격은 대략 2.8억~4억원 수준이었는데, 이런 수준의 연봉을 받는 사람들이 꽤 나 있었다니 대단한 호황이었음을 알 수 있다. 한국경제 참조.)

항상 산이 높으면 골이 깊다는 게 투자 세계에선 진리인지라, 그 이후 시장은 버블 붕괴를 맞이하며, 찬란했던 증권 브로커리지 영업사원들의 전성시대도 마감을 하게 된다. 다시는 돌아오기 힘든 아마도 다시 돌아올 수 없는 시대가 마감한 것이다. 눈 감고 투자해도 수익이 발생하는 그런 시장은 앞으로도 쉽게 찾아오지 않을 것이다. 물론 세상은 돌고 돌며, 주식시장은 수백 년 전에도 그랬으니 앞으로도 그럴 것이다. 하지만 금융시장과 자본시장을 업으로 하여 분석하는 사람들의 툴과 시스템이 급격히 증가했기에 '디지틀조선이 배를 잘 만들어요? 대우조선이 배를 잘 만들어요?'라고 묻는 과거보다 비율적으로 좀 줄어들 것이라 생각된다. 그럼에도 그런 시장 버블은 다시 찾아올 것이다. 하지만 브로커리지 영업사원들이 엄청난 수익을 가져가던 과거와 같을 때는 다시 오기 힘들 것이다. 2020년 이미 그 조짐은 나타나고 있다. '사이버라이제이션Cyberization'은 새로운 시대적 환경을 만들고 개인들이 브로커를 거치지 않고 직접투자하는 시대가 펼쳐진 것이다.

전세계 선물거래 1위라는 기록이 말해주듯 1999년~2000년은 증권사 브로커리지(중개) 사업이 최고조를 찍던 기간이었다. 이 이후 투자문화가 오프라인에서 점차 온라인화되었다. 이제 한국 주식시장에서는 온라인 거래 활성화로 오프라인 거래는 거의 자취를 감추게 되었다.

이러한 온라인화로 증권사 거래 수수료도 급감하면서 증권사의 수익구조가 확연히 변했다. 이제 거래 수수료는 증권사에선 그다지 큰 수익원이 되지 못한다. 그렇다면 무엇이 증권사의 수익원으로 바뀌게 되었을까? 최근에 와서는 소매영업 리테일 브로커리지 부분의 수익보다는 IBInvestment Banking[19] 사업 부분의 수익이 월등히 커지고 있고, 소매영업에서 중요한 수익원은 신용 및 대출 수익이 되고 있다. 그래서 증권 거래자들에게 상당히 쉽게 신용 및 대출을 제공해주는 비즈니스가 소매영업의 주요업무영역이 되었다. 이러다 보니 많은 사람들이 쉽게 신용거래에 손을 대기 시작하는데, 이런 상황으로 인해서 너무나 자주 참혹한 광경을 보게 된다는 점을 앞장에서 강조했다.

정말 극단적으로 이야기를 해보자.

"신용거래하는 계좌가 가루가 되어 사라지는 것은 단지 시간문제일 뿐이다."

정말 많은 순간 위와 같은 일을 경험했다. 그래서 가능하면 고객들에게 신용거래와 대출거래를 피하도록 권하는데도 불구하고, 꼭 그걸

---

19) 기업공개IPO, 증자, 회사채 발행, 구조화 금융, 인수합병(M&A) 등을 주간하고 자문하는 미국 증권회사의 업무를 말한다.

사용하는 사람들은 있게 마련이다. 앞서 이야기했던 대로 스포츠카 핸들에 칼을 꽂고 운전하는 것처럼, 신용을 사용해 시장이 상승하는 흐름을 잘 탈 경우 단기간에 자산이 증가하기도 하지만 부정기적으로 다가오는 폭락장에서 그 돈들이 순식간에 사라져 없어지는 것들, 그리고 그 이후 다가오는 허망하고 비통한 감정들을 너무나 많이 지켜보아왔다. 덕분에 단호하게 이야기할 수 있는 것은 투자 실패의 지름길이 신용거래이자 차입 레버리지 거래라는 사실을 독자들은 가슴에 깊이 명심해주길 소망하며 또 한 번 강조한다. (물론, 대폭락장에서 인생을 걸 듯 투자해 자산가의 길로 접어든 사람들이 많다는 것을 부정하는 것은 아니다. 그러나 본 책의 대상이 되는 투자 초보 독자들을 위한 조언이니만큼 이미 성공하신 분들에게는 아량을 요청한다.)

필자도 버핏의 할아버지가 이야기한 것처럼, 담보 비중이 떨어졌을 때 현금이 없어서 온갖 방식으로 고초를 겪는 사람들을 폭락 때마다 수없이 보아왔고, 마진콜에 넣을 돈이 없어서 가지고 있던 알토란 같은 주식자산을 바닥에 내동댕이치는 사람들을 너무나 자주 보아왔다.

이런 마진콜이 그리 자주 있음에도 불구하고 왜 사람들은 그토록 뻔하게 그러한 일을 당하는 것일까?

빨리 돈을 벌고 싶다는 욕심 때문이다.

다 알고 있는 격언, 황소도 돈을 벌고 곰도 돈을 벌지만, 돼지는 도살당한다[20]는 말은 투자 세계에서 욕심의 위험성을 적나라하게 드러낸 말이자 항상 맞는 말이다.

'욕심이 죄를 낳고 죄가 장성해 사망을 낳느니라'라는 성경 말씀을 원용해 투자 세계에 비유해 보면, '욕심이 손실을 낳고 탐욕이 시장을 떠나게 한다.' 이 점을 잊지 않도록 꾸준히 마음에 대뇌이길 기원한다.

그리고 워런 버핏 할아버지가 한 이야기 중에서 다시금 강조하고 싶은 이야기가 있다. "이 기금을 투자해서 이자를 벌고 싶은 마음도 있을 것이다. 그런 생각은 잊어라. 투자로 버는 이자 몇 푼보다는, 언제든 쓸 수 있는 돈 1,000달러가 있다는 안도감이 더 소중하단다. 특히 그 투자로 단기간에 이익을 실현할 수 없다면 말이다."

이때 1,000달러면, 지금의 10만 달러에 육박하지 않을까 싶은데, 이 적지 않은 돈을 그냥 금고에 넣어둔다면, 어떤 마음이 들까? 정말 너무 아깝다는 생각이 들지 않는가? 그러나 쌓아둔 현금에서 얻을 수 있는 것이 그 이자 돈보다 더 많다는 것이 워런 버핏 할아버지의 이야기이고, 버핏이 실제로 증명한 예이기도 하다. 버핏의 할아버지 어니스트께서 하신 이야기 중에서 정말 투자자들이 새겨들어야 할 대목은 '안도감'이다. 투자에서 안도감은 정말 중요하다. 투자할 때 '아~ 나는 든든해, 괜찮아.' 이런 감정이 중요한 이유는 심리적으로 궁지에 몰리면 판단이 매우 좁아지기 때문에 그러하다. 궁지에 몰린 상황에서의 판단이 미래를 위한 적절한 판단이 되기는 매우 어렵

---

20) 황소(상승장을 상징)도 돈을 벌고 곰(하락장을 상징, 공매도 세력)도 돈을 벌지만, 돼지(탐욕)는 죽는다. 무분별한 탐욕의 대가를 톡톡히 치르는 것을 칭한다.

다. 앞서도 언급했듯 손실 회피의 본능과 손실에서 느끼는 충격파가 워낙에 크기 때문에 우리는 현금을 통한 '심리적 안정감'이라는 우군을 세워 둘 필요가 있다. 워런 버핏의 할아버지 어니스트께서는 이점을 확실히 짚고 있다. 아마도 1929년의 대공황을 몸소 체험했고 사업을 통해 수많은 상황들을 경험하면서 이런 직관력을 갖게 된 것 같다. 하지만 이런 직관력은 투자에 있어서 더욱 중요한 대목이 아닌가 싶다. 그리고 실제로 단순한 '안도감'만이 아니라 심리적 균형을 지켜주는데도 현금이 매우 중요하다는 점도 기억해야 한다.

실제로 2020년 3월 대폭락 시기에, 시장의 초고수들 중 일부는 뜰채로 저수지 물고기를 거두어들이듯, 보유하고 있던 현금으로 대바겐세일에 참여했다. 대폭락장에서 잔고가 절벽에서 떨어지듯 폭락한다면 적절한 투자판단을 하기는 거의 불가능에 가깝다. 시장은 이미 그렇게 초비관에 빠져있는데 내 계좌마저 초손실로 이어지게 될 경우, 내가 아무리 이성과 합리성을 지키려고 노력한다고 해도 나도 더불어 비관론에 빠지는 건 인간으로서 어쩌면 당연한 반응이다. 시장에 휩쓸리지 않으려고 해도 본인이 겪고 있는 타격은, 사람을 그렇게 몰아갈 수밖에 없다. 이때 계좌에 일정 수준 이상의 현금이 있다면 다른 생각을 할 수 있다. 손실이 나고 있기는 하지만, 이 현금으로 얼마나 더 싸게 투자할 수 있을까를 같이 고려할 수 있다. 그렇다면 하락의 패닉 속에 빠지는 과정에서 현금은 심리적 구원투수가 될 수 있고, 실제로 기회를 엿보면서 심리적 중립 구간에 좀 더 오래 머무를 수 있게 하는 방파제 역할을 해주게 된다. 필자는 이를 일컬어 '현금은 심리적 안정감의 보루'라고 표현하고 싶다. 그런 측면에서 현금은 기회비용일 수도 있지만, '기회' 그 자체일 수도 있다는 점을 기억해두길 바란다.

투자에서 가장 높은 수익률이 발생하는 구간은 대폭락 직후이다. 거의 예외 없이 그랬다. 이 기회를 잡는 사람은 대폭락 구간에 매수할 여력이 있었던 사람들이다. 대폭락 이후 단기간에 급등하는 수익률은 일반적인 수익률이 아니다. 단 몇 달, 혹은 며칠 기간에, 몇 년 치의 수익률을 한꺼번에 거머쥘 수 있는 황금 찬스가 되는 구간이 대폭락 직후의 시간들이다. 그리고 이 기회는 현금 보유자들에게 돌아갈 수밖에 없다. 심리적 안정으로 덜 흔들리는 상황에서 기회를 포착할 수 있다는 것은 지불한 기회비용 대비 받는 보상이 엄청난 게임이라는 것, 그것을 현금이 만들어준다는 것, 그것이 고수의 향취라는 것을 다시금 강조하고 싶다.

다음 장에서는 이러한 성취를 이루기 위한 필수적 덕목인 '인내'에 대해서 이야기하고자 한다. 인내 없이 현금 없고, 현금 없이 수익 없다.

투자에서 인내는 쓰고 열매는 달다

투자에 있어서 인내가 중요하다고들 하는데, 거기서 말하는 인내는 도대체 무엇을 말하는 것인가?

일반 투자자들에게서 많이 듣는 이야기가 하나 있다. 바로 '원하지 않는 장기투자를 했다'라는 이야기. 즉, 사자마자 자산 가격이 하락하게 되어 어쩔 수 없이 팔지도 못하고 들고 가는 경우를 일컫는 말이다. 그렇게 해서 본전 또는 수익을 내서 빠져나왔다면 그것이 훌륭한 인내인가? 물론 그것도 상당한 인내다. 그 사이에 만약 시장의 큰 폭 하락까지 동반했다면 그 인내는 좀 더 순도가 높아질 수는 있다.

그러나 이런 인내는 인내라기보다는 방치에 가깝다. 진짜 인내와 방치는 근본적으로 큰 차이가 있다. 또 하나는 나중에 다루어보고자 하는 '손실 회피 본능'이 자연스럽게 장기투자로 이끌었다고 보는 게 더 맞는 이야기다. 인간의 이 손실 회피 능력은 본능이기 때문에 강력하다. 투자에 있어서 이 손실 회피의 감정을 극복하지 못한다면, 성공적인 투자에 이르기 힘들다. 이 다음 장에서 이 부분은 따로 떼어놓고 이야기 나누어보도록 하자.

손실 회피 본능에 의한 인내. 즉, 어쩔 수 없이 맞닥뜨리기 싫어서 당하는 인내보다 우리가 추구할 수 있는 참된 인내는, 성공 투자에 도달하기 위해 그 과정에서 나타나는 온갖 풍파와 고초들과 쏟아부어야 하는 헌신과 노력을 유지하는 인내다. 그런 인내는 수익이 발생함에도 불구하고 분석한 소신에 따라 자기 자리를 지키는 인내이고, 모두가 팔자고 하고, 내 머리에서도 팔아야 한다고 이야기를 하고 있는 중에도, 내 분석이 틀리지 않았다면 자리를 지키는 인내다. 투자하면 단

박에 돈을 벌 것 같은 강력한 유혹이 있음에도 불구하고 내가 모르는 것과 공부하지 않았던 것이기에 투자하지 않는 것, 이런 것이 진정한 의미의 인내라고 할 만하다.

수익이 계속 늘어나고 있는 과정의 인내는 그런 측면에서 보다 차원 높은 인내라고 표현할 만하다. 이는 원하는 자산 가격이 올 때까지 기다릴 수 있다는 것을 의미하는데, 이것이 왜 의미가 있는가 하는 것은 투자 세계의 기본적인 구조를 알면 이해할 수 있다.

기업이란 하루아침에 좋아지거나 나빠지는 것이 아니다. 기업이 비즈니스를 성공적으로 꾸준히 진행하고 시간을 계속해서 축적했을 때 결과가 양산된다. 오늘 설비 증설을 해서 내일부터 실적이 좋아지는 것이 절대 아니다. 설비투자를 하는 경우를 예로 들어보자. 먼저 설비투자를 하는데, 오히려 기업의 현금이 지출된다. 설비를 증설할 땅이 있어야 하고, 그 위에 건물을 지어야 하며, 또 그 안에 설비를 갖춰야 한다. 거기서 끝이 아니다. 그 설비에 들어갈 재료를 사고, 그 설비를 운영할 인원을 뽑거나 배치해야 한다. 이것으로만 마무리된다면 정말 다행이다. 설비와 재료를 투입해서 제품이 원하는 수율로 나올 때까지의 시험운전 기간은 거의 그대로 자본을 투입해야만 하는 시간이다. 물론 여기서 끝이면 다행이지만, 대출금 일부 갚고 비용을 일부 지불하고 잉여금이 수익으로 안착되는 과정까지가 이루어져야 투자의 한 사이클이 완성된다. 이게 어디 하루 이틀에 이루어질 수 있는 일인가? 한 기업이 성공적인 성과를 거두기까지는 기다려주는 시간이 필요하다. 결국 기업의 어느 국면에 투자를 했는지에 따라서 그 시간은 조금씩 달라질 수 있겠지만, 투자를 해서 기업이 좋아지는 데까지는 상당한 시간이 걸리듯, 투자에서도 성과를 올리기까지 인내를 해야 한다는 것은 너무나 당연하다.

초심자들이 하는 가장 큰 실수 중 하나가 바로 이런 기다림의 미학을 생략하고 좋은 결과를 얻고 싶어 한다는 것이다. 그것은 하루아침에 바로 결과를 보려고 하는 심리다. 그런 모습을 볼 수 있는 곳은 경마장이나 카지노 시장 등이다. 그런 곳을 우리는 일컬어 노름판이라고 일컫는데, 여기서 우리는 투자와 노름의 차이를 구분할 수 있다. 물론 이런 카지노조차 투자의 영역으로 바꾸는 사람들이 있기는 하다. 물론 경마나 카지노 외에 전문투자의 영역에도 노름판이 존재한다. 바로 선물과 옵션 시장, 그리고 한국 사람들 상당수를 전사시킨 비트코인 시장 등이다. 최근 몇몇 개인들이 이런 시장에 들어가서 비참히 전사하는 장면들이 유튜브를 통해서 언급되고 있는 것을 보았다.

전문투자가들은 선물과 옵션 등 파생 영역에 있어서도 포지션을 구축해서 거래를 한다. 즉 선물의 근원은 현물의 위험을 분산시키기 위해서 만들어졌다는 원래의 의도처럼, 다른 자산과 함께 포지션을 만들면서 위험을 회피하는 전략을 짜는 경우가 많다. 이런 시장을 개인들이 나름의 전략 없이 자기만의 뇌피셜로 직접 투자에 뛰어들다가는 비참한 결과지를 받게 될 것이다.

물론 이런 노름의 영역에서도 타짜가 만들어질 수 있다. 그런데 그런 타짜가 하루아침에 만들어지는 것일까? 타짜의 영역도 엄청난 노력과 수고의 열매가 쌓여야만 좋은 결과를 얻을 수 있다. 당연히 노름의 영역에서도 성공의 길로 가고자 한다면, 그 성공의 법칙과 성공의 패턴, 성공의 DNA를 온몸에 이식해야만 가능하다. 노름의 영역에서도 하루아침의 성공은 없다. 단, 노름으로 아드레날린이 미친 듯이 나오는 짜릿함을 경험하면서 스트레스를 해소할 수는 있다. 노름의 효용이다. 그런 효용을 비슷하게 얻을 수 있는 영역이 또 있다. 수많은 익스드림스포츠Extreme Sports들이 그것인데. 산악자전거, 패러글라이딩, 알파인스키, 격투기 등 노름이나 익스트림이나 똑같이 스트레스를 풀어줄 수 있는 높은 효용이 있다. 그럼 여기서 하나 측정해봐야 할 것이다. 두 영역 간에서 들어간 비용 대비 효율 말이다. 노름의 영역에서 비용 대비 효율이 높다면 그것도 나쁜 선택은 아닐 수 있다. 그렇게 스트레스를 푸는 것도 삶의 한 방법이 될 것이다. 단 인생에 나쁜 흔적을 남기지 않는 그런 수준에서 말이다.

인내 없이 수익 없다는 이야기를 하고 싶다. 즉 투자의 세계에 공짜가 없다는 이야기, 결국 시간이 갈수록 투하 에너지 대비 보상을 받게 되는 시스템이라는 것을 알게 될 것이다. 한 가지 안타까운 것은 제대로 된 수율을 올리기까지 수율 잡기가 매우 힘든 영역이라는 것이다.

인내의 진수를 한번 이야기해 보자. 나중에 이 이야기가 무엇인지, 수율이 높아질수록 깊이 느낄 수 있을 것이란 생각이 든다. 바로 스트라이크로 들어오는 공을 치지 않고 흘려보내는 워런 버핏의 모습이다. 자신의 입으로 말한 것 보다, 옆에서 객관적으로 진술한 이야기를 통해서 투자 세계에서 볼 수 있는 높은 수준의 인내에 대해 이야기해 보자.

워런 버핏의 최고 파트너 찰리 멍거Charlie Munger[21]의 이야기다.

> "버핏은 그동안 남들보다 훨씬 좋은 기회를 접했는데도 초인적인 인내심을 발휘해 인수를 자제했습니다. (중략)
>
> 그동안 버핏이 저지른 큰 실수는 무엇일까요? 대게 사람들은 일을 실행하는 과정에서 실수를 저지르지만, 버핏이 저지른 큰 실수라고는 인수를 실행하지 않은 실수가 대부분이었습니다. 예를 들어 월마트가 크게 성공할 것으로 확신하면서도 월마트 주식을 사지 않았습니다. 부작위도 매우 중요한 실수입니다. 성공이 거의 확실한 여러 기회를 놓치지 않았다면 현재 버크셔의 순 자산이 500억 달러 이상 늘어났을 것입니다."
>
> – 『워런 버핏 바이블』 본문 중, 워런 버핏/리처드 코너스 저, 에프엔미디어

버핏에 대한 찰리 멍거의 이야기는 그가 왜 버핏의 동업자로 그 오랜 세월을 함께할 수 있는지를 역설적으로 보여주는 대목이기도 하다.

---

21) Charlie Thomas Munger. 미국의 투자자이자 사업가. 워런 버핏은 찰리 멍거를 자신의 파트너라고 소개한다.

바로 서로의 진가를 인정해 주고 있기 때문이 아닐까? 초보 또는 일반 투자자와 위에 언급된 버핏 투자와의 차이점을 간략히 살펴보자.

세계 최고의 투자자인 버핏의 위대함은 그가 기다릴 줄 안다는 것이다. 그는 투자를 야구로 비유해 쉽게 설명해 준다. 투자는 스트라이크아웃이 없는 타자와 마찬가지라는 이야기는 인내와 관련해 가장 유명한 이야기 중 하나다. 야구에서는 스트라이크 세 개안에 치지 못하면 삼진 아웃을 당하지만, 투자에 있어서는 삼진 아웃이 없고, 스트라이크 중에서도 정말로 자기가 좋아하는 공, 잘 칠 수 있는 공이 아니면 흘려보내도 상관이 없다는 이야기다. 사실 투자에 목마른 초년병 시절엔 스트라이크 비슷한 공에도 방망이를 휘두르기 일쑤였고, 스트라이크존에 들어오는 공이라고 하면 내가 잘 칠 수 있는지에 상관없이 흥분해서 방망이를 휘둘러대던 나 자신을 많이 돌아보게 만든 이야기다. 지금도 필자 자신의 선구안에 대해서 여전히 의문이기는 하지만, 워런 버핏의 이야기는 '인내의 정수'이자 투자자를 성장시키는 잠언이라고 표현할 만하다. 버핏의 이런 태도는 남들이 투자로 엄청난 돈을 벌었다는 소식, 내가 아는 누군가가 OOO 종목으로 몇 배 수익을 냈다는 소식, 한번 살펴보고 고민을 했던 종목이 홈런 종목이 되었을 때도 우리 마음을 흔들리지 않게 만들어준다. 옆 사람이 그리고 옆 종목이 크게 수익을 내어도 심리가 잠잠해지는 과정에서, '아! 버핏이 말하던 인내가 바로 이 인내이고, 이게 성장이구나!' 느꼈을 때가 기억이 난다. 버핏의 이런 태도에 대한 다른 이야기를 들어보자.

버핏이 그동안의 전설적 결과를 낸 것은 확실한 투자대상이 선택될 때까지 수많은 다른 스트라이크를 흘려보냈기 때문에 가능했다. 또한 이런 태도를 가지고 투자에 임할 수 있었던 것은 그의 뼛속 깊이 복리의 마법에 대한 본능이 자리 잡고 있기 때문이다.

버핏은 누구보다도 투자 수익의 욕망이 강한 사람이다. 세상에서 그보다 오랫동안 투자를 진행하고 있는 경우는 사실 많지 않다. 90세에 다다른 버핏의 첫 투자는 1942년으로 거슬러 올라간다. 겨우 11살이었을 때 투자를 시작했으니, 이렇게 오랜 시간 투자한 생존자가 지구상에 얼마나 되겠는가? 이렇게 긴 시간 투자를 하고 있는 것은 그가 그 누구보다도 투자를 사랑하고 열망하며, 그에 대한 욕망도 강하다는 것을 표현한다고 말할 수 있겠다.

그의 욕망을 엿볼 수 있는 대목을 살짝 이야기해 보자.

음에는 물속으로 뛰어들어야 합니다. 소액으로 직접투자해 보아야 한다는 말입니다. 계속 모의투자만 한다면 연애소설만 읽는 셈이지요. 조만간 자신이 투자를 즐기는지 알게 됩니다. 시작은 빠를수록 더 좋습니다."

"찰리와 나는 매우 다양한 방법으로 돈을 벌었습니다. ~ 롱텀캐피털매니지먼트 위기가 발생했을 때는 좋은 기회가 왔다고 생각하며 매일 8~10시간씩 자료를 읽고 생각했습니다."

– 「워런 버핏 바이블」 본문 중, 워런 버핏·리처드 코너스 저, 에프엔미디어

새로 투자를 시작하는 사람이 조언을 부탁한다면 나는 워런 버핏의 이런 태도를 다음과 같이 이야기하고 싶다.

"욕심을 버리고 욕망을 실현한다."

버핏이 위대한 이유는 욕망하지만 인내한다는 사실이고, 이 모든 것들을 '복리의 마법' 속에서 실제 구체화했다는 점이다. 보통은 욕망하면 인내하기 어렵다. 그런데 투자에 있어서 어떻게 욕망하는 것이 바른 욕망인지에 대해서 그는 위에서 정확히 알려주고 있다. 욕망한다면 마치 축구 감독이 상대편을 이기기 위해 시합 전, 상대팀과 경기했던 영상들을 분석하고 대응전략을 짜는 것처럼, 승리를 위해 시간과 열정을 투자해야 한다는 것을 말이다.

일반인들 관점에서 생각해 보면 투자 게임에서의 승리를 위해 자신의 시간과 열정을 쏟아붓는 과정들이 인내의 과정들이다. 모든 것이 빨라진 시대, 원하는 정보라면 거의 실시간으로 검색하고 찾을 수 있

는 이 시대에, 투자는 그렇지 않다는 점, 시간과 열정이라는 인내의 과정을 통해서 완성되어가는 건축물이 투자라는 것을 인지하는 것이 필요하다.

초보 투자자들은 일반적으로 욕심은 있으나, 위에서 언급한 '인내의 과정'은 생략하는 경우를 흔하게 보게 된다. 이 구도를 깨지 못한다면, 결국 투자는 실패로 귀결될 가능성이 높다. 그런데 이런 모습을 투자의 현장에서 너무 자주 보게 되는 것은 안타깝기 그지없는 일이다. 실제로 인내의 훈련이 된 투자자가 몇이나 될까?

처음부터 긴 시간을 투자한다고 생각하고 시작했으면 좋겠다. 투자의 내공이 그렇게 빨리 만들어지지 않는다. 이 말을 반대로 뒤집어보면 서두르면 망할 가능성이 높다는 말이다. 완성되지 않은 반제품 자동차를 가지고 도로에 뛰어들면 어떻게 될까? 달리기만 하고 서지 않는 자동차라면? 결과의 끔찍함은 자명하다. 그런데 투자의 세계에서는 이런 모습을 너무 과하게 많이 보게 된다.

이 부분을 꼭 기억해 주시길 바란다. 투자의 고수가 되기 위해서는 수련의 시간이 꽤 많이 필요하다는 것을…

워런 버핏은 "읽을 수 있는 책은 다 읽어라"고 말했다.

고수가 되는 시간을 줄이고 싶은가? 그렇다면 좋은 코치를 만나야 한다. 단순히 좋은 코치를 만날 필요가 있는 것이 아니고 꼭 좋은 코치를 만나야만 한다. 좋은 코치 밑에서 좋은 가이드와 훈련을 받는다면 그 시간을 좀 더 단축시킬 수 있다. 그런데 안타깝게도, 그런 훌륭한 스승들은 대부분 장막 뒤로 넘어가 있는 것이 우리나라의 현실이다. 이 책을 통해 주장하고 싶은 것 중 하나는 투자 고수들이 전면으로 좀 나와서 투자의 세계를 조금 바꿔줬으면 하는 바람이다. 진짜 고수들이 전면에 나서지 않아 가짜 고수들이 중원을 가득 채운 한국의 현실이 안타깝기만 하다.

투자의 도장으로 뛰어들기 원하는 투자자들은 누가 진짜 스승이고 누가 가짜 스승인지 잘 구분해서 배움을 시작해야 한다. 그렇게 하지 않는다면, 인내의 시간은 월등히 길어지게 된다. 투자에서 인내의 중요성은 여러 번 강조해도 지나치지 않는듯하다. 인내를 할 수 있는지는 내가 욕망에서 얼마나 떨어져 있는지와도 상당한 연관성을 가진다. 또한 시장의 마켓 사이클Market Cycle[22]을 읽어내는 데에 있어서도 매우 중요하다.

1장에서는 투자자가 가져야 할 기본적인 덕목에 대해서 살펴보았다. 투자는 인간이 하는 게임이기 때문에 기술적인 면을 배우기 전에 게임에 임하는 인간에 대해서 먼저 알아야 한다. 1장에서는 피해야 할 덕목들, 그리고 우리가 욕심을 어떻게 관리해야 하는지에 집중해서 이야기했다. 기술이 아무리 좋아도 욕심을 제대로 관리하지 못하면 결국 실패로의 귀결은 확정적이라고 할 수 있다. 특별히 투자를 시

---

22) 주식시장의 장기 가격 변이 형태를 말한다.

작하는 초보 투자자들에게는 무엇보다 1장의 내용을 가슴에 새기라는 말을 전하고 싶다. 실제 현장에서 임상으로 경험한 수많은 아픈 경험들을 피할 수 있는 방법을 연구한 것이기 때문이다. 그리고 이런 투자 실패의 길만 피한다면, 얼마든지 투자에서 좋은 결과를 얻을 수 있다는 점을 꼭 기억하고 투자의 세계로 뛰어들기를 바란다.

조금 걱정이 되는 부분은 1장이 투자에 대한 심리를 위축시키지나 않을까 하는 염려가 있다. 그러나 지금의 자본주의 시스템과 2020년 이후 공급된 엄청난 양의 통화는 우리를 투자의 세계로 자연스럽게 이끌고 있다. 앞서 언급한 워런 버핏의 말대로 시작은 빠를수록 좋고 경험은 쌓일수록 발전한다. 제대로 된 투자를 빨리한다면, 투자는 우리를 경제적 자유항으로 인도해 줄 것이다. 이제 경제적 자유항으로의 여행을 떠나기 전에 인간이 어떤 존재인지에 대해서 짚고 넘어가 보자. 이 부분을 짚고 나면 투자에 훨씬 유리한 위치를 점하게 된다. 적을 알아야 전투에서 승리할 수 있지 않겠는가? 인간 본성에 내재된 '투자의 적'에 대한 이야기를 나누어보자.

02

주식은 심리게임이다

| '성공한 똑똑이 남성들'은 투자를 포기하라

업계의 존경하는 선배님이자, 따르고 싶은 롤 모델인 분이 계시다. 바로 신한 BNPP 부사장을 역임하고 지금은 교수님이 되신 서준식 선배님이다. 사실 형이라고 부르고 따르고 싶은 분인데 교수님의 격이 있으신지라 형이라고 부르지는 못하고 항상 마음에 새기고 있는 분이다.

이분의 강연에서 들은 재미난 이야기를 듣고 박장대소를 했던 적이 있다. 그만큼 공감했기 때문이다. 사실은 공감이 아니라, 필자가 20년 업계에 있으면서 꾸준히 경험했던 바를 조사를 통한 데이터로 발표해 주셨기 때문이다.

'어떤 사람들이 가장 투자 성과가 좋지 못한가?'라는 조사였는데 이에 대해 분석한 부분에서 가장 나쁜 투자 성과를 낸 사람들은 '자신감 넘치는 남성'이라는 대목이었다.

미주리 주립대 루이야 오 교수가 14년간 4,800가구를 분석해 발표한 조사 결과였는데 구체적인 내용이 재미있었다. 천장에서 매수하는 사람 = 주식투자 초기에 성공한 자신감 넘치는 남성이었고, 바닥에서 매도하는 사람 = 위험을 싫어하는 자신감 넘치는 남성이었다는 것이다. 필자가 현장에서 이런 경우를 만난 적은 꽤 많았다. 그리고 자신감 넘치는 사람이기도 했지만, 대체적으로 똑똑한 일정 수준의 성공을 거둔 남성일수록 이런 경향이 심했다.

아니 왜 자신감 넘치는 남성일까? 일반적으로 생각하면 이런 성공한 똑똑이 남성들의 투자 성과들이 가장 좋아야 하는 것 아닐까? 그런데 실제 현장에서 경험한 바는 이 이야기가 틀리지 않고, 틀리지 않을 뿐 아니라 정확히 맞는다는 것이다. 도대체 우리들의 일반적 생각과 다른 이런 일이 왜 일어나는가? 왜 그럴까? 현장에서 보고 느낀 바를 적어보자.

필자가 투자 현장에서 만난 똑똑하고 성공한 남성은 자기 계통에서 일정 수준 일가를 이루고, 자신의 업력이나 지식이 남들보다 한 수 우위에 있었다. 또한 그동안 삶을 살면서 했던 판단들이 크게 틀리지 않고, 자기 삶에 자신의 판단과 정보와 인식이 스스로에게 도움을 준 그런 사람들이다. 이런 분들이니 당연히 자신감이 넘치지 않겠는가?

이런 사람들은 세상의 상당히 많은 부분들이 자기의 지식 가운데 있고 자기가 제어할 수 있다고 믿는 경향이 높다. 또한 자기가 그동안 살아오면서 세운 나름의 전통과 계통을 잘 지키고 살고자 한다.

당연한 것이 그들의 그런 태도는 하루아침에 이루어진 것이 아니고 많은 시간과 노력의 결정체라고 할 수 있으며, 그런 태도가 자신의 현재를 만들어왔기 때문에 그것을 버린다면, 그것은 자기 존재를 부인하는 것과 동일한 것이라고 느낀다.

그렇기에 자신감 넘치는 성공한 똑똑이 남성들에게서 볼 수 있는 공통점 중 하나는 자기 확신이 강하다. 자기 확신이 강하다는 것은 무엇인가가 틀렸을 때 그 틀린 것을 인정하기 어렵다는 것을 의미한다. 왜냐하면 살면서 자기가 틀리는 것보다 남이 틀리는 것을 더 많이 보면서 살아왔기 때문이다. 그런데 이런 태도가 일상적인 과업과 사업에서는 불굴의 의지를 의미할 수 있겠지만, 투자에서는 강력한 걸림돌이 된다.

세상에 영원한 것은 없다. 기업의 세계에서는 더욱 그러하다. 오늘 최고의 기업이 다음 국면에서는 추락하는 모습을 우리는 너무나 자주 보아왔다. 시장 지배력 확대를 위한 M&A가 그 회사를 망쳐놓는 경우를 우리는 얼마나 많이 보아왔는가?

거대 기업과 납품이 결정되어 설비 증설을 했음에도 불구하고 원하는 수율이 나오지 않아서, 설비 증설 비용이 고스란히 빚으로 넘어오는 경우도 있고, 새로운 시대에 대응하기 위한 투자를 했는데 명확해 보이던 그 흐름이 바뀌어 투자가 무용지물이 되는 경우도 있다.

투자의 세계는 일상적 과업의 세계와는 조금 다르다. 꾸준히 열심히 하면 잘하게 되는 과업 및 전문적 영역과는 다르게 목표물이 끊임없이 변한다. 때문에 거기에 적응해야 하며 익숙하고 전문화되어야 살아남을 수 있는 곳이다. 마치 변화무쌍한 변화구를 만나서 그걸 치도록 훈련이 되어야 하는 곳이 투자의 세계인데, 빠른 직구를 잘 치도록 훈련된 사람이 자기의 타격감을 믿고 들어오면 헛방망이 하기 일수인 곳이다.

이런 연유로 투자에 있어서 '유연성'은 매우 중요하다. 1장에서 이야기한 '인내'가 투자에 중요한 덕목이고 일종의 기초체력이 되는 품성이라면, 유연성은 투자 성공으로 가기 위한 가장 중요한 품성 가운데 하나다.

여러 번 분석을 거쳐 확신하는 기업에 투자했을 때 높은 투자 성과를 거둘 수 있음은 물론이다. 그러나 그런 깊이 있는 분석도 언제든지 틀릴 수 있다는 가정을 하지 않는 투자는 위험하다. 즉, '열심'이란 게 필요한 곳이 투자의 세계이지만, 일반적 개념의 '열심'이 투자를 그르칠 수 있다. 그 열심을 언제든지 엎어버릴 수 있어야 성공에 이를 수 있는 곳이 투자의 세계다. 과거의 성공이 더 큰 성공으로 이어질 수 있지만 과거에 성공했을 때의 사고방식만을 고수한다면, 오히려 그 성공이 실패로 이끄는 도화선이 될 수 있다는 아이러니가 투자의 세계에서는 상존한다. 이런 측면에서 자기의 '열심'으로 지식의 기반을 쌓아 올린 사람이 투자의 세계로 뛰어드는 것은 매우 위험하다. 세상에서 성공적인 자기 기반을 만들었던 사람이 그동안 내가 알았던 모든 것이 잘못된 것일 수 있다는 그런 가정을 과연 할 수 있을까?

이런 측면에서 서준식 선배와 내가 함께 좋아하는 사람이 한 명 있다. 바로 현대 최강의 경제학자로 일컬어지는 존 메이너드 케인즈John Maynard Keynes다. 많은 이들이 알고 있듯이 케인즈는 세상을 뒤흔든 수요 경제학의 창시자다. 동시에 그는 성공한 뛰어난 투자자이기도 하다. 그가 성공한 투자자라는 점은 그다지 많이 알려지지 않았다. 이 이야기를 들으면 일반적으로 사람들은 그가 뛰어난 경제학자이기에 뛰어난 투자자라고 생각한다. 그런데 정말 그럴까?

역사적으로 투자에서 성공한 경제학자는 찾기가 쉽지 않다. 데이비드 리카도David Ricardo와 케인스가 그 대상으로 언급될 정도다. 현장에서 느끼는 부분도, 오히려 의학이나, 공학, 행정학 등 다른 분야 교수님 중에서는 성공한 투자자가 가끔 나오는데 경제학자 중에서는 그런 경우 찾기가 쉽지 않다. 이 부분에 대해서 필자가 현장에서 이해한 바는 다음과 같다.

경제학자들은 대체적으로 현재 경제 상황에 대한 분석에는 매우 뛰어나다. 그리고 그것을 파악하는 것이 그들의 본업이기도 하다. 그런데 문제는 경제를 읽고 그것을 투자로 연결했을 때 투자에 성공하기 어렵다. 필자는 이런 현상을 다음과 같이 설명한다.

"경제학자들은 경제를 정밀한 사진으로 분석한 데 비해 실제 투자 세계는 그 현상이 동영상으로 흘러가기 때문이다."

구체적인 예를 하나 들어보자. 글로벌 펜데믹Pandemic이었던 코로나 19 사태 당시 모든 국제 여행이 차단되었다. 그리고 각국의 항공사들은 모두 부도 위험에 노출이 되었고, 정부에서 구제금융을 지원받고 연명하는 입장이었다. 그리고 당장은 국제 여행 등이 풀릴 것으로 보이지 않았고 여행을 갈 수 없어 비행기도 필요 없는 상황이 계속되었다.

또 집단으로 사람이 모이는 시설들은 모두 경계의 대상이 되었고, 모이지 못하도록 권고했다. 극장이나 콘서트 폐쇄도 당연한 일이었다. 심지어 믿음으로 죽고 산다는 교회도 폐쇄되는 일을 경험하게 되었다. 평생 처음 보는 사건이었다. 바로 이번 글로벌 펜데믹이 이러한 경험을 우리에게 선사했다.

그런데 엄청난 위기와 앞이 보이지 않는 상황 속에서 항공주, 극장주 그리고 콘서트가 주요 수익원인 엔터테인먼트 회사들 주가가 바닥을 치고 반등을 한다. 현실적으로는 지원이 없다면 망할 가능성이 농후한 회사들 주가가 오른다니 이게 이해가 가는가? 그런데 한국에서뿐 아니라 전 세계에서 실제로 이런 일들이 벌어지고 있다.

왜 그런가? 이 부분에 대해 필자가 있는 〈증시각도기〉 카페에 다음과 같은 글을 올렸다. 코로나19 사태가 글로벌 펜데믹으로 더 퍼져나가는데 시장은 하락을 멈추고 막 상승전환하는 시점에서 씌여진 글이다.

최근 개인들이 시장에 많이 참여하게 되면서, 혼돈 속에 빠져있는 것을 쉽게 발견한다.

이 부분은 과거 언급을 했지만 다시 설명해 보면, 금융시장과 실물시장 간의 시간차가 있으며 이것을 반드시 이해해야 한다.

자본주의에서는 돈이 생명과 같게 취급되기 때문에 돈을 가지고 직접 게임에 뛰어든 사람들은 이 돈의 흐름을 좌우할 이슈에 대해서 가장 민감하게 반응한다. 바로 이 점이 '선행성'이란 본성을 가지고 나타난다. 즉, 실물보다 빠르게 금융시장에서 선반영된다.

미국 코로나 상황이 쉽게 해소되지 않고 여전히 사망자는 꽤 많은데, 왜 시장은 오르는가?라는 질문을 많이 받는다. 그리고 이 때문에 많은 사람들이 인버스 ETF에 들어가서 난타를 당하고 있기도 하다.

지금 현재의 코로나는 이미 과거 주가에 반영했다. 우리의 주요 관심은 앞으로 다가올 코로나이다. 근데 이건 가봐야 아는 영역.

지금 시장 반등은 초기 코로나 사태 해결을 위해 푼 돈에 의한 상승이라고 해석 가능하다. 그러니 지금 시점에 대한 시차 인식을 갖지 않으면 혼돈 속에 빠질 수밖에 없다. 지금의 혼돈이 금융시장을 꺾으려면, 다음 국면의 경기, 경제 악화를 담보해야만 한다. 지금 경기 악화는 이미 다 알고 계산 끝낸 상황 아니던가?

'선행성'에 대한 인식이 없다면, 투자는 계속해서 혼돈 속에서 헤맬 수밖에 없다. 이 부분에 대한 인식을 명확히 할 필요가 있다. 그리고 금융시장에서 '이슈'라는 것은 초기 발현 시 가장 영향력이 크고, 그게 꺾이는 순간 영향력은 반감된다. 이 부분도 기억해야 한다. 그래서 3월 중순, 그러니까 여기에는 3월 20일에 글을 쓴 내용이 하이일드 스프레드High yield Bond Spreads가 꺾이는 그 시점, 황소가 반격을 시작한 그 시점부터 2008년식의 경제 위기 상황은 종료되기 시작했다. 문제가 될 거였다면 하이일드 금리가 꺾이지 않고 계속 올라가면서 우려된 사태가 실제화되었을 것이다.

'선행성'에 대해서 인식을 하고 시장을 보면 도움이 될 것이다.
금융과 실물 사이의 시차를 섞지 말자. 섞는 순간 길을 잃을 가능성이 높아진다.
특별히 이번 코로나 사태는 이점이 더 명확한 상황이다.

공포는 코너를 돌았을 때, 갑자기 앞이 안 보일 때 구체화되는 것이다. 부엉더라도 앞이 보이면 갈 수 있다. 그러나 안 보이면 공포감이 커진다. 즉, 현재 나타난 코로나 확진 확대 등의 문제들이 공포감을 일으킬 정도로 규모가 더 크게 커지지 않으면, 기존 이슈로는 공포를 끌어오는 힘이 약하다.

시차와 간격을 꼭 이해하고 실물시장을 보면 도움이 될 거 같아 주저리주저리 한 자 적어보았다.

— 네이버 카페 〈증시각도기〉 투자 인사이트

필자가 언급한 핵심 아이디어는 바로 '선행성'이다. 투자자들은 미래를 바라보고 있다. 그렇기 때문에 투자자들에게는 지금 현재는 이미 지나간 과거가 되는 경우가 많다. 사진과 동영상의 차이라는 관점에서 보면 동영상이 그렇다. 지금 보고 있지만 다음 장면이 연속해서 이어진다. 그러나 정밀 사진은 그렇지 않다. 그 사진은 이미 발생한 과거다. 경제학자들이 사태 파악을 정확히 하려고 노력하지만, 그것은 이미 과거의 일이다.

그러나 투자의 세계에서 현재 일어나고 있는 일은 미래 가격을 분석하는 일이다. 우리는 이것을 '미래를 프라이싱pricing 한다'라고 표현하는데, 가능하면 한국말로 이야기 나눠보도록 하자. 투자자의 오늘은 이미 내일을 계산하고 있다는 것. 이것을 받아들여야만 투자의 세계로 제대로 뛰어들 수 있다. 이것이 성공한 똑똑이 남자들에겐 그렇게 어려운 일인 거 같다. 다시 앞서 언급한 투자에 성공한 경제학자 케인스에게로 돌아가보자.

그가 뛰어난 경제학자라서 뛰어난 투자자가 되었는가? 적어도 한때 그러했다. 그의 경제전망을 가지고 탑다운Top down[23] 식 통화 투자 등을 통해서 성공을 일구기도 했다. 그러나 결국 그는 투자에 실패했다. 그리고 그는 다시 일어났다. 투자자로 말이다. 그의 경제 지식을 어디에 두었는지 모르지만, 새롭게 투자의 세계를 정의하고 그에 맞게 자

---

23) 큰 요인에서 작은 요인으로 이어지는 원인을 분석한 투자방식. 미국의 금리 인상, 국제유가상승 등을 고려하여 금융시장 개별 기초자산의 오르고 내림을 예측하여 하는 거래다.

신의 옷을 갈아입었다. 경제 지식인이 아니라 투자자로서 옷을 갈아입고 투자에 임하면서 투자에서 큰 성공을 거뒀다. 다르게 이야기하면 그는 경제학자로서 투자에 성공했다기보다는 투자자로서 투자에 성공했다고 표현하는 게 맞다.

필자는 이를 다음과 같이 패러디하고 싶다. 예수께서 "사람이 거듭나지 않고는 하나님 나라에 들어올 수 없느니라"고 말하셨는데, "성공한 똑똑이 남성은 거듭나지 않고는 투자 세계의 성공에 이를 수 없느니라"라고 말이다. 더불어 언급한다. 유연성은 투자의 세계에서 필수적인 요소다. 밥을 지을 때, 쌀과 물과 불이 필요하다. 투자의 세계에서도 쌀과 물과 불 중의 하나를 말해 보라면, 이 '유연성'을 이야기하고 싶다. 지금까지는 그렇지 못했지만 향후 경제학자 중에서 크게 투자에 성공하는 사람들이 나올 것이라고 본다. 최근에 크게 성장하는 경제학 분야가 바로 투자와 연관이 되어있는 경제학이라고 볼 수 있는 '행동경제학Behavior Economics[24]'이기 때문이다. 이는 인간 행위의 부조리함, 비이성적 행위에 대해서 잘 증명하고 있다.

다음 장에서 이 새로운 경제학 흐름에 대해 이야기 나눠보도록 하자.

---

24) 이성적이며 이상적인 경제적 인간을 전제로 한 경제학이 아닌 실제적인 인간의 행동을 연구하여 어떻게 행동하고 어떤 결과가 발생하는지를 규명하기 위한 경제학이다.

앞 장에서 경제학자들에 대해서 조금 혹독하게 다룬 게 아닌가 싶다. 이 번 장에서는 경제학자들을 구원해 줄 방법에 대해 이야기하고자 한다.

지금까지 경제학은 고전주의 경제학과 케인스주의, 신고전주의, 그 리고 또 다른 변형인 신자유주의 경제학 등으로 분류되었다. 경제학 도가 아닌 필자로서 경제학을 논의하는 것은 어불성설이고, 이 책의 목적도 거기에 있지 않다. 다만, 이러한 경제학들이 투자를 설명하기 에 뭔가 합이 맞아 들어가지 않는다는 것은 투자하는 사람들이 항상 느 끼던 바다.

워런 버핏옹에게 그토록 까이던 투자이론이 하나 있는데, 그것은 바로 '효율적 시장가설(EMH)The Efficient-Market Hypothesis' 이론이다. 이 미 시장은 모든 정보를 반영하고 있으며, 현 주가에 모든 정보를 반영 하고 있다는 이론이다. 나도 왜 이런 이론이 나왔는지 당최 이해가 되 지 않는다. 많은 투자자들, 최소 필자 주변은 이 이론이 말도 안 된다 고 생각하는데, 아직까지도 생명력을 유지하는 것을 보면, 이것이 단 순 과학적 이론이라기보다는 거의 종교적 신앙에 가까운 교의가 아닌 가 하는 생각을 자주 하게 된다.

인문학을 전공한 필자는 경제학과는 상당한 거리를 두고 있긴 하 지만, 인문학도의 눈으로 보면 경제학은 일종의 이데올로기적 성향이 조금은 있는 듯하다. 일단 이론을 만들어 세웠으면 그걸 지키기 위해

필사의 노력을 하는 것처럼 보이니 말이다. 케인스주의학파와 고전주의학파의 거의 목숨을 건 투쟁같은 이야기를 들을 때면 더욱 그런 생각이 든다. 조선시대에서 이기론과 이이론의 대립은 마치 종교전쟁을 보는듯 하지 않았던가? 꼭 그와 비슷한 양상인 것을 보면 교의라 불러도 과언이 아닌 듯도 하다. 물론 이론 중 그런 성향이 없는 것이 무엇이 있겠냐마는, 경제학은 그 생명력이 좀 더 긴 것이 아닌가 싶다.

그런데 최근 투자자들에게 격렬한 환영을 받고 있는 경제이론이 생겼다. 바로, 대니얼 카너먼Daniel Kahneman, 아모스 트버스키Amos Tversky에 의해 주창된 이론인 '행동경제학behavioral economics'이다. 이 경제학은 사실 우리가 지금까지 접해본 학적 이론으로의 경제학이라기보다는 관찰과 실험에 의해 만들어진 과학에 가까운 학문이란 생각을 그의 핵심 저서 『생각에 관한 생각Thinking, Fast and Slow』을 보면서 하게 된다.

아시다시피 『생각에 관한 생각』은 인간의 비합리적, 비경제적 행동의 많은 예를 실험하고 있다. 그래서 이 책을 지금 설명하는 것은 초보자들을 위해 글을 쓰겠다는 본래 취지에서 상당히 벗어난다. 700쪽이 넘는 책을 여기서 설명하자면, 이 책을 덮는 소리가 들리는 듯하니 말이다. 여기서 언급하는 내용이 재미있으면, 대니얼 카너먼과 아모스 트버스키의 『생각에 관한 생각』의 일독을 권한다. 투자자라면 반드시 읽어야 할 책이다. 오히려 다른 많은 책보다는 이 책부터 시작하는 게 투자에 필요하다는 생각이 든다.

물론 투자 대가들의 책도 반드시 읽어야 하는 책이기는 한데, 초보 투자자가 겪게 될 문제가 무엇인지부터 알고 시작하는 것이 정말로 필요하기 때문에 이 책을 권한다. 직접적인 투자 관련 책보다는 이 책을 읽고 자신과 인간이 처한 형편과 사정을 알고 시작하는 것을 강력히 권고하는 바다. 그럼 이 책 취지에 맞는 수준에서 '행동경제학'에 대한 논의를 시작해보고자 한다.

한국에 소개된 제목 『생각에 관한 생각』은 책을 팔기엔 훌륭한 제목이었다. 필자도 다른 책을 읽다가 가지를 쳐서 읽은 거 같긴 하지만, 책 제목이 읽어야만 되게 만들었다. 그런데 책을 자꾸 읽고 투자자로서 느끼는 바는, 원제를 그대로 따라가는 게 책의 성격을 더 잘 규명하고 한국 투자자들에게 더 유용했을 것이라는 점이다. 물론 그 제목으로는 한국에서 잘 팔리지 않았을 것이고 그렇다면 지금처럼 이 책이 투자자들 사이에 널리 알려졌을까 의문이기는 하다.

원제는 바로 이것이다.

『Thinking, Fast and Slow』

정말 완벽한 제목이고, 바로 이해가 가능한 제목이다. 이미 책을 읽고 이해를 한 사람으로서는 말이다. 저자의 설명에 따르면 인간의 뇌는 두 개의 구조를 가지고 있다. 하나의 뇌, 저자 표현에 따르면 시스템 1의 뇌는 빠르고 즉자적이고 동물적으로 반응한다.

예를 들면 다음과 같다. 건물에 갑자기 불이 났다면 사람들은 그 사건을 보고 어떤 생각을 할까?

불의 원인과 향후 그 불의 전개 과정과 그 흐름에 대해서 생각해보고 현재 자신이 처한 위치와 그 불에 의해서 자신이 당하게 될지도 모를 위험에 대한 측정, 그리고 그 위험이 자신에게 얼마만큼의 피해를 입히게 될지, 그 다음 그 피해가 자신에게 미치는 손괴와 장기적 영향은 무엇인지를 다 파악하고 나서 행동을 결정하는가?

아니다. 결론은 단순하다. 냉큼 뒤도 안 돌아보고 도망부터 간다.

이런 구체적인 예 중 하나로 많은 사람들이 꽉 들어찬 극장에서 누군가 "불이야"라는 외침 한 마디로 극장 내 사람들을 전멸(?) 시킬 수 있다는 이야기를 우리가 숱하게 들어오지 않았던가? 실제 불이 안 났어도 "불이야" 한마디로 극장 내 사람을 아수라장으로 만들고, 서둘러 불을 피해 뛰쳐나가다가 엉키고 밟혀서 다치는 사람이 더 많았다는 이야기는 사람들의 본능적 반응에 대한 이야기다.

불이 났을 땐 딴생각 필요 없이 그냥 뛰어야 한다. 뛰고 나서 그다음 대목을 생각하게 된다. 사고가 났을 때 본능적으로 대응했으면 되는 문제를 안이한 대처로 악화시키면 사람들은 더 큰 충격을 받을 수밖에 없다는 생각을 뇌과학적으로 하게 된다.

어쨌든 이런 본능적 반응, 즉자적 반응, 생각할 필요 없는 반응은 뇌 없이 일어나는 것일까? 아니다. 여기에도 뇌의 작용과 움직임은 필요하다. 그런데 이런 일들은 그야말로 '아무 생각 없이'도 할 수 있는 일이기도 하다. 가끔 술을 마시고, 자신이 한 행동을 전혀 기억하지 못하는 사람이 어떻게 집에 들어왔는지 희한해하는 경우를 주변에서 종종 보게 된다. 이렇듯 생각 없는 생각을 우리는 일컬어, 아니 대니얼 카너먼과 아모스 트버스키는 시스템 1이라고 일컬었고 나는 즉자적 뇌라고 표현하고 싶다.

이 책에서 거의 유일한 계산문제 하나 쓰고 넘어가려고 한다.

> 238,574 × 6,887 = ?
>
> 답은?

답을 내는 데 얼마나 걸리는가?

핸드폰을 꺼내 들고 계산기를 펼치고 계산기를 두드리고 있을 독자 모습이 눈에 선하다. 계산하라고 쓴 것은 아니다. 시스템 1과 다른 뇌에 대해서 알아보기 위해 잠시 수학 문제를 이용했을 뿐이다. 이 책은 그렇게 험하게 어려운 내용을 배제하는 데 초점을 맞춘 책이다.

다음 문제,

> 지금 내가 쓰고 있는 이 글에서 ㄱ이 사용된 숫자는 도대체 몇 번이나 되는지를 파악하고 난 뒤, 자기 이름에 쓰인 'ㄱ'을 뺀 뒤, 총 사용된 'ㄱ'의 숫자를 밑에다 적어보라.

계산하고 있는가?

문제 해결에 얼마만큼의 시간이 걸리는가?

시간이 좀 걸리지 않는가?

신경이 좀 쓰이지 않는가?

혹시 머리가 아프거나 골치 아프지 않은가?

그렇다. 바로 이 골치 아픈 모든 것도 무언가 뇌에서 수행하고 있기 때문에 나타난 현상이다.

이런 머리를 사용한다는 것은 어떤 일인가? 손쉬운가? 힘이 드는가? 힘이 든다. 힘만 드는 게 아니라 시간도 든다. 심지어 계산도 빨리 안 된다. 바로 이런 점 때문에 우리가 계산 빠른 사람을 보면 감탄을 하는 거고, 소위 일컫는 천재들을 대단하게 여기는 것이며, 경탄하고 부러워하는 게 아닌가?

이렇게 구동시키기 어려운 뇌를 일컬어 그들은 시스템 2라고 이야기한다. 나는 일컬어 이것을 대자적對自的 뇌라고 부른다.

뇌의 활동과 연계해서 정말 황당하다고 느끼는 동영상으로는 〈보이지 않는 고릴라 실험〉[25]이 있다. 거기서 흰옷 입은 사람들이 공을 몇 번 패스했는지 파악하는 동영상인데, 처음엔 정말 황당했다. 유튜브에서 동영상을 찾아 흰옷 입은 사람의 패스한 숫자를 한번 세어 보라.

다시 이 책의 원제목으로 돌아가니 이제 정리가 되지 않는가?

---

25) 한 가지에 집중하고 있을 때 다른 것들은 간과해버리는 성향이 있음을 보여주는 영상이다.

『Thinking, Fast and Slow』

결론은 다음과 같다. '투자는 어떻게 생각하느냐'하는 방법의 문제이다. 아무 생각 없이 진입해도 괜찮은 영역인가? 아니면 심사숙고하고 분석해야 하는 영역인가?

물론 사람이 완전한 시스템 1 또는 완전한 시스템 2. 한쪽으로만 두뇌활동을 하는 것은 아니다. 어느 정도 서로 교차하는 부분이 있게 마련이다. 그러나 투자의 영역은 결국 시스템 2의 뇌 활동을 활성화시키는 과정이다. 농네 마트에 가서 투자와 관련해서 느낌이 확 오는 물건을 보았더라도, 그것이 투자 성공으로 이어지려면, 그 물건의 실제 판매 현황과 그 물건을 만든 회사에서 해당 제품이 차지하는 비중 등을 파악해야만 제대로 된 투자를 할 수 있다.

불닭볶음면 먹고 확 느낌이 온 경우는 행운이다. 왜냐하면 그 제품은 회사에서 차지하는 비중이 매우 큰 제품이었고, 회사 성장에 주춧돌 역할을 했기 때문이다. 반면 무소음 선풍기를 사서 써보고 느낌을 받아 대기업 주식을 샀다면 번지수를 한참 잘못 잡은 것이다. 그 회사 전체 매출에서 그 제품이 차지하는 비중이 손톱의 때만큼도 안 될 수 있기 때문이다.

결국 투자의 영역은 대자적 두뇌의 활동을 현저히 증가시켰을 때 좋은 결과를 얻는 영역이다. 투자의 근원적 어려움이 여기에 있다. 인간의 뇌는 생존을 위해 효율적으로 진화해왔다. 자주 쓰고 생존에 필요한 뇌는 적은 에너지만으로도 즉각적으로 돌아가도록 프로그래밍되어서 발전되어 왔다. 그래서 힘 안 들이고도 잘 돌아간다. 위험을 보면 즉각적, 본능적으로 도망간다.

반면, 뭔가 신중한 뇌를 돌리는 건, 시간이 많이 들고, 골치가 아프다. 골치 아프다는 것을 다른 말로 풀어보면 엄청난 에너지를 소모한다는 뜻이다. 신체에서 뇌의 사이즈는 가장 작은 장기에 속하지만, 활동을 시작하면 에너지의 약 23% 가량을 소모한다. 신체 무게의 2~3%밖에 되지 않는 뇌가 에너지의 23%를 소모한다. 먹을 게 많이 없던 수렵 채집 사회에서 이렇게 머리를 많이 쓰면, 굶어죽기 딱 십상이다. 그래서 머리를 쓰면 골치가 아프도록 인간 뇌가 프로그래밍되어 왔다. 가능하면 그런 머리를 못 쓰도록 말이다. 열심히 공부하고 나서 배고픈 걸 경험해 본 독자들은 잘 알고 있을 것이다.

책에서는 다음과 같이 그 과정들을 설명하고 있다.

> 매우 중요한 일이니 1~2분 동안 7자리 숫자를 기억하라는 요구를 받았다고 가정하자. 숫자에 집중하는 동안, 건강에 해로운 초콜릿 케이크와 건강에 이로운 과일 샐러드라는 두 가지 디저트 중 하나를 선택해야 한다. 실험 결과를 보면 머릿속이 온통 숫자들로 가득 차있을 때는 유혹적인 초콜릿 케이크를 선택할 확률이 더 높다. 시스템 2가 바쁘면 시스템 1이 행동에 더 많은 영향을 미치는데, 그 시스템 1은 단것을 좋아한다.
>
> — 『생각에 관한 생각』 본문 중, 대니얼 카너먼 저, 김영사

문제는 투자가 바로 이 제2의 영역에 자리 잡고 있다는 것이다. 그래서 사람들이 투자하는 데 머리 쓰기가 싫어한다. 단순 계산은 그래도 한다. 냉장고를 새로 사려면, 이게 전기세를 얼마나 먹는지, 그리고 사용하기 편리한지, 냉동고나 냉장실 스타일은 어떠한지 등을 판단하는 행위는 이미 여러번 해보아 익숙하기 때문에 머리를 많이 안 쓰고도 수행할 수 있는 내용이다. 그래서 여기에다가 머리 쓰는 시간은 쉽게 내준다. 핸드폰 뭐 살지를 볼 때 그 스펙을 분석하는 것도 마찬가지다. 이미 많이 해서 쉬운 일들이나. 서기에는 머리를 써도 골치가 덜 아프니 말이다.

그러나 투자는 안 해본 일이라서 밋밋한 뇌에 주름을 조각하는 작업과 같다. 힘들다는 이야기다. 이것이 투자에서 분석 작업을 안 하고 옆 사람 말에 쉽사리 귀가 홀딱 넘어가는 이유다.

"이 주식 왜 사셨어요?"라고 물으면 "친구가 좋다고 사보라고 해서 샀어요."

그분 잘못이 아니다. 그분 뇌의 모양이 원래 그런 것이고, 투자에 몹쓸 뇌를 가져서 그런 것이다.

이에 대해 『생각에 관한 생각』은 이렇게 언급한다.

"수많은 사람들이 과도하게 자신감을 갖고, 자신의 직관을 상당히 많이 믿는 경향을 보인다. 그들은 인지적 노력을 즐기지 않고 최대한 피하려 한다."

쓸데없는 에너지 쓰고 싶지 않다는 말이다. 그런데 하나 더 심각한 문제가 남아있다. 앞서 즉자적 뇌는 위험을 보면 반사적으로 반응하게 설계되어 있다고 이야기했다. 자동차가 갑자기 나를 치려고 돌진해 오는데, 분석할 틈이 있는가? 바로 피하는 게 상책이다. 투자의 세계에서 최악의 뇌 활동이 여기서 나오는데…

주가가 폭락에 폭락을 거듭하면, 뇌는 우리에게 이렇게 속삭인다. '야! 곧 세상 망해. 네가 가지고 있는 주식들 다 망해. 지금이라도 건져야 생명을 부지할 수 있어. 빨리 튀어!!'라고 말이다. 보통 뒤돌아보면 그때가 가격이 가장 저렴할 때다.

왜 이런 일이 발생하는가? 바로 위험 회피 시스템 1의 뇌가 작동하기 때문이다. 위험이 커진다고 느껴질 때 매우 강력하게 발동되기 때문에 대자적인 뇌를 저만큼 밀어낸다. 여기에 견딜 재간 있는 대자적 뇌가 별로 없다.

이런 뇌의 특성으로 인해서 나타나는 현상은 다음과 같다.

왜 내가 팔고 나면 주식은 꼭 오르는 건지…

앞서 언급한 불났을 때 분석적 사고를 돌리는 것은 바보 같은 행동이었다. 그러나 앞서 언급한 대목에서 불이 난 상황을 시장 패닉과 폭락이 발생했을 때를 대입해서 생각해보자.

시장 폭락(불)의 원인과 향후 그 시장 폭락(불)의 전개 과정과 그 흐름에 대해서 생각해 보고 현재 자신이 처한 위치와 그 시장 폭락(불)에 의해서 자신이 당하게 될지도 모를 위험에 대한 측정 그리고 그 위험이 자신에게 얼마만큼의 피해를 입히게 될지, 그다음 그 피해가 자신에게 미치는 손괴와 장기적 영향은 무엇인지를 다 파악하고 나서 행동을 결정하는가?

그렇다. 그렇게 파악하고 나서 행동을 결정해야 한다. 불이 났을 때와 위험이 발생했을 때 행동하는 패턴이 정반대이어야 한다. 바로 이것이 투자의 뇌를 돌리기 어려운 이유다. 바로 본성을 거스려야 하기 때문이다.

일반 투자자들이 투자에 실패하는 이유, 그리고 그렇게 높은 비율로 투자에 실패하는 이유, 그 이유는 그 사람이 못나서가 아니라 뇌 때문이다. 혹시나 그동안 투자에 실패하신 분들에게 이 글이 위안이 되었으면 좋겠다.

당신이 잘못한 게 아니었다. 당신이 가지고 있는 뇌 때문일 뿐이다.

그럼에도 불구하고 의문이 하나 남는다. 냉장고도 분석하고 자동차도 분석하는데, 투자는 분석을 안 하는가? 냉장고 분석과 자동차 분석은 쉬운데, 왜 투자 분석은 그토록 어려워서 분석하기 싫고 옆에 사람 말에 그토록 쉽게 귀가 열리고 마음이 열려 별로 따져보지도 않고 그대로 실행하는가? 냉장고와 차보다 더 큰돈을 투자하면서 말이다. 그 이유는 뒤에서 다시 이야기 나누도록 하겠다.

| 예측 불허의 시장,
열 길 물속은 알아도 한 길 사람 속은 모른다

앞서 Thinking, Fast 와 Slow에 대한 이야기를 투자자의 입장에서 나누어보았다. 그런데 왜 많은 기존 투자자들이 이 책에 그다지도 열광을 하는가? 필자가 생각하는 이유는 다음과 같다. 일반적으로 경제적 현상이나 이윤을 추구하는 행위는 모든 일들이 톱니바퀴 돌아가듯이 잘 맞아 돌아가는 게 정상이고 그렇게 해야 일들이 처리된다고 생각한다. 물리적 세계에서는 그런 생각이 타당하다. 물은 높은 곳에서 낮은 곳으로 흐르고, 바다는 강보다 깊으며, 산이 높으면 골이 깊듯이, 무언가 input이 있으면 output이 있는 게 정상이고, give 했으면 take 할 수 있다는 게 세상의 일반적이고 정상적인 상황이다. 그런데 이상하게도, 금융, 주식시장에서는 이런 일반적인 상황 외에 신기하고 이상한 일들이 자꾸 발생한다. 왜 상식선에서 일이 이루어지지 않는가? 시장이 잘못된 것인가? 내가 잘못된 것인가? 시장은 왜 일반적인 상식선에서 움직이지 않는 것인가?

실전투자에서 예를 들어보자. 어떤 회사가 돈을 많이 벌고 주가가 낮으면 당연히 사람들이 투자를 해서 가격이 올라 적정한 가격으로 조정이 되어야 정상이고, 반대로 실적이 없다면, 가격이 떨어져야 정상이다. 2020년을 전세계적으로 강타한 펜데믹 '코로나19' 사태로 경제가 나쁘면 주가가 떨어지는 것이 당연할 것인데, 코로나19가 정점을 향해 가는 시점에서도 왜 미국 시장과 한국 주식시장의 주가는 바닥을 찍은 후 계속해서 올라가는가? 정보는 '최악'을 나타내고 있는데, 주가는 최고를 향해 가는 이것이 정상적인가? '효율적 시장가설'이라면 이것은 말도 안 되는 상황이 아닌가?

이 글을 쓰고 있는 2020년 상반기의 예를 하나 들어보면, 한국에서 금융주와 지주회사들처럼 심하게 저평가된 영역을 찾기가 만만치 않다. 최근에는 건설주의 저평가도 매우 심한 상태다. 1년 얻는 영업이익 대비 주가는 3~5배 정도 수준에 머무른 기업들이 속출하고 있고, 가지고 있는 순자산 대비 주가가 0.3배 내외 기업 찾기가 어렵지 않다. 물론, 미래에 대한 성장 전망 설정이 마땅치 않기 때문이기는 한데, 증권업종 같은 경우를 보면 지난 10년간 수익구조를 다변화했고, 증시로 유동성이 빨려 들어오고 있음에도 불구하고, 상당폭 할인 거래가 되고 있다. 미래 성장성에 대해서 그렇게까지 할인해야 하는가? 도대체가 시장이 만들어내고 있는 이 가격은 정당한가?

반대로 미래 성장이 매우 뛰어나지만, 실적이 제대로 안 나오는 바이오 주식 중에서, 미래 수익 전망도 매우 불투명한 회사가 한국의 중견 수준 이상의 대기업보다도 시가총액이 높은 상황, 또 그렇게 높았던 시가총액이 하루아침에 눈 녹듯 없어지는 것들을 경험해 보면, 이것이 합리적 의사결정에 의해 이루어진 시장인가 하는 의문을 가지게 된다.

그동안 우리는 경제적 판단은 언제나 합리적일 것이라고 상정해 왔다. 그러나 『생각에 관한 생각』에서는 우리의 경제적 판단이 합리성에 근거한 것이 아니라 익숙한 것에 근거하고 있고, 두뇌회전이 편한 쪽으로 이루어지고 있음을 살펴보았다. 이 책은 투자자들이 혹시나 했던 내용을 명확하게 밝혀주었고 덕분에 투자자들은 이 책에 대해서 환호했다.

실제 투자시장을 참여해 보면 무척이나 비합리적인 일들이 속출하는 것을 볼 수 있는데, 이걸 어떻게 경제적 논리로 설명할 수 있을까? 설명을 해보려고 많은 사람들이 시도하긴 하지만, 경제논리로 이런 상황들을 다 설명할 수는 없다. 논리연산만을 하는 기계가 아니라, 감정과 편향으로 뒤덮인 사람들이 참여해서 만들어가는 것이 투자시장이기 때문에, 논리연산의 전개가 일직선으로 나타나지 않고 혼돈과 프렉탈Fractal[26]로 점철된다는 점을 우리는 기억해야 한다. 한마디로, 시장이란 것이 열 길 물속이 아닌 한 길 사람 속과 그 사람이란 변수의 곱으로 만들어졌다는 사실을 이해해야 한다.

지금까지 기존의 이론으로는 설명하기 힘들었던 현상, 즉 모순이 되는 현상의 이유가 '인간이란 존재가 우리가 생각하고 있던 그런 존재'가 아니기 때문이라는 답을 행동경제학은 제시해 주었다. 덕분에 우리는 한 단계 전진할 수 있게 되었다.

이 변수들의 합은 다음과 같은 결론으로 귀결된다.

---

26) Fractal, 일부 작은 조각이 전체와 비슷한 기하학적 형태를 말한다.

'시장을 정확히 예측하는 것은 불가하다.'

여기서 하나 더 우리가 가정해야 하는 변수가 있다. 인간이 가지고 있는 욕망의 문제 말이다. 기본적으로 뇌의 활동이 우리의 합리성에서 비껴가는 부분도 있지만, 여기에 욕망이라는 변수가 곱해지면 현상을 인식하는 것이 월등히 더 복잡해진다. 이런 이유로 인해서 꽤나 긴 시간 동안 AI가 투자시장에 제대로 뿌리를 내리기 힘들지 않을까 싶다.

인간이 가진 욕망이라는 심리는 공포라는 심리와 동전이 앞뒷면 곧다. 인간 생존의 확장 욕구를 '욕망'이라고 표현한다면 죽음에 대한 회피 욕구, 그리하여 생존하고 싶다는 욕구를 '공포'라고 표현할 수 있을 것이다. '욕망'과 '공포'는 동일한 심리 기제인 생존 욕구에서 출발한다. 생존이라는 욕구에 대한 같은 꼴 다른 표현이 '욕망'과 '공포'다. 시장에 참여하게 되면 이 점을 더욱 분명히 느낄 수 있게 된다.

시장이란 곳은 이 욕망을 가진 존재인 인간이 모여서 만든 곳이기 때문에, 변수에 변수가 곱해지면서 이해하기가 쉽지 않게 되고 예측은 더 어려운 영역이 된다.

인간 욕망에 대해 유럽의 투자 전설 '앙드레 꼬스똘라니André Kostolany[27]'는 다음과 같이 이야기했다.

---

27) 1906년 2월 9일~1999년 9월 14일. 헝가리 부다페스트 출신. 철학과 미술사 공부. 투자의 전설로 불리며 주식투자를 예술의 경지로 올려놓은 사람으로 평가받기도 한다.

"돈에 대한 여타 정의들이 많지만 나는 이렇게 말하고 싶다. 돈에 대한 욕구는 바로 경제적 진보의 동력이 될 수 있다. 돈을 벌기 위해 사람들은 자신의 창조력과 성실성을 투자하고 어느 정도의 위험부담을 감수한다."

그는 인간이 욕망하는 존재이고 또 돈에 대한 욕망이 경제적 진보를 가지고 왔다고 이야기를 한다. 자본주의는 그야말로 '욕망하는 자, 그의 이름은 인간'이라는 것을 세상의 중심과 전면으로 끌어냈다. 그런데 그중에서도 그 욕망이 가장 크게 작동하는 곳이 그런 마음을 먹고 사람들이 모인 '시장'이라는 것이다.

우리 옛말에 '열 길 물속은 알아도 한 길 사람 속은 모른다'라는 속담이 있다. 알다가도 모를 인간의 불확실성을 있게 만드는 가장 중요한 정신적 개념이 바로 '욕망'이다. 이 욕망이란 것은 때로는 돈을 향한 욕심일 수도 있고, 때로는 이타적인 욕망으로 발현될 때도 있는데, 이런 전혀 다른 방향으로 튈 수 있는 '욕망'은 그 자체로 변동성이라고 표현할 수 있다. 이런 변동성의 주요 심리 주체가 모이고 모인 곳이 시장이니, 시상의 흐름이 변동성을 많이 갖게 되는 것은 매우 자연스러운 현상이 아닐까 싶다. 앞서 논리로 해결할 수 없는 '심리'를 가진 인간에 의해 '시장은 예측 불가능한 곳'이라는 결론을 내렸는데, 여기에 더해 인간은 '욕망'하는 존재이기 때문에 시장의 예측 불가성은 더 추가된다.

그래서 우리는 이러한 결론에 도달하게 된다.

"시장을 예측하려고 하지 마라."

애덤 스미스는 시장에서 '보이지 않는 손'이 작동한다고 했다. 이 보이지 않는 손이란 결국 시장에 참여하는 사람들의 집합적 의사결정의 총합과 그 방향을 이야기하는 것인데, 물건이 만들어지는 시장은 그나마 예측하기가 용이한 편이다. 사람들의 방향성이라는 것이 비슷하게 형성되기 때문이다.

반면 금융시장에서는 시장을 만들어내는 참가자들의 의사결정이 그 흐름을 결정한다. 물품이 공급되고 유통되는 수요공급 중심의 시장과 비교해 투자시장은 더욱 복잡하게 움직이게 만드는 것은 인간이 '심리'를 가진 존재라는 이유 때문이다. 또 하나 주요한 요인인 욕망이라는 것이 추가적으로 금융시장의 복잡성을 만들어낸다. 사람이란 변수가 하나하나 모여서, 이 변수의 곱이 시장에서 결과치로 반영된다는 점 때문에 애덤 스미스가 말하는 '보이지 않는 손'에 의해서 시장이 균형 잡혀진다는 것은 금융, 주식시장에서 잘 맞지 않는 개념이다. '보이지 않는 손'을 기다렸다가는 모두가 몰락하고 사회경제 시스템 전체가 붕괴되게 만들 수 있는 것이 금융시장, 주식시장이 가진 큰 차이다. 코로나19 이후 나타난 각국 중앙은행들의 행태는 인간이 공포에 빠지게 될 때, 얼마나 비이성적 상황이 발생하는지, 그로 인해 경제 시스템 전체가 붕괴되는 경험을 해봤기에 나온 정책대응이었다.

약 1세기 전 과학에서는, 과학적 측정이 정확히 딱 들어맞기 어렵다는 양자역학Quantum Mechanics을 이야기했다. 바로 베르너 하이젠베르크Werner Karl Heisenberg의 '불확정성의 원리Heisenberg's Uncertainty Principle'
다. 불확정성의 원리를 간단히 설명하면, 입자의 위치와 운동량을 동
시에 정확히 측정할 수 없다는 것이다. 운동량과 위치를 측정할 때, 운
동량을 정확히 파악하면 위치를 정확히 판단하기 어렵고, 위치를 정
확히 파악하게 되면 운동량을 정확히 측정할 수 없다는 내용이다. 관
찰자의 상황에 따라서 정확한 측정이 어렵다는 내용을 담고 있다.

이런 불확정성의 원리가 투자의 세계에서도 상당한 의미를 갖는다.
불확정성에서 말하는 관측행위의 순서와 위치가 관측하고자 하는 입
자 상태에 영향을 줄 수 있다는 양자역학의 특성이 투자시장에서도
그대로 적용이 된다. 하나의 현상과 기업의 상태가 지켜보고 있는 다
양한 투자자들 입장에 따라 다르게 해석될 수 있기 때문이다. 그리고
그 해석이 시장 참여의 방향을 다르게 만듦으로써 원래 생각했던 것
과 다른 결과치에 도달할 수 있다.

코로나19 이후 투자자들은 엄청난 혼돈을 경험했다. 금융시장은 불
확실성이라는 것을 톡톡히 경험한 셈이다.

사실 이 '하이젠 베르크이 불확정성의 원리'는 인문학에서 많이 원
용되고 있다. 대략 이런 논조라고 볼 수 있겠다. '물리학, 과학의 세계
에서조차 관찰과 측정이 정확하기 어렵다고 하는데, 인간이 모인 사
회와 세상은 오죽하겠는가? 세상 일을 다 정확히 해석하기는 어렵다'
라는 개념으로 많이 차용되기도 한다. 그런데 우리가 코로나19 사태
로 경험했듯이 이 부분이 투자와 시장에 대한 것이라면, 더 말해 무엇

하랴.

우리는 이렇듯 정확히 인지가능하지 않는 '시장'에 참여해서 가시적인 어떤 것들을 얻고자 한다. 설사 금융시장과 환경을 정확히 예측해내었다고 하더라도, 예측을 하는 사람의 입장이 있고, 또한 예측한 그 시점은 이미 과거가 되었다는 것. 그리고 다가올 미래는 확정되지 않았다는 여러 변수가 존재하기 때문에 시장을 정확히 예측하는 것은 매우 어렵다.

이런 대표적인 예 중 하나가, 롱텀캐피털매니지먼트(LTCM)[28] 사건이다. 수학으로 한 가닥씩 하는 분들이 모여서 만든 이 회사는 레버리지를 키워 차익거래로 매우 높은 수익을 내 돈을 벌어들였다. 이런 수익률을 바탕으로 시장 참여자들에게 신뢰를 얻는 데 성공하고, 그 신뢰를 바탕으로 천문학적인 자금을 여러 금융회사로부터 끌어들일 수 있었다. 금융회사에서 받아들인 자금을 가지고 더 큰 레버리지 베팅을 진행한 후 예측이 빗나가는 일이 발생하자 대규모 파산에 이르게 되어 미국 금융시스템을 한방에 붕괴시키게 한 사건이 바로 그 유명한 롱텀캐피탈매니지먼트 파산 사건이다. 이 사건은 인간 예측의 불확실성을 잘 드러내는 경우의 대표적 예다. 세계 최고 석학들이 모

---

28) 1994년 살로먼 브러더스 부사장이자 채권 거래팀장이었던 존 메리 워너가 설립한 미국의 헤지펀드. 1998년 러시아 모라토리엄 선언으로 다량의 러시아 국채를 보유하고 있던 LTCM의 펀드가 붕괴 위기에 처한다. 이것이 전세계 대형 경제위기로 이어질 것을 우려한 연방준비제도의 주도하에 다른 대형 은행과 투자 기관으로부터 대규모 구제금융을 받았다.

여 만든 회사라 사고도 세계 최대급으로 쳤는데, 아마 그분들은 여전히 자신들 잘못이 아니라 세상이 잠시 잘못 돌아갔던 것일 뿐이라고 생각하고 있을지도 모른다. 실제로 많은 사람들이 이렇게 하면서 정신적 자위를 시도하는 걸 금융 현장에서 많이 목격해 왔다.

LTCM은 투자를 시작한 첫 3년 동안 수익률이 무려 28%, 59%, 57%에 이르는 괄목할 수익률을 기록했다. 천재들이 설립한 이론에 따라서, 차익이 발생하는 틈을 이용한 차익거래로 안정적인 수익을 거둘 수 있었다. 문제는 자본금 대비 레버리지 규모가 너무 컸다는 것이다. 자본금은 47억 달러였는데 비해서, 운용 총규모가 1조 1,250억 달러였다. 이들의 레버리지 비율은 100배 수준까지 올라갔다. 지금 생각해 보면 정말 말도 안 되는 레버리지 비율인데, 이건 그만큼 자신들의 이론이 정확하다고 확신했기 때문이고, 자기들은 시장을 항상 정확히 측정해서 이길 수 있다고 확신했기에 나타난 현상이라고 볼 수 있다. (물론 막판엔 손실을 막기 위한 욕망이 작동하긴 했지만) 이렇게 시장에 대한 확신은 러시아가 모라토리엄Moratorium[29]을 선언함에 따라 일순간에 산산조각이 나고, 자기만 망한 게 아니라 순식간에 엄청난 손실을 발생시키면서 LTCM에 투자했던 미국은행들도 같이 덩달아 망할 가능성에 노출시키면서 미국 금융 시스템을 붕괴 직전

---

29) 전쟁, 천재지변, 공황 등에 의해 경제가 혼란하고 채무이행이 어려워지게 된 경우 국가의 공권력에 의해 일정 기간 채무이행을 연기 또는 유예하는 행위다.

까지 내몰았다. 참고 도서로는『천재들의 실패When Genius Failed: The Rise and Fall of Long-Term Capital Management by Roger Lowenstein』가 있다.

그런데 이런 금융 붕괴의 상황이 초보자들에 의해 이루어진 것이 아니라는 점은 기억할 만하다. LTCM의 경우 노벨경제학상에 빛나는 사람들이 이론을 제공했고, 그들의 단기 수익률에 현혹된 전문투자 기관들이 돈을 맡기면서, 상황이 훨씬 크게 터져버린 것이다. 기관들이 맡긴 돈은 일종의 자본금이 되어 더 큰 레버리지를 일으켰고, 그 레버리지가 금융공황의 상황으로 이어졌다. 시장을 못 읽어내는 것은 일반인이나, 개인 투자자들만의 문제가 아니라는 점은 시사하는 바가 크다. 업계 최고의 전문가라고 하는 사람들조차 이런 큰 실수를 한다는 것은 다시금 '시장 예측불가성'이 어느 정도인지를 우리에게 알려준다.

100년 만의 대공황이라고 일컬어졌던 2008년 미국 서브프라임 모기지 사태도 금융을 잘 안다고 하는 기관들의 탐욕에서부터 시작되었다는 점을 우리는 기억해야 한다.

인간행동 기제에 있어 가장 강력한 '욕망'이 우주여행을 할 수 있는 우주왕복선을 만들고 스스로 움직이는 자율주행차를 만들기도 하지만, 모든 사람들의 눈을 가리고, 공황으로 끌고 가기도 한다는 점, 그리고 자본주의 역사에서 이런 일들이 주기적으로 발생했다는 점은 인간이란 게 무엇이고 인간 욕망은 어떻게 전개되는가에 대한 많은 생각을 하게 만든다. 이런 측면에서 200년 전에 태어난 마르크스가 했던 '자본주의에서 공황은 필연적이다'라는 예언은 지금도 유효하다. '욕망이 존재하는 한' 그 말의 유효성은 이어질 것이다. 또한 아이러니하게 그 욕망이 자본주의 성장을 이끌 것이다. 금융시장은 이런 '욕망'이 가장 극한으로 반영되는 곳이라는 점을 우리는 반드시 인지하고 시장에 참여해야 한다는 것을 이 장에서 강조하고 싶다.

뇌에서 나타나는 인지 부조화, 세상과 사람들의 불확정성, 욕망하는 인간과 그들이 모여서 만든 시장과 집단적으로 형성되는 욕망과 공포, 수많은 예측 불가능한 변수들까지. 결국 투자의 세계에서 우리가 느끼고 깨닫게 되는 바는, 인간이 무엇보다 투자에 적합하지 않은 존재란 점과 금융시장은 언제나 미궁으로 빠져들어 갈 수 있다는 것, 거기에다 우리는 욕망하고 시장도 욕망하는 존재라는 사실이다.

이런 사실을 바닥에 깔고 투자를 시작해야 시장에서 좋은 결과를 얻을 수 있다. 이를 제대로 감안하지 않고 시작하게 될 때, 시장을 잘못 이해하게 되고 그래서 상당히 많은 사람들이 투자의 세계에서 포기를 선언하고 떠나간다. 이런 사실을 깨닫는 데에는 시간이 필요하고, 인내가 필요하다. 앞의 장들에서 지루하리만큼 이런 이야기를 많이 하게 된 이유는, 너무나 많은 투자 서적들이 이런 기초적인 상황에 대해서 언급하지 않고 있기 때문이었다.

이제라도 기초를 알게 되었다면 우리는 다음 단계로 넘어가야 한다.

그렇다면 우리는 어떤 태도로 투자해야 하는가?

우리 인간이 불확실하고, 뇌가 게으르며, 뇌는 게으름에도 불구하고 욕망하며, 그런 욕망하는 불확실한 인간이 모여있는 시장에서 어떻게 행동하고 투자하는 게 옳은 태도인가 하는 문제가 남아있다. 다음 장에서 여러 가지 투자의 장애물을 걷어내고 어떻게 투자해야 하는가의 기본 원칙들에 대한 이야기를 다뤄보고자 한다.

혼돈스럽고 혼란스럽지만, 또한 이런 혼란에서 우리를 구해내고 이끌어주는 방법은 단순하다. 앞을 똑바로 보고 걸어야 우리는 똑바로 길을 갈 수 있듯이, 사실을 직시하고 사실에 따라 걷는다면 우리는 구원을 얻게 될 것이다.

| Factfulness, 편향을 이기는 방법

열 길 물속은 알아도 한 길 사람 속 알기는 어렵지만, 한 길 사람 속을 알았어도, 그 사람들이 모여있는 시장을 이해하기는 더 어렵다.

그래도 길은 있다. 그리고 그 길을 개척해 온 사람들은 꾸준히 있어 왔다. 앞으로 우리는 그런 성공적인 길을 개척한 사람들을 따라 투자 체력과 성공을 위한 길을 세워 나가고자 한다. 그에 앞서 한 번 더 영점 조정을 하고 넘어가자.

우리가 정말 어떤 생각의 구조를 가지고 있는지에 대한 점검을 통해서 성공 투자의 길로 한 발 더 내디뎌보자.

성공적인 투자를 하기 위한 중요한 포인트 중 하나는 무엇보다 사실에 입각한 투자다. 너무나 뻔한 이야기이지만, 많은 사람들이 사실과 동떨어진 투자를 하는 경우를 찾는 건 어렵지 않았다. 왜냐하면 우리 인간은 욕망하는 존재이기 때문에, 그 욕망은 우리를 얼마든지 다른 방향으로 끌고 가기 때문이다.

몇 가지 심리적 기제에 대한 이야기는 하고 넘어가도 의미 있을 거 같다.

실제로 우리가 투자를 하게 될 경우, 보유 편향이나 닻(앵커)Anchoring Effect[30] 효과 등이 상당히 크게 작용을 하는데, 보유 편향은 자기가 가지고 있는 소유물을 근거로 자기 생각을 조정한다는 것이고 닻 효과는 기존에 가지고 있는 사고체계를 근거로 판단을 한다는 내용이다.

예를 들어 우리가 L사의 전기제품을 집에서 쓰고 있고 그 성능에 만족을 하고 있다면, 자연스럽게 해당 회사의 주식에 대해서는 보다 긍정적인 시각을 가지고 대하게 되는 경우가 많다. 또한 어떤 회사를 투자해서 해당 주식을 사게 되면, 그때부터는 그 회사가 하는 일은 뭐든 좋아 보이고, 좋은 쪽으로 해석하는 경우를 흔하게 보게 되는데, 그것이 바로 보유 편향의 예다. 기존 자기의 경험이 장애물이 되는 경우도 많은데 그런 닻 효과도 투자에 영향을 많이 미친다. 예를 들어서 모 회사가 과거 자산규모가 크고 성장성도 좋았던 회사이고, 내가 아

---

30) 행동경제학의 용어로, 협상 테이블에서 처음 언급된 조건에 얽매여 크게 벗어나지 못하는 효과를 의미한다.

는 사람이 다녔고 그가 회사에 대해 여러 칭찬했던 것을 들었다면, 그 근거를 가지고 투자판단을 하는 경우도 꽤 된다. 그런데 내가 들은 그 회사는 지금의 회사가 아니고 과거의 회사다. 그런데 우리는 그 회사의 과거가 아닌 미래에 투자해야 한다. 실제로 그 회사의 자산 및 매출이 과거에 비해 줄고 있다면 현재 상황이 왜 왔는지를 파악해야만 한다. 만약 현재 상황을 파악하지 않고 과거의 기억에 근거해 투자를 하게 될 경우, 비참한 결과를 받게 될 경우가 매우 흔하다.

이러한 잘못된 투자판단에 이르지 않기 위해 반드시 투자할 대상을 현재 있는 그대로 파악해야 한다.

회사에 대해 조미료 치지 않고 회사의 상황을 그대로 인식하는 것, 그것이 투자의 기초가 되어야 한다. 그런데 그게 쉽지 않은 게 사실이다. 왜 그런지에 대해 우리 자신에 대한 점검을 한번 해보고 가면 좋을 거 같다.

몇 년 전 베스트셀러였던 『팩트풀니스FACTFULNESS』[31] 사회과학 책을 인용해 보고자 한다. 『팩트풀니스』는 투자와 직접적인 연관이 없는 것처럼 보이지만, 우리가 가진 세계관이 어떠한가를 한번 점검해보는 것은 투자에 큰 도움이 된다. 이 책을 통해 깨달았던 부분이 실제 회사들을 탐방하고 분석할 때, 그리고 그 회사에 대한 나의 기억과 현실을 비교할 때 유용한 역할을 했기에 투자 후배들은 이 점을 꼭 좀 기

---

31) 사실 충실성. 사실에 근거해 세계를 바라보고 이해하는 태도와 관점.

억하길 바란다.

이 책의 근간에 흐르는 세상에 대한 가치관과 투자의 세계에서 흐르는 기본적 가치관이 일맥상통한다. 세상의 지금 현실이 어떤지를 정확히 보고 끊임없이 변해가는 세상을 있는 그대로 바라보자는 것에서 출발해 그럼에도 '세상은 발전한다'라는 세계관이 이 책에 흐르는데, 이 세계관과 정확히 일치하는 또 다른 영역이 투자의 세계다. 투자의 세계에서도 이러한 세계관이 딱 들어맞는다. 현실을 직시해야 하지만 미래에 대해서는 일정 수준 낙관하는 태도, 미래가 발전할 수 있다는 그러한 믿음을 담지한 냉철한 현실 인식. 이러한 세계관이 투자세계에 있어서도 매우 필수적인 세계관이다.

세상은 발전한다는 기본적 세계관이 투자에 있어서 중요한 이유는 다음과 같다. 세상이 발전하는 것이 아니라 쇠퇴한다고 생각한다면, 오늘보다 내일이 더 떨어진 미래라면, 내일의 발전을 위해 오늘의 욕망을 누르고 투자를 할 필요가 없기 때문이다. 내일의 가격이 더 떨어진다는데 내일을 위해 투자하는 사람이 얼마나 될 것인가? 그래서 투자자들은 어느 정도 미래에 대해 긍정론자일 수밖에 없고 미래에 대한 낙관주의자들이 투자의 세계에서 더 좋은 결과를 얻을 수밖에 없다.

다음은 『팩트풀니스』에서 제시한 질문들이다. 여기에 대해 답을 하고, 얼마나 맞추는지 확인해 보도록 하자. 정답을 보지말고 문제를 그대로 맞춰보길 바란다.

1. 오늘날 세계 모든 저소득 국가에서 초등학교를 나온 여성은 얼마나 될까?

A : 20%

B : 40%

C : 60%

2. 세계 인구의 다수는 어디에 살까?

A : 저소득 국가

B : 중간소득 국가

C : 고소득 국가

3. 지난 20년간 세계 인구에서 극빈층 비율은 어떻게 바뀌었을까?

A : 거의 2배로 늘었다

B : 거의 같다

C : 거의 절반으로 줄었다

4. 오늘날 세계 기대수명은 몇 세일까?

A : 50세

B : 60세

C : 70세

5. 오늘날 세계 인구 중 0~15세 아동은 20억이다. 유엔이 예상하는

2100년의 이 수치는 몇 일까?

A: 40억

B: 30억

C: 20억

6. 유엔은 2100년까지 세계 인구가 40억 늘어날 것으로 예상한다. 주로 어떤 인구층이 늘어날까?

A: 아동 인구(15세 미만)

B: 성인 인구(15~74세)

C: 노인 인구(75세 이상)

7. 지난 100년간 연간 자연재해 사망자 수는 어떻게 변했을까?

A: 2배 이상 늘었다

B: 거의 같다

C: 절반 이하로 줄었다

8. 오늘날 세계 인구는 약 70억이다. 각 지역별 거주 분포를 가장 잘 나타낸 것은?

A: 아시아 40억, 유럽 10억, 아프리카 10억, 아메리카 10억

B: 아시아 30억, 유럽 10억, 아프리카 20억, 아메리카 10억

C: 아시아 30억, 유럽 10억, 아프리카 10억, 아메리카 20억

9. 오늘날 전 세계 1세 아동 중 어떤 질병이 든 예방접종을 받은 비율은 몇 퍼센트일까?

A: 20%

B: 50%

C: 80%

10. 전 세계 30세 남성은 평균 10년간 학교를 다닌다. 같은 나이의 여성은 평균 몇 년간 학교를 다닐까?

A: 9년

B: 6년

C: 3년

11. 1996년 호랑이, 대왕 판다, 검은 코뿔소가 모두 멸종 위기종에 등록되었다. 이 셋 중 몇 종이 오늘날 더 위급한 단계의 멸종 위기종이 되었을까?

A: 2종

B: 1종

C: 없다

12. 세계 인구 중 어떤 식으로든 전기를 공급받는 비율은 몇 퍼센트일까?

A: 20%

B: 50%

C: 80%

13. 세계 기후전문가들은 앞으로 100년 동안의 평균기온 변화를 어떻게
예상할까?

A: 더 더워질 거라고 예상한다

B: 그대로일 거라고 예상한다

C: 더 추워질 거라고 예상한다

정답

1:C, 2:B, 3:C, 4:C, 5:C, 6:B, 7:C, 8:A, 9:C, 10:A, 11:C, 12:C

13:A

– 『팩트풀니스』 본문 중. 한스 로슬링 저. 김영사

과연 몇 문제를 맞추었을까? 처음 문제를 풀고 나서 맞춘 숫자를 보고서 깜짝 놀랐다. 특히나 세상이 변하길 원하는 헌신적인 분들의 정답률이 극히 낮았던 것이 아주 재밌는 기억으로 남아있다. 저자 한스 로슬링은 침팬지가 문제에다 대고 바나나를 던진다면, 확률적으로 33% 정도의 정답률을 기록할 것이라고 이야기한다. 그러면서 실제로 선진국에서 조사를 해보면 이에 대한 정답률은 침팬지보다도 높지 못하다는 이야기를 한다.

아마 오늘 이 문제를 처음 보고 푼 사람 중에서 침팬지보다 높은 점

수를 기록한 사람들이 그다지 많지는 않을 것이다. 게다가 세상에 대한 이해가 높고 많은 지식을 가진 지식인들은 오히려 점수가 더 낮을 것이라고 본다. 선진국 사람들이 그랬던 것처럼 말이다.

고릴라에게 찍게 해도 보통 30% 정도는 맞는다고 하는데, 사람들에게 조사해 본 결과 고릴라 수준을 맞춘 사람들은 소수라는 점은 조금 충격적이다.

이 책의 원래 의도는 세계의 현재 개발 상황 그리고 미래에 대한 이야기다. 사실을 정확히 파악해서 미래의 그림을 그리자는 이야기인데 필자에겐 이 이야기가 투자에 절실히 필요한 이야기로 들려졌다. 이번 장에서는 이 부분이 왜 투자에서 중요한지를 나눠보고자 한다.

먼저 팩트풀니스에 의하면 인간이 가진 사고체계와 기억체계는 시간적으로 어떤 특성이 있는지를 묻고 있다. (물론 책에서 그렇게 물은 건 아니고, 이걸 투자의 세계에 적용했을 때 중요한 포인트가 결국 시간의 문제라고 필자는 판단했다.)

우리가 현재 가지고 있는 생각과 사고체계, 그리고 기억은 시간적으로 과거에 만들어져 현재 가지고 있는 것들이다. 기본적으로 우리가 사는 현재는 과거의 누적이자 축적 아닌가? 미래는 우리가 살아보지 않은 시간이고 다가오지 않은 그야말로 비현실적인 세계가 아닌가? 그러니 현재 우리가 가지고 있는 사고체계, 생각, 기억이 과거라는 건 자명한 사실이다. 그런데 우리의 뇌는 과거에 습득된 것에 편안해한다.

즉, 새로운 데이터를 습득하는 건 역시나 'Thinking SLOW'하는 뇌를 돌려야 하기 때문에, 뇌가 쉽게 자기에너지 자원을 넘겨주지 않는다.

뇌는 이렇게 말한다.

"그 문제는 이미 예전에 내가 머릿속에서 잘 분류해놨어. 그러니 그걸 때에 따라서 빼내어서 쓰도록 해."

"지난번에 공부했던 그 문제와 비슷한 거야, 따로 공부할 필요 없이 지난번에 공부했던 그걸 근거로 판단하면 되잖아. 쓸데없이 힘 빼지 말고 쉽게 가자. 넌 이미 충분해. 더 공부하면 오버 스펙이야!"

"뭐 그렇게 뻔한 걸 확인하고 있니, 다 알고 있는 문제인데, 너 바보니?"

"너는 이미 충분해. 이제는 좀 편하게 해도 괜찮아."

새로운 데이터 수집에 대해서 에너지를 쓰는 게 힘든 일이니만큼 두뇌는 자원 배분에 인색하다. 이런 측면에서, 향후 AI가 우리에게 줄 파괴력은 엄청나다. 잠시 옆길로 세는 거 같긴 한데, 이야기가 나온 김에 언급을 좀 더 해보면, 기계나 알고리즘은 추억을 가지고 있지도 않고, 창조에 대한 욕망도 가지고 있지 않은 존재다. 피로물질이 쌓이지 않기 때문에 에너지자원(전기)을 꾸준히 공급해 주면, 어떤 문제를 푸는데 지루해하지도 않고, 지겹다고 생각하지도 않고 그 문제 풀이를 꾸준히 계속해 나간다. 물론 그 과정을 사람이 중간중간 체크를 해주어야 하지만, AI는 비슷한 상황에 대해서도 지치지 않고 읽어나갈 것이다. 그리고 그야말로 기계적으로 반응을 하고, 감정과 추억과 창조의 영역을 가지고 있는 인간이 지겨워서 못하는 일들에 대해서 엄청난 진보를 이룰 것이 거의 확실해 보인다. 인간의 뇌는 그렇지 않다. 인간은 쉽게 피로를 느낀다.

그러니 결국 우리 인간이 머릿속에 저장하고 있는 데이터는 우리가 생각하는 것보다는 상당히 이전 데이터 상태로 존재하는 경우가 많다. 새로운 데이터로 업데이트하지 않은 상태로 남아있는 경우가 흔하다. 거기에다가 우리는 얼마 전에 여러 사실을 업데이트했다고 생각을 한다. 투자에 있어서 이는 심각한 문제다.

이런 사실을 여러 번 경험하고 나니 이 책 『팩트풀니스』가 투자자에게 매우 의미 있는 책이라는 것을 느끼게 되었다. 한스 로슬링의 이야기는 나에게 그렇게 다가왔다. 우리가 업데이트하지 않아도, 세상은 이미 바뀌고 있고, 과거에 그랬듯이 미래도 바뀔 것이다. 그러니 '새롭게 업데이트하지 않은 당신의 데이터는 이미 낡은 것'이라고 말이다.

필자는 나이를 먹으면서 깜짝 놀라는 두 가지가 있다. 하나는 시간이 정말 화살처럼 빠르게 지나고 있다는 사실이고, 또 다른 하나는 벌어진 지 얼마 되지 않은 사실 같은데, 이미 그 일이 발생한 시간이 꽤 많이 지난 일이었다는 사실 말이다. 나만 그런가? 독자들은 그렇지 않은지 묻고 싶다.

이렇듯 인간 기억이라는 것이, 상당히 자기 편이적인 경향이 있고, 너무나 쉽게 과거에 자리 잡고 있는 경우가 많다. 이는 앞서 언급한

대로 뇌가 편한 대로 분류하고 저장해서 필요할 때 써먹는 것이 패턴화되어 있기 때문이다. 그러나 이미 시간은 상당히 많이 지난 상황이다. 내 기억은 현재가 아닌 과거를 기록하고 있다.

여기서 우리가 기억해야만 하는 중요한 포인트는 투자의 방향성이 미래를 향하고 있다는 것이다. 투자는 미래를 향해 하는 것이지, 과거에 대한 것이 아니라는 점이다. 그렇다면 미래를 이끌어올 현재성이 매우 중요하다. 현재를 제대로 알기 위해서는 꾸준히 현재 상황을 업데이트해서 해당 투자처의 현재 상황까지 업데이트해줘야 한다. 그런데 우리는 성향적으로 이러지 않는 경우가 많다. 오히려 내가 과거에 알고 있던 내용에 근거해서 판단하는 경우를 어렵지 않게 발견하게 된다.

물론 과거의 흐름을 중요하게 생각하는 경우도 많다. 대표적인 예가 워런 버핏이다. 워런 버핏은 한 회사를 투자하기에 앞서 그 회사가 과거 상당 기간, 적어도 10년 이상 어떤 흐름을 가지고 왔는지를 분석한 다음에 투자를 결정한다. 워런 버핏은 그 회사의 과거 화려했던 영화를 보고 투자하겠다는 게 아니다. 과거 10년간 흐름을 통해서 회사에 형성된 '습관'은 무엇인지를 파악하고, 그 습관이 결국 미래로 이어질 것인가를 확인한다. 과거의 성과가 미래로 이어지는가를 파악하기 위해서 과거의 흐름을 파악하는 것으로 봐야 한다. 결국 미래를 담보하는 '현재와 과거'를 분석하기 위한 과정이고, 그 방향은 미래를 향하고 있는 것이지 과거를 향해있는 것이 아니다.

그래서 우리는 투자에 있어서 '미래를 결정지을 오늘'은 무엇인가를 정확히 파악해야 한다. 그리고 반드시 사실에 근거하여 파악해야 한다. 기존에 자기가 가지고 있는 데이터는 언제든지 지울 준비를 하고 있어야 한다. 이 회사의 미래를 만들어내는 것은 과거 사실이 아니라, 과거부터 이어진 성공의 유전자가 오늘에도 잘 발현되고 있는 가이기 때문이다. 오늘 잘 돌아가는 유전자가 결국 이 회사의 미래를 밝게 만들 것이다. 그렇기 때문에 우리 마음은 과거의 데이터를 냉정하게 인식하고 미래를 봐야지, 과거의 사실이 우리에게 닻이 되거나 보유에 의한 애정이 되어서는 안 된다.

투자에 있어서 이는 너무나 필수적인 부분이다. 그런데 많은 사람들이 '이 회사는 원래 이런 회사야. 저 회사는 저런 회사야.' 하고 넘겨버리는 걸 얼마나 자주 봐왔고 경험했던가? 투자에 있어 현재 상황의 재확인은 필수적이다. 왜냐하면 비즈니스 환경은 끊임없이 변하고 있고, 그에 대한 대응에 따라서 기업의 미래도 달라지기 때문이다. 지금은 이름도 듣기 어려워진 과거 많은 기업들이 있다. 과거 그 기업들이 이렇게 되리라고 상상한 사람이 얼마나 있었겠는가? 모든 것이 변해 간다는 사실은 투자를 함에 있어서 반드시 이해하고 기억해야 하는 대목이다.

역사가 오래된 시장을 살펴보면 이야기는 쉽게 증명된다. 약 50년 전 다우지수(DJIA)Dow Jones Industrial Average[32]에 이름을 올린 기업 중에서 지금도 동일하게 이름을 올려놓고 있는 기업들이 몇이나 되는가? 100년이 넘은 이 지수에 과거에도 있었고 지금도 있는 기업으로는 제너럴 일렉트릭General Electric이 유일하다. 1980년대 이전에 이름을 올린 회사로 지금 남아있는 기업으로는, 듀폰, 엑슨모빌, IBM, 머크, P&G, 유나이티드 테크놀로지 정도다. 한국에도 이런 예를 찾는 것은 어렵지 않다. LG화학은 세계적으로 2차 전지 대표기업이다. 그러나 이 회사의 시작은 화장품이었다. 화장품 회사가 어떻게 2차 전지 만드는 회사로 변해갔는지 우리는 긴 시간을 통해서 목도해왔다. 결국 투자는 끊임없는 정보와 자료의 업데이트 과정이다. 그런데 이 일이 귀찮고 힘이 든다. 여기에 바로 투자의 어려움이 도사리고 있다. 뒤에 이런 어려움을 어떻게 해소할 수 있는지를 다시 언급하겠지만, 어쨌든 처음 투자하는 사람들에겐 이런 부분들이 매우 큰 투자의 어려움이다. 그런데 문제는 상상만으로 마라톤을 완주할 수 없다는 것이다. 호흡이 가쁘고 다리 근육이 끊어질 거 같은 과정들을 겪고 나서야 결승점까지 도달할 수 있는 것이 마라톤이다. 머릿속 시뮬레이션으로 마무리할 수 있는 그런 과정이 아니라는 게 투자의 어려움인 것이다.

무엇보다 사실에 입각한 사고, 그리고 그 사실이 계속 변하고 있다는 것을 인지하고 끊임없이 업데이트해 나가는 것이 올바른 투자의 태도다. 투자해서 돈 버는 것을 쉽게 생각하거나 반대로 아예 불가능

32) 1884년부터 미국의 다우존스 회사가 발표하는 주가 평균. 다우존스사가 가장 신용있고 안정된 주식 30개를 표본으로 시장가격을 평균 산출하는 세계적인 주가지수다.

한 것으로 생각하는 사람들이 있는데, 앞서 언급한 지속적인 업데이트 과정들이 이루어지면 투자에 성공하는 것은 쉬운 일도 어려운 일도 아닌 자연스러운 일이 된다는 점을 힘주어 이야기하고 싶다. 물론 폐가 터질 거 같고, 근육이 끊어질 것 같으며 무릎이 부서질 것 같은 중간 과정의 어려움까지는 어쩔 수 없긴 하다.

문제는 뇌는 쉬고자 하는데 투자는 뇌의 단련을 통해서 만들어질 수밖에 없다는 것. 그리고 그 투자는 반드시 현재의 사실에 근거하고 있어야 한다는 것이다. 뇌가 일으키는 필터닝에 걸러지지 않고, 있는 그대로의 사실을 그대로 뇌에 넣고 분석하는 과정이 습관이 되어야 우리는 온전히 자연스러운 투자 성공을 이루어낼 수 있다. 그래서 이렇게 이야기하고 싶다. "투자의 태도가 준비되면 투자의 성공은 자연스럽다." 단 투자의 태도를 익히기까지는 시간과 노력이 필요할 수밖에 없다. 그리고 거기서 익혀야 할 투자의 태도라는 것은 사실을 사실 그대로 받아들이는 사고의 훈련으로 만들어진다. 하지만 우리 뇌는 이미 상당한 수준의 프로그램이 깔려 있는 상황이기 때문에, 뇌의 효율을 위해서 매우 쉽게 여러 가지 정보들을 자의적으로 구분하여 머릿속에 이미 분류된 서랍에 넣어버린다.

일종의 카테고리가 머릿속에서 진행이 되는데 이때 상당한 왜곡이 발생할 가능성이 크다. 왜냐하면 기존에 가진 머릿속 정보를 근거로 하여 분류가 진행되기 때문이다. 뇌는 할 일을 줄이기 위해 기존 정보를 닻으로 삼아 새로 들어온 정보를 비슷한 것으로 간주해 머리에 구분해 넣어 버린다. 그리고 이런 일들이 머릿속에서 자동으로 작동된다.

그러나 투자는 이런 필터링을 뚫어가는 것이다. 사실을 사실 그대로 받아들이는 훈련의 과정이다. 투자한 기업의 실적이 지금보다 나빠질 것이면 그것을 그대로 인정하고 그에 따른 대처를 하는 것, 분석한 기업이 예상을 빗나가며 나빠진다면 보유를 포기하고 떠나보내야 한다는 것, 회복이 안 될 것이라고 생각했던 기업이 회복해서 좋아지면 기존의 정보를 뒤집고 매수에 참여하는 등의 유연한 태도가 필요하다.

이 장의 작은 결론을 내보자.

일반적인 두뇌 기전을 거스르는 과정들을 습관화할 때 투자에 적합한 군상이 될 수 있다. 인간의 본성을 거슬러야 한다는 측면에서 투자는 기본적으로 역발상적이다. 이 부분은 투자의 한 특징이자 어려운 부분이다. 일반적인 인간 본성과는 조금 다른 방향으로 계속 진행해 나가다 보면, 일반적 인지구조를 거슬러서 생각하고 행동할 수 있게 된다. 그리고 이것을 습관화시켜야 한다. 본성의 사고 패턴이 아닌 투자에 맞는 사고 패턴을 습관화해 나가야 한다. 철저히 사실에 근거해서 그런 사고를 패턴화하는 과정이 이루어져야 한다.

보통 이렇게 두뇌 전환이 잘 된 사람들을 옆에서 보면 성격이 상당히 까다롭다. 소위 까칠한 사람들의 전형을 여기서 볼 수 있다. 사람이 차가워서가 아니라, 일반적 패턴과 조금 다른 패턴을 만들어 나갔으니 일반적인 사람들과는 사고의 진행과정이 조금 다르다. 실제로 그런 사람들을 보면 말을 매우 딱 떨어지게 한다. 사실에 근거해서 말하는 게 습관이 되다 보니 말의 여지가 별로 없다. 그렇기 때문에 정이 없어 보이고 그와 대화하는 사람은 조금 상처스럽게 다가오기도 한다. 그런 사람과 만나서 이야기를 하다 보면 상대하기가 좀 거북하기도 하다. 사고의 훈련이 습관이 되어버린 사람은 평소에도 어떤 일에 대한 판단을 할 때, 딱 떨어지는 사실적 판단을 하는 경우가 많다. 때문에 이런 훈련이 되지 않은 사람이 듣기에는 정이 없는 사람으로 인식되기가 매우 쉽다.

사실에 기반해서 인지상정을 거스를 수 있어야 한다는 점이 사람들을 까칠하게 만드는 거 같다. 투자는 기존에 두뇌가 활동하던 방법, 그러니까 일반적으로 사람들이 생각하는 패턴을 역으로 거슬러가는 과정들이다. 물론 시장에 참여자들이 어떻게 생각할까를 파악하는 촉도 매우 중요한 게 사실이지만, 인간 본성이 작동하여 'Thinking Fast' 할 때는 대체로 그와 역의 방향성을 가지는 것이 투자 성공의 중요한 포인트 중 하나다.

성공적인 투자자의 기본적 사고 패턴은 사실에 입각해서 판단하고 사고하는 것이다. 누가 이렇더라 저렇더라고 이야기하더라도, 자기가 직접 보고 눈으로 확인하고 판단해 보고 맞을 때까지는 그 의견에 동의하지 않는다. 자기 기준에 맞는 결과가 나올 때, 비로소 맞는다는 결론을 내리게 된다.

"좋은 게 좋은 거야"라는 말이 통하지 않는 세상. 이게 성공 투자의 세계라고 감히 이야기하고 싶다. 이런 본성을 거스르는 투자는 무언가 대단한 게 아니라 사실에 단단히 근거해 있는 투자다. 감정으로 채색되지 않고, 사실을 있는 그대로 받아들이는 자세가 훌륭한 투자의 태도다. 우리는 다음 장에서 이런 까칠해진 사람들이 어떻게 거기까지 갔는지를 이야기할 것이다. 투자의 세계에서 성공한 사람들의 방법을 익히고 그것을 내 것으로 만들면, 성공의 문에 한 발 더 가까이 간 자신을 발견하게 될 것이다. 우리보다 한 발 앞서 성공한 사람들을 만나보도록 하자.

03

성공 투자 법칙

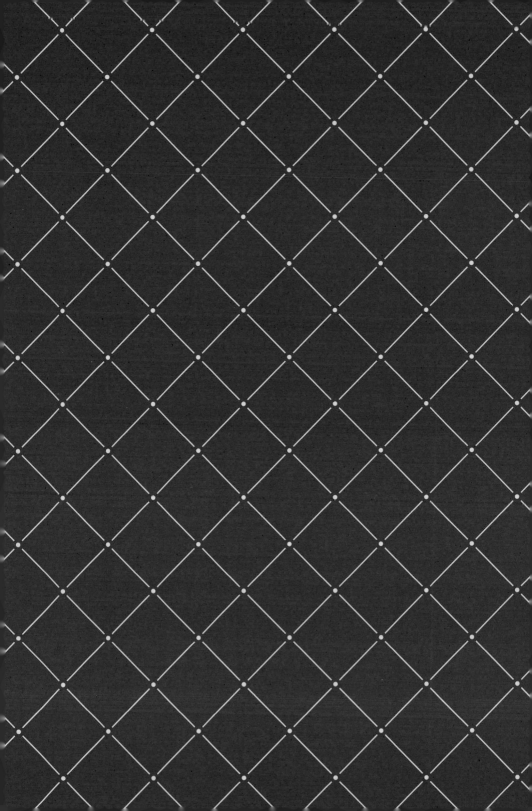

| 속도를 버리고 복리를 취하다

1장에서는 어떻게 투자를 해야 실패를 비켜나갈 수 있는지에 대한 태도를 점검해 보았다. 창을 준비하기보다 갑옷을 먼저 준비해서 시장에서 쏘아대는 화살에 견딜 수 있는 방어력을 길러야 한다는 이야기를 했고, 돈을 벌려고 뛰어들기보다는 안 깨지는 방법을 익히는 것이 먼저라는 이야기를 나누었다.

2장에서는 우리를 실패하게 만드는 인간의 한계가 무엇이고, 우리의 뇌가 우리를 어떻게 만드는지 살펴보고 이 부분을 극복하기 위해 어떻게 사고해야 하는지를 살펴보았다.

3장에서는 이러한 이해를 바탕으로 한 발 더 나가고자 한다. 이제 우리는 어떻게 투자에 성공할 수 있는지를 향해 나가게 될 것이다. 앞선 장에서는 우리 자신에 대해서 이해를 했다면 이를 바탕으로 우리는 어떻게 해야 하는지 다음 스텝으로 나갈 차례다.

실제로 투자는 무엇인가를 '버는 게임'이 아니라, 실전에서 '지지 않는 게임'을 얼마나 많이 하느냐로 승률이 결정된다.

그래서 투자의 대가들이 입을 모아 하는 말이 '투자의 제1원칙은 잃지 않는 것'이라고 이야기하고 제2원칙은 '투자의 제1원칙은 잊지 않는 것'이라고 말한다. 그런데 그들이 처음부터 그런 생각을 하게 되었을까? 필자의 판단과 경험에 의하면 그런 이야기를 하는 것은 모두 경험에 의한 이야기다. 스스로 뼈저리게 느끼고 나니, 그 방향성이 맞는다고 판단을 했기에 그와 같은 이야기를 전하는 것이다.

사실 투자에 조금 익숙해지고 어떤 가닥을 잡아가다 보면, 앞서 언급했듯이 투자의 성공 수준은 '투자의 태도 × 시간'이라는 것을 깨닫게 된다. 투자의 태도가 잘 잡혀있다면 돈 버는 건 시간문제라는 이야기다. 성공한 사람들은 "돈 버는 것 자체는 그렇게 어려운 일은 아니다"라고 말한다. 일반인들과 초보 투자자들 입장에서는 이 말이 매우 황당하게 들리겠지만, 투자의 태도가 익혀지고 나면 수긍이 갈 것이다. 그래서 이 책의 처음 두 장을 투자의 태도가 왜 중요한지에 대해서 그렇게 많이 강조하고 이야기했던 것이다. 물론 여기까지 도달하는 것도 쉽지 않고 사람에 따라서는 꽤 많은 시간이 걸리는 것도 사실이다. 그럼에도 일정 수준에 도달하면 그 이후로는 보상이 쏠쏠하다. 즉, 땀을 흘리고 애를 써서 도달할 가치가 있다는 것을 느끼게 될 것이란 이야기다. 많은 책들이 투자로 어떻게 돈을 벌었나를 이야기하는데, 실제로 가장 중요한 투자의 태도 이야기를 빼놓는 거 같다. 태도가 갖추어지면 돈은 자연스럽게 벌 수 있는 것이다. 아무리 테크닉을 갖추고 돈을 벌었다고 해도 태도가 제대로 준비되지 않으면 언제든지 역공을 당할 수 있게 만드는 곳이 시장이다. 너무나 많은 투자 관련 책들이 이러이러하게 투자하면 돈을 벌 수 있다고만 이야기하는 게 조금은 안타까웠다. 사실은 돈을 버는 방법보다는 실수를 피하는 방법을 배우는 게 훨씬 더 많은 에너지가 들고 힘든 일이라는 사실을 많은 투자 책들이 말하지 않는다. 필자라도 이런 이야기들을 좀 더 해야겠다는 결심이 이 책을 쓰게 된 동기 중 하나다.

왜 소위 성공한 투자자와 대가들은 투자의 태도에 있어서 가장 중요한 포인트 중 하나는 '잃지 않는 것'이라고 이야기하는 것일까? 그렇게 이야기하는 가장 중요한 이유는 성공한 투자자들이 '복리'의 마법을 잘 알고 있었기 때문일 것이다.

투자라는 것이 결국은 복리 싸움이고, 복리라는 것은 일종의 곱하기이기 때문에, 곱으로 해를 거듭하는 것에서 한 번의 마이너스 곱하기가(그러니까 나누기를 하는 셈이 된다) 자산 증가에 치명적 악영향을 미친다는 것을 모두가 경험을 통해 알고 있기 때문이다.

복리가 곱하기라고? 너무 뻔한 이야기이지만, 꼭 알고 있어야 하는 내용이기에 강조하기 위해서 직접 이 상황들을 지면을 할애해 이야기해 보도록 하자. 계산 편이를 위해 매년 수익률을 50%로 가정해보자.

투자금은 1억 원으로 설정하고 계산을 해보자. 계좌에서 돈의 추가 유입이나 유출은 없다.

매년 계속해서 수익률 50%를 쌓아가는 경우

1년 차 1억 × 1.5 = 1.5억

2년 차 1.5억 × 1.5 = 2.25억

3년 차 2.25억 × 1.5 = 3.37억

4년 차 3.375억 × 1.5 = 5.06억

5년 차 5.062억 × 1.5 = 7.59억

6년 차 7.59억 × 1.5 = 11.39억

7년 차 11.39억 × 1.5 = 17.08억

8년 차 17.08억 × 1.5 = 25.62억

9년 차 25.62억 × 1.5 = 38.44억

10년 차 38.44억 × 1.5 = 57.66억

여기서 딱 한 번만 50% 깨져보자. 6년 차에서 50% 한번 깨졌다고 해서 계산을 해보자.

5년 차까지는 매년 50% 수익을 내다가 6년 차에 딱 한 번 50%를 깨졌을 때

6년 차 7.59억 × 1/2 = 3.79억

그 이후 다시금 매년 50% 수익을 상정하면.

7년 차 5.69억

8년 차 8.54억

9년 차 12.81억

10년 차 19.22억

한 번의 손실이 10년 차 결과치에서 무려 38억 원이라는 차이를 발생시킨다. 좀 더 피부에 와닿게 하기 위해서 수익률을 공격적으로 설정해 보았다. 물론 이런 수익률이 불가능한 것도 아니고 이보다 훨씬 월등한 수익률을 기록한 사람들이 꽤 있는 것도 사실이다. 여기서 강조하고 싶은 것은 깨지지 않는 게 왜 중요한 것이냐 하는 점이다.

물론 어떤 특정 해에 수익이 잠시 주춤하는 것은 큰 문제가 되지 않는다? 소폭의 손실까지도 괜찮다. 왜냐하면 결국 다음 시즌에서 못 냈던 수익을 더 많이 낼 수 있거나, 다음 시즌에서 수익으로 회복을 시키면 되기 때문이다. 그런데 만약 몇 년간 꾸준히 성공했다고 하더라도 한 시즌에 갑자기 -50%의 손실이 발생하게 되면, 그다음 단계에서 회복하는데 시간이 많이 걸리기 때문에 이렇게 크게 깨지지 않는 것은 실전에서는 엄청나게 중요하다.

짧은 기간을 상정해 계산해 보자. 2년 연속 50%의 수익을 내면 1억 원은 2.2억 원이 된다. 그런데 거기서 다음 해에 50% 손실을 본다면, 그 금액은 순식간에 처음 자리 1억 원 근처인 1,125억 원으로 내려앉게 된다. 손실이 날 해에 투자를 쉬었다가 다시 곱하기를 시작하는 게,

이런 마이너스 나누기를 한 해라도 겪는 것보다 월등히 빠른 자산 증가로 이어진다는 것은 뻔한 이야기다. 투자에서 복리라는 것은 곱하기로 자산이 늘어나는 것임을 명심해야 한다. 이런 경험, 즉 곱하기 수익과 나누기 손실을 한 번쯤 경험하고 시간을 누적해 보면, 나누기 손실은 그냥 한번 당할 수도 있는 그런 일이 아니라, 엄청난 시간의 손괴에 해당한다는 것을 이미 앞선 투자자들이 알고 있다.

그걸 경험했기에 그들은 이렇게 이야기하는 것이다. 투자의 제1 원칙은 깨지지 않는 것이고, 제2원칙은 제1 원칙을 잊지 않는 것이라고 말이다. 이것은 우리를 이런 결론으로 이끌어준다. 많이 먹지 못해도 괜찮다. 한 해라도 마이너스 수익만 기록하지 않으면, 그것이 자산증식 최고의 방법이다. 이런 태도는 결국 수익률 욕심을 내려놓게 만드는 중요한 요인이다. 앞서 언급했듯이 속도를 줄이면 사고 확률은 낮아진다. 또한, 안전마진[33]의 중심 개념을 만들어주기도 한다. 사실 안전마진이란 단어를 들으면 저건 또 무슨 개념이지하고 고민을 할 초보 투자자들이 있을 거 같은데, 사실 별 게 아니다. 깨져본 선진들이 그 깨지는 게 너무나 싫었기에 안 깨지는 방법을 찾다 보니… '아! 이 정도까지 낮아진 가격의 주식에 접근하면, 먹는 건 둘째치고 깨질 염려는 안 해도 되는 거구나!'라는 깨달음 속에서 만들어진 개념이라고 생각하면 된다. 무언가 심오한 어떤 것이라기보다도, 깨지기 싫어하는

---

33) 시장가격이 자산 가격보다 현저히 낮을 때만 주식을 구입하는 투자자의 한 원칙.

투자의 선배들이, 작게 먹더라도 안 깨지기만 하면 자산을 크게 증식시킬 수 있다는 것을 깊이 깨닫고 개발해낸 개념과 단어로 생각하면 되겠다. 안전마진이란, '못 먹어도 상관없다. 나는 안 깨지련다. 시간은 내 편이다. 그리고 이 가격이면 분명 먹는다'라는 투자철학이 그 밑바탕에 깔려있다.

사실 이 개념이 투자에 막 임하는 투자자들에겐 좀 이해가 안 될지 모르겠다. 좀 이상하다고 생각할지도 모르겠다. 아마 이렇게 생각하지 않을까?

'투자를 수익을 내려고 하지, 깨질 걸 걱정하고 한다고? 먹을 생각을 해도 부족할 때에 안 깨질 생각만 하다니, 좀 이상한데'라고 말이다.

안전마진에 대한 예를 하나 들어보도록 하겠다.

우리가 운전을 할 때 다양한 운전자들이 있다. 그들 중 최고의 운전자는 아마 카레이서들이 되지 싶다. 카레이서들이 대단하다는 것은 수백 km/h에 이르는 속도에서 차간 간격이 겨우 몇 미터 수준으로 유지하면서 서로 사고가 나지 않고 달려나간다는 것 아니겠는가? 고속도로에서 200km/h 정도의 속도로 달리면서 앞차와의 차 간격을 2미터 정도로 두고 달린다고 생각해보라? 생각만으로도 오금이 저리다. 이런 극한을 카레이서들이 하는 것인데, 카레이서들이 실제 도로에서도 이렇게 달릴까? 카레이서들이라고 해도 실전 도로에서 이렇게 달릴 때 사고 없이 달릴 수 있을까? 쉽지 않은 일이다.

'안전마진'은 이런 고도의 운전기술을 추구하는 것과는 상반되는 개념으로 완전한 방어운전을 하는 개념에 가깝다고 보면 된다. 남들이 나를 추월하든 말든, 나는 가장 안전한 차선에서 사고가 안 날만큼의 속도로 누가 나를 치지 않을까 하는 것 등을 감안하면서 하는 운전 말이다. 남들이 보면 상당히 답답하다고 느낄 수 있고 또 느리게 보일 수도 있다. 그러나 정말 느릴까?

카레이서처럼 달리면 빨리 갈 수도 있지만, 그런 훈련이 충분히 되어있지 않다면, 사고의 위험성이 너무나 커진다. 그런데 이렇게 생각해 보자. 아주 작은 접촉사고라도 한번 난다면, 과연 그 차는 목적지까지 얼마나 빨리 갈 수 있을까? 반면, 방어운전을 하는 운전자는 가장 느린 속도로 진행하더라도 사고가 나지 않고 목적지에 갈 가능성이 높다. 그렇다면 카레이서처럼 빠른 운전이 평소에 여러 번 빨리 목적지에 도달을 시켰다고 할지라도 단 한 번의 사고라도 난다면, 총 시간당 마일리지는 느리게 운전한 방어적 운전자보다 빠르기는 매우 어려울 것이다.

실제로 서울에서 부산까지 운전을 하고 간다고 할 때 누가 가장 빠르게 도착을 하게 될까? 자전거를 타면서 처절히 느꼈던 대목 중 하나는, 목적지에 가장 빠르게 도착하는 방법 중 하나는 사고 없이 쉬지 않고 달리는 것이다. 아무리 빨라도 중간에 쉬는 시간이 길어서는 빠르게 도착하기 어려웠다. 서울에서 부산까지 가장 빨리 가는 차는(차가 막히지 않는다는 가정을 한다면) 쉬지 않고 달린 사람에게 돌아갈 가능성이 높다.

이 점은 투자에도 그대로 적용이 된다. 수익이 안 나는 것은 휴게소에서 쉬는 것이라고 표현할 수 있겠고, 마이너스가 나는 것은 사고가 난 것으로 표현할 수 있다. 사고가 날 경우엔, 목적지에 빨리 도착하는 것은 고사하고, 차를 레카에 끌고 수리까지 맡겨야 하는 상황이 발생해 그 여행을 다 망칠 수도 있다. 심지어 사고가 심할 경우, 목적지 도달은커녕 생명이 위태로울 수 있다. 그런데 투자도 이와 같다. 사고를 크게 당하면 회복에 시간이 많이 걸리고, 사고가 치명적일 경우엔 아예 투자의 세계에서 비자발적으로 쫓겨나거나 퇴출될 수도 있다. 그리고 실제로 이런 일은 비일비재하다. 그리고 앞서도 여러 번 언급했지만, 그 지름길 중 하나가 레버리지 사용이다. 스포츠카를 잘 몰 수 있는 전문 카레이서라면 모르겠지만, 그렇지 않다면 신용 사용은 항상 조심해야만 한다. 전문 카레이서도 레이싱에서 사고가 나는 경우가 있고, 대형사고가 나는 경우도 있다. 2020년 코로나19 사태 때의 패닉 때 전문 카레이서들 중 부상을 당한 사람들이 굉장히 많다는 사실을 기억할 필요가 있다. 체력이 받쳐준 카레이서들은 금방 회복을 했지만 말이다.

깨지지 않기 위해서는 투자의 속도를 좀 줄일 필요가 있다. 이 이야기가 중요하기 때문에 다시금 복습을 해보면, 현금은 투자의 속도를 줄이고 위험을 회피시켜주는 주요한 방법 중 하나라는 것은 이제 너무 이야기해서 외웠으면 하는 바람이다. 외웠더라도 마음엔 스며들지 못할 경우가 많기 때문에 노파심에 하는 이야기다.

속도를 늦추는 게 마음에 들지 않는 투자자도 있을 것이다. 속도를 늦추지 않고 투자에 지속적으로 성공하기 위한 방법은 없을까? 방법이 왜 없겠는가? 실천하기 어렵지만 가능한 일이다. 시장의 악재에 매우 민감하게 반응할 수 있도록 촉수를 강화하면 빠른 속도에도 불구하고 다치지 않고 투자를 이어갈 수 있다. 예상치 못한 시장 흐름이 체크되고, 미래가 불투명해진다고 판단을 했을 때, 보유하고 있던 포지션[34]을 익절[35]이든 손절[36]이든 빠르게 정리하고 현금 보유 비중을 급격히 올릴 수 있는 탄력적 대응이 가능하다면, 이런 투자자는 속도를 일정 수준 높이는 것이 가능할 것이다. 그러나 이것도 저절로 되는 것이 아닌, 여러 시간 훈련을 통해 확실한 시장에 대한 촉이 길러져야 한다. 보통의 영역이 아님을 꼭 기억해 줬으면 싶다. 물론, 매도하고 현금을 보유한 시점에서 내 판단이 틀렸으면 바로 다시 포지션을 구축해야 한다. 이런 정도의 유연함을 가지지 못한다면, 오히려 시장 흐름에 민감한 것이 자산운용에 큰 위험이 될 수 있다는 점도 첨언한다. 게다가 거꾸로 하면 자산은 무덤을 향해 갈 것이다.

사실 시장에 대한 능동적 대응이 아닌, 현금을 가지고 투자의 속도

---

34) 금융시장에서의 포지션position이란 개인 혹은 기관이 어떠한 자산을 보유하고 있는 상태를 말한다.

35) 손절의 반대말. 이익을 내고 주식을 판매하는 경우를 말한다. 즉 본인이 구입한 가격보다 높은 가격으로 주식을 매도하는 행위다. 목표가격 미만에서 수익 실현시에 주요 사용하는 표현이다.

36) 손절매 줄임말. 주가가 더 하락할 것으로 예상하여 손해를 감수하고 매입 가격 이하로 주식을 처분하는 행위다.

를 늦출 수 있는 데까지 간다는 것만으로도 초보 투자자로서는 상당한 수준에 이르렀다고 볼 수 있다. 사실 이 영역은 투자 초보에 해당되지 않다고 하는 게 더 맞겠다. 여기까지도 아주 만만치 않은 게임이다. 어떻게 하면 이런 단계에 좀 더 접근할 수 있을까? 이런 단계에 접어들 방법을 익히면 투자 성공에 좀 더 근접하게 될 것이다.

다음 장에서는 어떻게 하면, 본격적으로 투자의 성공에 이르는지의 방법에 대해서 이야기 나눠보고자 한다.

| 성공한 투자자 들여다보기

투자 성공에 이르기 위한 최고의 방법은 성공이 익숙해져야 한다. 일반 개인 투자자들과 만나서 이야기를 나누다 보면, 정말 많은 경우 투자로 성공한 경우가 드물다. 사실 옆에서 투자를 안 해본 입장에서는 그게 뭐가 그렇게 어렵냐라고 생각하기 쉽다. 삼성전자를 보면 과거보다 많이 올랐고, 대형주들 중에서는 과거보다 주가가 오른 것들이 상당히 많이 보이는데, 실상 그런 성공을 거둔 경우가 많지 않다. 무엇보다 한국 시장의 경우, 변동성이 꾸준히 나타났고, 그 변동성이라는 것이 상승추세 없이 왔다 갔다만 하는 흐름으로 지난 약 10년 간 지속되었다. 그러다 보니 시장 전체에 투자할 경우, 별다른 소득을 내기 어려웠던 게 사실이다. 이 점에서 미국과는 근본적으로 차이가 있는데

성공 투자 법칙
141

미국은 2008년 리먼 사태 이후, 지수 자체가 몇 배씩 상승하면서 참여한 모든 사람들이 즐거울 수 있었고, 그중에서도 세계 최고의 거대 테크놀로지 기업에 투자를 했을 경우, 시장 대비로도 훨씬 높은 수익을 거둘 수 있었다. 미국 사람들이 뛰어나서 많은 수익을 낼 수 있었던 게 아니라, 시장이 꾸준히 상승해서 시장 참여만으로 상당폭 수익을 얻을 수 있는 그런 흐름이었다. 그럼에도 불구하고, 미국에서도 그 강한 10년 흐름에서도 제대로 수익을 못 낸 투자자들이 꽤나 된다. 심지어는 손실이 난 투자자들도 어렵지 않게 만날 수 있다. 또한 전문투자자들이 운용하는 액티브펀드도 시장 대비 저조한 실적을 기록한 경우도 많다. 아니 오히려 미국 시장에서는 인덱스 지수를 액티브펀드들이 좇아가는 게 쉬운 일은 아니었을 것이다. 즉, 겉으로만 봐서는 모두가 큰 수익을 낼 것 같은 시장에서조차 승자와 패자가 구분되는 모습을 확인하는 것은 어렵지 않다.

앞서 그렇게 길게 '안전마진과 복리의 마법'을 설명한 이유는 꽤 많은 성공 투자자들이 이런 원칙을 채택하고 있기 때문이다. 물론 투자자들 성향에 따라 조금씩 다른 접근 방법이 있는 것은 사실이지만, 어쨌든 이런 원칙을 잘 지킨 사람들이 성공적인 투자자가 된 경우가 현저히 많았다. 이런 설명을 한 이유는 우리가 성공하기 위한 최고의 방법 중 하나는 바로 그런 사람들을 최대한 copy 해야 한다는 이유 때문이다.

투자에 성공하기 위한 최고 중 최고 방법은 성공한 사람들 옆에 딱 붙어서 그 사람들이 하는 방법을 빨리 배워 그걸 그대로 자신의 것으로 만드는 것이다. 남들이 앞에 길을 내고 간 그 길을 찾아서 흔적을 따라가는 것이 오히려 쉽고, 에너지도 적게 들고 다치지 않고 목적지에 도달하는 시간도 빠르다. 무엇보다 시간이 절약이 된다는 게 크다. 투자의 세계에서 시간은 금과 같다. 그래서 투자의 달인들이 하는 말이, '가능하면 빨리 시작'하라는 것이다. 그건 그만큼 시간이 중요하다는 이야기다. 성공한 사람들을 따를 때 가장 큰 유익은 시간을 절약할 수 있다는 점을 다시 한번 강조하고 싶다.

누군가는 성공의 길을 스스로 개척하고 싶어 할지도 모른다. 물론 그렇게도 할 수 있다. 그러나 이는 마치 혼자서 정글을 헤치고 목적지에 도달하는 것이나 마찬가지다. 엄청난 실패와 후회, 수많은 시행착오를 거치게 될 것인데, 그런 시행착오를 해서 목적지에 도달해 보면, 자기가 겪은 그 수많은 무용담들이 사실은 이미 그 길을 거쳐 목적지에 도달했던 사람의 경험담과 거의 일치한다는 사실을 확인하게 될 것이다. 그렇기 때문에 이번 장에서 반복적으로 이미 성공한 투자 방법을 습득하는 게 최선이란 이야기를 하는 것이다. 다시 한번 강조하지만 투자 세계에서는 시간이 돈이기 때문에, 시간을 얼마나 단축시키는지가 중요하고, 가장 빠른 지름길은 이미 여러 시행착오를 통해서 성공에 이른 사람들을 빠르게 copy하고 그들이 실패했다고 하는 방법을 나에게서 제거하는 것이다. 물론 빨리 시작하는 것도 매우 중요하다. 앞서 워런 버핏의 이야기를 다시 한번 인용한다.

"시작은 빠를수록 더 좋습니다."

투자에 대한 가르침을 전해야 하는 투자 선생이 될 사람이라면, 수많은 실패 경험이 후학을 가르치는 데 큰 도움이 될 것이다. 이런 분들은 스스로 개척하고 산전수전을 겪어보는 것이 더 바람직할 수도 있다. 그러나 필자로서는 이 방법을 결코 권하고 싶지 않다.

물론, 실패를 통해서 더 많이 배우고 왜 그 방법이 성공적인 방법인지 깨닫게 되는 경우가 많다. 실패는 우리를 자라게 하는 가장 강력한 원료다. 성공의 방법을 먼저 배운 상황이라면, 실패 이후 성공의 궤적이 훨씬 더 고도화될 것이다. 성공의 경험도 여러 가지가 있는데 깨달음이 있는 성공의 경험이 매우 중요하다. '아 이렇게 하니까 이렇게 좋은 결과가 나오는 거구나'하는 경험이 많을수록 강한 투자자가 될 수 있다는 점도 반드시 기억하자.

단언하건대 빠른 성공을 이룬 사람들 중에서 이런 과정을 겪지 않은 사람들은 거의 보지 못했다. 투자의 세계에 진입해 남들보다 시행착오를 덜 겪고, 빠르게 성공을 한 투자자들은 대부분 주변에 훌륭한 투자자들이 있었고, 그 사람들에게 마음을 열고 투자를 익히고 배워갔기에 그런 성공을 거둘 수가 있었다. 그런 측면에서 한국의 대표 가치투자자들이 그렇게나 워런 버핏을 추앙하고 벤저민 그레이엄[37]을

---

37) 영국 출신의 미국 경제학자, 교수이자 투자자. '가치투자의 아버지'로 널리 알려져 있다.

존경하는 것이다. 그들의 방법을 투자 초기에 배우고 익혀서 실제로 자신들의 성공으로 copy & paste에 했기 때문이다.

그렇기에 초보 투자자들이 가장 우선적으로 해야 할 과업은, 성공한 투자자들을 찾고, 그들이 어떻게 투자했는지를 배우는 것인데 그런 측면에서 "읽을 수 있는 책은 모두 읽어야 합니다. 나는 열 살에 오마하 시립도서관에 있는 투자서적을 모두 읽었고 일부는 두 번 읽었습니다"라는 버핏의 말은 꼭 가슴에 새길만하다. 대부분 이런 과정을 서지지 않고, 자기 생각만으로 투자하는 경우엔, 여러 가지 실패의 과정을 거쳐, 결국 성공 투자자들을 찾아 나서게 될 것이다. 성공 투자자들을 찾아서 copy 하는 방법에 대해서는 나중에 다시 따로 장을 구분하여 이야기하겠지만, 지금 당장 초보 투자자들이 생각할 것은 빨리 성공한 투자자를 찾아 나서는 일이다. 성공한 투자자는 오히려 잘 드러나있다. 세계적인 투자자로 이름이 언급되는 그런 사람들이다. 그런 사람들이 어떤 자세로 투자를 했고, 어떤 방식을 가지고 있는지를 빠르게 습득할수록 투자의 성공은 다가오게 된다.

2장에서 언급한 대로, 성공한 똑똑이 남자가 투자에 성공하기 어려운 이유는, 투자에 성공한 사람들의 기준보다는 자기가 만들고 세운 성공 기준이 있어, 다른 사람들의 말을 듣지 않기 때문이다. 바로 알아야 할 것은 자기 기준이 자기 세상살이하는 데에는 도움이 되었을지 몰라도, 투자 세계의 기준과는 어이 상실할 정도로 아주 먼 거리에 있다는 사실이다. 먼 거리로 떨어진 기준을 맞추기 위해서 자기 기준 방법으로 분투할 경우, 그 시간을 좁히는데 몇 년이 걸릴지 몇십 년이 걸릴지 장담할 수 없다. 필자의 경험칙으로는 대체적으로 그전에 투자를 포기하는 경우가 대부분이었다. 투자가 그렇게 호락호락했다면, 우리 주변에서 성공한 투자자들을 찾기가 그리 어려운 것은 아니었을 것이다.

바른 모델을 찾아 그 길을 따르는 것의 중요성에 대한 명문이 있다. 워런 버핏이 1984년 컬럼비아대학교에서 있었던 증권분석 50주년 기념회에서 강연한 '그레이엄-도드 마을 사람들'의 이야기가 바로 그 것이다. 여기서 길지만 그것을 그대로 다 인용해 보고자 한다. 성공 투자로 가는 지름길이 바로 여기에 있다.

나는 여러분들에게 S&P 500지수를 수년 간 계속해서 능가하고 있는 투자자 집단을 소개하려고 한다. 그들이 순전히 운이 좋아서 이런 실적을 올려온 것인지는 검토해 보아야 할 것이다. 하지만 이들은 이미 나와는 상당히 친분이 있으며 이들을 위대한 투자자들이라고 생각하기 시작한 것은 적어도 15년 전부터였다. 만약, 내가 오늘 아침에 수천 명에 달하는 투자자들의 실적을 조사하여 이들의 이름을 추려낸 것이라면 더 이상 이 글을 읽을 필요가 없다고 충고하고 싶다. 그리고 한 가지 더 덧붙이자면 이들이 올린 기록들은 이미 검증을 거친 자료들이다. 이들에게 투자한 투자자들이 제공한 자료들과 이 글에 수록된 기록들이 서로 일치함을 확인하였다.

본격적인 논의에 앞서, 동전 던지기 콘테스트를 한다고 상상해 보자. 2억 2천 5백만 명의 전 미국인이 내일 아침 1달러를 건 내기를 한다고 가정하자. 아침 해가 뜰 무렵 던져진 동전이 앞면인지 뒷면인지를 맞히는 게임이다. 맞힌 사람이 틀린 사람으로부터 1달러를 받는다. 매일 아침 패자는 게임에서 탈락하고 승자들만으로 다음날의 게임을 새로이 시작한다. 승자들은 전날 받은 돈까지 더해서 내기의 규모를 키워간다. 10일째가 되면 대략 22만 명이 남게 되며 각자 1,000달러를 조금 넘는 돈을 갖게 될 것이다. 그들은 10번 연속해서 맞힌 것에 대해 다소 고무될 것이다. 이것이 인간의 생리이기 때문이다. 그들은 겸손해하려는 노력도 하겠지만 종종 칵테일 파티 같은 곳에서 매력적인 이성에게 자신의 동전 던지기 게임의 기술과 통찰력에 대해 자랑하려 할 것이다.

다시 10일이 지나면 20번 연속으로 맞힌 215명이 남게 될 것이다. 이쯤 되면 처음의 1달러는 100만 달러를 넘어서게 된다.

이때가 되면 이들은 확실히 이성을 잃게 될 것이다. 아마도 '매일 아침 30초의 수고로 1달러를 20일 만에 100만 달러로 만드는 법'이라는 책을 쓰는 사람도 생겨날 것이다. 심지어 전국을 돌아다니며 동전 던지기 게임의 기술에 관한 세미나를 여는 사람도 있을 것이다. 그리고 이들의 능력에 대해 의심하는 학자들을 향해 '우리가 동전 던지기 게임의 고수들이 아니라면 어떻게 우리들 215명이 남을 수 있었겠는가?'하고 반문할 것이다.

그러나 몇몇 경영학 교수들은 2억 2천 5백만 마리의 오랑우탄으로 게임을 시작하였더라도 결과는 마찬가지였을 것이라고 지적할 것이다. 즉, 20

번의 동전 던지기가 끝나면 20번 연속으로 맞힌 자만한 오랑우탄들이 남을 것이란 것이다.

그런데 내가 소개하려는 사례들과 이 오랑우탄들의 동전 던지기 게임과는 중요한 차이가 있다는 점을 지적하고 싶다. 한 예로, 2억 2천 5백만 마리의 오랑우탄들이 미국의 인구분포와 동일하게 전국에 분포되어 있고, 20일 이후에 215마리가 남았다고 가정했을 때, 만약 이 중 40마리가 오마하Omaha에 있는 특정 동물원 소속이라면 여러분은 뭔가가 있을 것이라는 생각을 하게 될 것이다. 그리고 아마도 그 동물원의 사육사를 찾아가서 어떤 먹이를 주는지 혹은 특별한 훈련을 시키는지, 사육사들이 어떤 책을 읽고 있는지 등을 조사하려 할 것이다. 즉, 여러분이 특정한 부류의 성공한 사람들을 발견하게 된다면 그들의 성공을 설명할 원인들을 찾으려 할 것이다.

과학적 조사는 보통 이런 패턴을 따라 이루어진다. 만약, 여러분이 미국 전역에서 매년 1,500명밖에 발병하지 않는 희귀질환의 원인에 대한 연구를 하고 있는데, 이들 중 400명이 몬타나Montana의 광산촌에서 발견되었다면, 여러분은 그 지역의 수질 상태나 환자들의 직업 등의 변수들에 대해 조사할 것이다. 400명이 특정 지역에서 발견되었다는 것은 우연이라고 하기에는 확률적 가능성이 희박하다는 것을 잘 알 것이다. 그 이유에 대해서는 알지 못하더라도 조사할 필요가 있다는 것은 이해할 것이다.

출신에 대해 이야기할 때 지리적인 정의만 있는 것은 아니다. 지리적인 출신뿐만 아니라 지적知的 출신도 있다. 여러분들은 동전 던지기 게임의 승자 중 비정상적으로 많은 수가 그레이엄-도드 마을 출신임을 알게 될 것이다. 우연이라고 하기에는 너무나 많은 수가 이 특정한 지적 마을 출신이다.

하지만 위의 주장조차 무의미해지는 경우도 있다. 100명의 사람들이 한 사람의 강력한 지도자를 따라 동일하게 행동할 경우가 그것이다. 지도자가 앞면이라고 외치면 100명의 추종자들이 모두 똑같이 선택한다. 그리고 그 지도자가 최종 215명 중 한 명에 속했다면, 100명이 모두 동일한 지적 기원을 갖는다는 것은 아무 의미가 없다. 이 100명은 100가지 경우가 아니라 한 가지 경우로 봐야 하기 때문이다. 비슷하게 여러분이 극단적인 가부장적 사회에 살고 있고, 편의상 미국의 모든 가정은 10명의 구성원으로 구성되어 있다고 가정해 보자. 그리고 가부장적 문화가 매우 강하여 모든 가족 구성원들이 아버지를 따라 행동한다고 하자. 20일이 지난 후에는 215명의 승자가 남게 되고 그들은 **21.5개**의 가족 구성원들임을 알게 될 것이다. 이 결과를 놓고 동전 던지기에 유전학적 요인이 크게 작용한다고 말하는 사람이 있을지도 모르겠다. 하지만 이런 결론은 터무니없는 얘기이다. 215명의 개인 승자들이 남았다고 보는 것보다 21.5개의 가족들이 승자 집단으로 남았다고 보는 것이 타당하다.

내가 말하려고 하는 성공적 투자자 집단은 동일한 지적 가장인 벤 그레이엄으로부터 비롯되었다. 그러나 이 지적 가장으로부터 독립한 자식들은 각자 매우 다른 방법으로 동전 던지기 게임을 했다. 그들은 각자 다른 지역으로 흩어졌고 서로 다른 주식과 기업들을 사고팔았다. 그럼에도 그들은 우연으로 설명할 수 없는 기록을 세웠다. 가장은 단지 동전 던지기 게임을 하는 지적 이론만 가르쳤을 뿐이며, 제자들은 각자의 방식으로 그 이론을 적용하였다.

그레이엄-도드 마을 출신의 투자자들의 공통된 지적 주제는 다음과 같다. 그들은 사업의 가치와 그 사업의 조그마한 조각들(주식)이 시장에서 거래되는 가격의 괴리를 조사한다. 그리고 효율적 시장 이론가들이 관심을 갖는 것처럼 월요일에 주식을 사는 게 좋으냐 아니면 금요일이 좋으냐 혹은 1월이 좋으냐 7월이 좋으냐 등의 논제와는 무관하게 단지 이 괴리만을 이용해서 이익을 얻는다. 나는 사업가들이 사업을 매수할 때 그레이엄-도드 마을 투자자들은 주식을 거래할 때도 사업가들과 마찬가지 방법으로 의사결정을 한다. 특정 요일 혹은 특정 달에 매수 결정을 한다고는 생각하지 않는다. 만약, 사업 전체에 대한 거래를 할 때 거래가 월요일에 이루어지느냐와 금요일에 이루어지느냐에 차이가 없다면, 왜 많은 학자들이 그토록 많은 시간과 노력을 투자하여 사업의 일부(주식)가 요일에 따른 차이가 있는지를 조사하는지 의문이 든다. 우리 그레이엄-도드 마을 투자자들은 말할 필요도 없이 베타나 자본자산 가격 모델(CAPM), 주식들 간의 공분산 따위는 논의하지 않으며 관심조차 없다. 사실 그들 대부분은 이러한 용어들을 제대로 정의하지도 못한다. 이 투자자들은 단지 두 개의 변수에만 관심을 갖는다. 그것은 가격과 가치이다.

수많은 연구들이 챠티스트들의 주제인 가격과 거래량을 다루고 있다. 여러분은 사업의 가격이 전 주나 혹은 그 전 주에 비해 주목할만한 변화가 생겼다는 이유로 사업 전체를 매수한다는 것을 생각할 수 있는가? 물론 이처럼 많은 연구들이 가격과 거래량을 다루고 있는 것은 우리가 컴퓨터의 시대에 살고 있고 가격과 거래량에 관한 수없이 많은 데이터를 가지고 있기 때문이다. 그런 연구들이 유용하기 때문에 이런 연구들을 하는 것은 아니다. 단지 수많은 데이터가 널려있고 학자들이 그 데이터들을 다루기 위한 계산 기법늘을 배우느라 고생했기 때문이다. 일단 그 기법들을 습득하게 되면, 비록 효용성은 없을지라도 그것들을 사용하지 않을 수 없다. 망치를 든 사람에겐 모든 것이 못처럼 보인다는 말도 있지 않은가?

내 생각에 이 동일한 지적 기원을 갖는 그레이엄-도드 마을 투자자들에 대한 연구를 해볼 가치가 있는 것 같다. 가격과 거래량, 계절적 요인, 자본 규모 등에 대해서는 수많은 학문적 연구가 있었음에도 불구하고 이 가치에 기반한 투자의 승리자들은 관심을 받지 못한 것 같다.

워런 버핏

그레이엄- 도드 마을의 투자자 이야기를 통해 우리는 제대로 된 모델, 성공한 모델이 투자에서 얼마나 중요한지를 알 수 있다. 이게 바로 투자의 지름길이다. 그들은 좋은 모델을 잡았고 그 모델이 제시한 방법을 꾸준히 추적했고 그것을 습관화한 사람들이다. 그렇기 때문에 그들이 그 긴 기간 동안, 괄목한 만한 성과를 거두었다는 것이다. 이

말 한마디도 남기고 싶다. "잘 따라들 해라잉~"

ㅣ성공 투자의 기준, 가짜배기를 구별하는 법

투자 성공으로 가는 길에 생기는 노파심이 있다. 투자를 하겠다고 수 많은 사람들이 러시를 이루고 달려드는 이 상황에서 양산될 수많은 잘못된 가이드에 대한 우려다. 앞서 언급했듯이 이 업계에서 실제로 전문가라고 이야기할 수 있는, 즉 스스로 투자를 통해 검증을 받고 오 랜 시간 실패와 성공을 경험하여 자기만의 투자 패턴을 완성하고, 그 방법에 따라서 꾸준히 성공적인 성과를 거두고 있는 사람들이 품귀가 되고 있는 이런 상황에서 그 빈자리를 누가 메꿀 것이냐 하는 것이다. 아마도 스스로 전문가라고 이야기하면서 단기적인 성과 정도나, 시뮬 레이션된 성과를 가지고 사람들에게 젠체하는 사람들이 풍미하지 않 을까 하는 걱정이 많다. 일반인들 입장에서는 그것을 구분하기도 힘 들고, 정확한 판단이 어렵기 때문에 제대로 된 투자 가이드 받기가 쉽 지 않을 것이란 걱정이 많다. 책 쓰는 것보다는 읽는 게 즐거운 사람 인 필자를 이렇게 글 쓰도록 강제한 노파심이기도 하다.

이런 노파심을 가지게 된 이유는 투자라는 것이 성공하기까지는 꽤 오랜 시간이 걸리는 과정들인데, 한두 번의 성공이 앞으로의 성공까 지도 보장한다고 생각하는 사람들이 많다는 것이다. 그리고 시장이 좋아서 이루게 된 성공도 내가 잘해서 이룬 성공으로 착각한다는 것이다. 바로 이런 환경으로 인해, 투자에 뛰어든 지 얼마 되지 않는 사람들조차 마치 자기가 투자를 꽤 잘하는 사람인 것처럼 이야기할 수 있다는 함정이 이 업에서는 도사리고 있다. 일반인들 관점으로 투자의 전문가와 문외한 구분이 결코 쉽지 않다는 게 투자업계에 분명히 존재하는 함정이다. 많은 사람들이 이 함정을 잘 모르는데 심지어는 스스로를 전문가라고 일컫는 사람조차 자기가 그 함정에 빠져있다는 사실을 모르는 경우가 많이 있다. 이런 상황에서 일반인들은 말해 무엇하랴~ 그러니 주변 사람 말을 너무 믿지 말라는 이야기를 하고 싶다. 한 번의 성공이 성공이 아니고, 꾸준한 성공과 누적적인 결과가 성공이란 사실을 꼭 기억해야 한다는 말을 남기고 싶다. 그렇다면 어떻게 성공을 구분할 수 있을 것인가? 여기서 다시 앞 장에서 언급한 내용을 이야기해야겠다. 바로 factfulness. 사실에 근거해야 한다.

투자의 세계에서 사실이란 무엇인가? 바로 결과다. 참으로 안타까운 이야기지만, 투자의 세계는 결국 결과가 이야기를 해주는 곳이다. 그것도 한두 번의 결과가 아니라, 누적적인 결과가 그 답이다. 결과가 누적적으로 좋은 경우, 즉 성공의 결과가 시간을 통해 검증된 경우가 참다운 결과라고 이야기할 수 있겠다. 한두 해 안 풀릴 수도 있지만, 결국 시간을 통해서 검증을 받는 것이 투자 성과다.

또 하나 기준점이 있다. 그것은 벤치마크 대비 어느 정도 성과를 거두었는가 하는 것이다. 앞서 이야기할 때 성공 기준은 시장이 중립적이었을 때의 이야기다. 그러나 사실 시장은 중립적인 적이 없다. 어떤 식으로든지 꾸준히 변화 흐름에 있는 것이 시장의 결과치다. 그렇기 때문에 시장의 흐름을 우리는 벤치마크로 설정할 수 있을 것이고, 바로 이 시장 흐름에 어느 정도의 누적적 결과를 내었는지가 성공의 가늠자가 되겠다.

두 배 오르는 시장에서 50% 수익을 냈다면 그것을 성공이라고 할 수 있을까? 손실이 나지 않았고 나쁘지는 않지만 이것을 성공이라고 부르기엔 부족한 점이 많다. 반면, 시장이 50% 하락한 시장에서 -10%를 기록했다면? 이는 손실을 봤으니 실패한 투자라고 불러야 할 것인가? 당장은 손실이 났으니 실패로 볼 수 있다. 그런데 저런 시장에서 액티브하게 자산을 운용해서 10% 정도 수준의 손실에서 방어를 했다면, 아마 시장이 회복될 때 남들보다 더 빠르게 회복할 수 있지 않을까? 물론 누적수익률이 보다 확실한 평가이기는 하지만, 손실이라고 무조건 실패라고 보기는 어려울 것이다. 이렇듯, 시장이 얼마나 움직였는지를 기준점으로 잡아서 성공을 가늠해보는 것이 좋은 투자자를 구분하는 방법이다.

일단 투자시장에서 성공에 대해 가늠하는 법을 배웠으니 이제 이런 성공한 투자자를 찾아내는 게 다음 단계다. 문제는 여전히 있다. 스스로를 성공적인 투자자로 포장하는 사람들이 꽤 많다는 것인데… 이 부분은 사실 좀 민감하다. 우리 업계에서 느끼는 바 가장 어려운 운용 대상은 바로 자기 자신이다. 오히려 타인 자산운용은 상대적으로 쉬운 경우가 더 많다. 자기 자산의 경우엔, 자신의 성품이 그대로 녹아들어 간다. 그 사람의 욕심과 절제력이 통으로 녹아있기 때문에 실제로 자기계좌 수익률 내기가 더 어렵다는 이야기를 하는 사람들이 많다. 그렇기에 결국 자기계좌 수익률을 성공적으로 냈는지가 성공한 투자자의 중요한 척도 중 하나다. 그러나 이게 업계에서는 서로 간에 묻기가 금기시되는 질문이다. 실제로 돈 번 사람들 비율이 그렇게 높지 않기 때문이기도 하고, 다른 사실을 이야기한다 한들 구분하기가 쉽지도 않기 때문이다. 물론, 사짜배기들은 대화를 통해 드러나기는 한다. 문제는 나에게 그걸 구분할 귀가 마련되어 있는지다.

그렇다면 어떻게 성공한 투자자를 골라낼 수 있을 것인가? 그것은 그 운용자의 운용상품의 종합수익률 과거 10년 치 흐름과 시장의 수익률과를 비교해 보는 방법 등이 좋을 것이다. 높은 실력의 운용자일수록 시장수익률과 자기 운용 펀드 수익률과의 격차가 벌어질 것이기 때문이다. 이는 어느 한두 해의 특정한 수익률을 이야기하지 않는다는 점을 다시금 강조한다. 누적적이라는 게 중요한 이유는 어떤 한 번의 운이 아닌 실력을 측정하기 위해서다.

다시 이야기를 정리해 보자, 성공한 투자라는 것은 결국 성공적인 결과를 누적적으로 거둔 것을 일컫는 말인데, 이런 사람들을 구분했으면 그다음으로는 그 사람들의 투자방법을 추적해 나가면 된다. 자그럼 성공 투자자들이 어떻게 성공에 이루었는지를 다음 장에서 다루도록 하겠다. 다시 강조하지만, 성공하는 투자자들의 습관을 배우는 것이 중요하다. 이제 서서히 성공의 문을 열어보도록 하자.

| 뇌가 알려주는 투자란 무엇인가?

앞선 장에서 우리는 투자를 실패하게 만드는 우리의 뇌에 대해서 이야기했다. 우리의 뇌구조가 우리를 실패하도록 프로그래밍되어 있다는 이야기였다. 우리가 처해진 저 뇌의 상황을 감안했을 때, 성공적 투자에 다가가기 위한 방법은 무엇일까? 앞서 좀 더 사실에 입각해야 하고 그렇게 하다 보면 결국 까칠해져야 한다는 이야기를 했는데, 그런 이야기들은 결국 기존 뇌의 프로그래밍을 바꿔야 한다는 이야기로 환원할 수 있다. 기존 방식으로 프로그래밍되어 있는 뇌를 다르게 작동하도록 프로그래밍하는 방식이 필요하다. 과연 이것이 어떻게 가능할 것인가? 이번 장에서는 이 부분에 대해서 이야기해 보도록 하자.

일종의 자기계발 서적으로 우리에게 다가온 『습관의 힘』이라는 책이 있다. 투자자로서 이 책은 상당히 큰 충격이었다. '아! , 바로 이것이었구나'라는 것을 깨달았기 때문이다. '이 방식으로 가면 우리의 프로그래밍을 바꿀 수 있겠구나'라는 깨달음이었다. 그리고 실전에서도 그러했다.

『습관의 힘』 저자 찰스 두히그가 이야기한 사례를 통해서 이게 투자에 어떻게 이어질 수 있을지를 이야기해 보고자 한다. 찰스 두히그는

『습관의 힘』첫 장에서 아주 재미난 이야기를 들려준다.

유진 폴리라는 71세가 된 한 남성에 대한 이야기다.

그는 급작스러운 바이러스성 뇌염을 앓고 있었고, 이 바이러스가 뇌에 침범하여 뇌의 주름에 구멍을 내는 치명적 손상을 입혔다. 혼수상태에 빠져 열흘 동안 죽음의 문턱을 들락거렸던 유진은 항바이러스 약의 효과 덕분에 열이 내리고 바이러스도 소멸이 되어 혼수상태에서 깨어나게 되었다. 그리고 어려운 과정을 기쳐 회복뇌는 과정은 순조롭게 이루어졌는데, 뇌를 촬영한 결과 불길한 징후가 포착되었다. 두개골과 척추가 만나는 뇌 중앙부근에서 바이러스에 의해 손상된 타원형 조직이 보인 것이었다.

그리고 이상한 행동이 시작된다.

아침에 일어나서는 부엌으로 들어가 직접 베이컨 에그를 만들어 먹고는 다시 침대에 기어 들어가 라디오를 켰다. 그런데 40분 후 침대에서 나와 방금 했던 것을 똑같이 반복했다. 부엌에 들어가 베이컨 에그를 만들어 먹고는 다시 침대에 들어가 라디오를 만지작거린 것이다. 그리고 다시 40분 후에 또 같은 행동을 되풀이했다.

기억을 잃어버리는 것이다. 과거 60세까지의 기억만을 남긴 채 그 이후에 기억, 심지어 방금 내가 무슨 행동을 했는지까지도 기억을 못 하는 상황에 봉착을 한 것이다. 새로운 정보를 1분 이상 기억하지 못하는 것이었다.

유진이 샌디에이고로 이사한 후 놀라운 사건이 발생한다.

이사한 후 처음 몇 주 동안 그의 아내는 매일 유진을 데리고 나가 산책하려고 애썼다. 매일 아침과 오후에 남편 유진을 데리고 나가 동네를 한 바퀴 돌았다. 그리고 항상 똑같은 길을 따라 산책했다.

당연히 그 남편을 혼자 둘 수 없었고, 혼자 두지 않았다. 의사들이 신신당부를 했기 때문이다. 길을 잃으면 집으로 돌아오는 길을 찾지 못할 거라고!

어느 날 아침 아내가 옷을 갈아입는 사이에 유진이 혼자 현관을 빠져나갔다. 유진은 이방 저방을 헤매고 다니는 습성이 있어 아내는 한참 후에야 유진이 사라졌다는 걸 알았다. 그 순간 아내는 제정신이 아니었다. 밖으로 뛰쳐나가 주변을 둘러보았다. 어디에도 유진은 보이지 않았다. 모든 집이 비슷하게 보여서 혹시 헷갈려 다른 집으로 들어갔을지도 모른다는 생각에 이웃집을 일일이 찾아가 초인종을 눌렀다. 누군가 문을 열어줄 때까지 초인종을 계속해서 눌렀다. 하지만 유진은 거기에 없었다. 아내는 큰길로 내려가 유진의 이름을 부르면서 동네를 이리저리 뛰어다녔다. 눈물이 앞을 가렸다. 유진이 차도에서 헤매고 있는 건 아닐까? 누구에게든 자기가 어디에 산다고 말할 수 있을까? 유진의 아내는 벌써 15분째 거리를 헤매고 다녔다. 결국 그녀는 경찰에게 도움을 청하려고 집으로 달려갔다.

아내가 문을 열고 집에 들어가자 유진이 거실에 앉아 텔레비전으로 '히스토리채널'을 보고 있는 게 아닌가! 아내가 울음을 터뜨리자 유진이 어리둥

절한 표정을 지었다. 그는 집 밖에 나갔다는 것조차 기억하지 못했다. 어디를 다녀왔는지도 기억하지 못했다. 따라서 아내가 우는 이유를 이해하지 못했다. 그때 탁자 위에 수북이 놓인 솔방울들이 아내의 눈에 들어왔다. 그녀가 조금 전에 이웃집 마당에서 보았던 솔방울이었다. 그녀는 유진에게 다가가 손을 살펴보았다. 손가락에 송진이 묻어 끈적거렸다. 그제야 그녀는 유진이 혼자 산책을 다녀왔다는 걸 깨달았다. 유진이 혼자 인도를 따라 걷다가 솔방울을 기념품으로 주워온 것이었다. 유진은 집으로 돌아오는 길을 알고 있었다.

그 후에도 유진은 매일 아침 혼자 산책을 나가려고 했다. 아내가 말렸으나 소용이 없었다. 그녀는 다음과 같이 이야기한다.

"남편에게 제발 집에 있으라고 사정했지만 남편은 금방 잊어버렸어요. 남편이 길을 확실히 아는지 확인하려고 몇 번이고 뒤따라가 보았어요. 그런데 남편은 항상 집을 정확히 찾아왔어요."

– 『습관의 힘』 본문 중. 찰스 두히그 저, 갤리온

투자하는 사람 입장에서 위의 이야기는 너무나 흥미로웠다. 다른 사람에겐 이 이야기가 단순한 뇌과학에 대한 이야기로 들릴지 몰라도, 투자를 하는 사람 입장에선 눈이 번뜩 뜨이는 대목이었다. 실제로 투자 성공에 이른 많은 사람들의 행동을 잘 살펴보면, 어떤 습관화된 패턴들을 확인할 수 있었기 때문이다.

기억을 담당하는 부분의 뇌 기능이 손상을 입는다고 할지라도, 하던 행동, 즉 습관이 된 일들은 그대로 진행한다는, 이 사실…

앞서 우리는 왜 냉장고를 살 때나 자동차를 살 때는 나름 심사숙고하는 모습을 확인할 수 있는데, 투자에 있어서는 심사숙고하지 않고 그렇게 쉽게 결정하는가?라는 이야기를 잠시 나눴다. 사실 재산상의 문제는 냉장고나 자동차보다, 투자의 규모가 월등히 큰 데 말이다. 왜 우리는 도대체 그런 결정을 하는가?

이것은 이렇게 볼 수 있다. 투자에 대한 뇌는 써보지 않은 뇌이기 때문에, 그것을 가동하는데 엄청난 에너지가 투하된다. 이런 뇌를 사용하려고 하자, 생존을 위해서는 가동하지 않는 편이 낫다고 뇌는 판단을 내리고, 그쪽 뇌를 쓰지 못하게 막는 것이다. 그렇기 때문에 그런 뇌를 돌린다는 것보다, 머리를 써서 판단하는 활동을 정지시키고 느낌으로 확 다가오는 것을 빠르게 선택해 결정하는 비약의 단계로 바로 넘어가는 것이다. 나보다 잘한다고 생각하는 사람이 좋다고 하면, 길게 생각할 필요 없이 그냥 바로 투자를 결정하는 그런 경향성 말이다.

그렇다면 누군가는 이렇게 물을 것이다.

Thinking slow 되는 영역이 투자만이 아니라, 새로운 문명 가운데 생긴 물건을 고를 때도 그런 것 아니냐고 말이다.

냉장고를 사기 위해 다른 제품과 비교하는 것이나, 자동차를 살 때 자동차의 다양한 성능과 사양을 비교하는 것은 사실 논리적 뇌의 가동, thinking slow 하는 영역 아닌가 하고 말이다.

어찌 보면 그게 맞는 말인 거 같다. 상당히 논리적 귀결을 거쳐서 그런 제품을 결정하니 말이다.

그런데 우리가 매일같이 보는 냉장고와 자동차의 경우, 판단을 해야 할 부분이 몇 가지로 패턴화되어 있다. 즉, 논리적 사고 전개이긴 하지만, 이미 상당히 많이 접해본 상황에 대한 분석이다.

이미 익숙한 것과의 만남이라는 것이다. 그렇기 때문에 그것이 분석적인 것이긴 하지만, 그렇게 많은 에너지를 소모하지는 않는다. 했던 일을 또 하는 것은 익숙해진 것이고, 익숙하다는 것은 수행할 때 에너지가 적게 든다는 것을 의미한다. 에스컬레이터를 탈 때도 우리는 그런 경험을 일부 한다. 가끔 고장이나 정지된 에스컬레이터를 탈 때의 이질적 느낌을 기억하는가? 이 이질적 느낌은 뇌가 수행하던 패턴과는 다른 패턴이 현실화되었기 때문이다. 자동으로 움직여야 할 에스컬레이터가 움직이지 않는 것의 이질감과 에스컬레이터를 단순한 계단으로 인식하는 데까지 두 번의 이질적 시간이 두뇌 속에서 발생한다. 그럼에도 이는 모두 과거 경험을 해보았던 영역이기 때문에 빠르게 뇌는 적응을 한다. 그러나 투자는 전혀 다른 영역이다. 뇌에겐 투자란? '신대륙이 펼쳐지는 상황'인 것이다.

투자의 영역은 생소한 정도가 워낙에 크고, 투자대상에 따라 그 성격들도 각각 천차만별의 모습을 하고 있기 때문에 뇌에서 꾸준히 에너지를 더 많이 소모하게끔 한다. 이는 결국 뇌의 회피를 불러일으키게 된다. 그래서 다른 영역보다 깊이 있는 사고나 분석을 못하고 자꾸 빠른 결정과 성급한 판단의 대상이 되는 것이다. 그러나 이것도 정복 못할 산이 아니다. 바로 이러한 회피를 몇 번이고 자주 접하는 과정을 통해서 익숙하게 만들면, 이런 회피 회로 작동이 점차 느리게 돌아갈 것이기 때문이다. 물론 매번 많은 애를 써야 하는 것은 어쩔 수 없을 것이다.

필자가 가장 강력히 하고 싶은 투자 태도와 관련된 이야기를 이 책에서 다음과 같이 언급하고 있다.

습관이 형성되는 이유는 우리 뇌가 활동을 절약할 방법을 끊임없이 찾기 때문이다. 어떤 자극도 주지 않고 가만히 내버려 두면 뇌는 일상적으로 반복되는 거의 모든 일을 무차별적으로 습관으로 전환시키려고 할 것이다.

습관이 뇌에게 휴식할 시간을 주기 때문이다. 뇌가 활동을 절약하려는 본능은 우리에게 상당히 유리하게 작용한다. 뇌가 효율적이면 그만큼 뇌에 필요한 공간이 줄어들고, 따라서 머리 크기도 작아질 수 있다. 머리가 작으면 분만하기가 더 쉬워지고, 따라서 분만 과정에서 영아와 산모의 사망률도 줄어든다. 또한 뇌가 효율적으로 작동한 덕분에 우리는 걷거나 먹는 것 등 기본적인 행위를 하는 데 드는 에너지를 줄일 수 있었고, 남는 정신에너지를 더욱 창조적인 일에 투자해서 칼과 관개시설을 만들 수 있었다. 급기야 비행기와 비디오게임까지 만들어낼 수 있었다.

－「습관의 힘」 본문 중, 찰스 두히그 저, 갤리온

이 책을 보면서 '필자 머리가 큰 게 꼭 나쁜 것만은 아니구나' 하는 엉뚱한 생각을 하기도 했고, 머리가 크니 생각보다 머리가 나쁜 게 아닐 수도 있다는 위안을 삼기도 했는데, 어쨌든 이 대목에서 우리가 주목할 부분은 다음과 같다.

뇌가 활동을 쉽게 하도록 만들기 위해서는 그 활동을 습관화할 필요가 있다는 것이다. 앞서도 계속해서 언급을 했지만, 투자의 행동이 어려운 것은 그것을 우리가 많이 해보지 않았기 때문이다. 그렇기 때문에 우리가 그 행위를 하면 힘들고 금방 지친다. 그렇기 때문에 일반적으로 투자에 신경을 잘 쓰지 못하는 것이다. 즉, 초보 투자자들이 중급 투자자가 되는 과정은 매우 지난하고 어려울 것이다. 뇌의 본성이라는 장애물이 우리를 기다리고 있기 때문이다. 그러나 이 과정들을 잘 통과하게 되어, 그러한 투자분석 활동이 습관화가 된다면, 이는 그 사람의 뇌가 투자로 성공을 하기에 좋은 준비가 되어있다는 것이며 투자활동에 드는 에너지가 과거보다 덜 들게 되었다는 것이다.

성공한 투자자일수록 이런 뇌의 활동이 습관화가 되어 활성화되어 있고, 보다 쉽게 좋은 데이터에 접근할 수 있다. 이런 뇌의 활동을 습관화할 때까지는 끈기와 포기하지 않는 불굴의 정신이 필요한데, 뇌의 습관화, 즉 투자분석의 일련 과정들에 익숙해지면 그는 드디어 그동안의 비포장도로주행에서 성공의 고속도로로 올라타고 있는 것이라 말할 수 있겠다.

그런데 최근 쌍방향 소통이 가능한 방송에 참여하면서 일반 투자자들에게서 발견한 깜짝 놀란 사실이 있다. 그것은 일반 투자자들이 투자에 대한 공부를 하는 데에 있어서 번지수를 조금씩 잘못 찾는 현상이 상당하다는 것이다. 필자가 방송에서 한 말의 의도가 전혀 다른 방향으로 전달될 때가 굉장히 많았고, 자신의 기존 사고를 근거로 필자의 말이 해석되는 것을 자주 목격했다.

그래서 투자의 습관화에 있어 중요한 포인트에 대해서 이야기 나누는 게 필요하겠다. 하긴 세상사에서도 잘못된 습관이 사람을 망치는 경우가 많지 않은가? 습관적으로 담배나 술을 남용한다든가, 습관적으로 지각을 한다든가, 습관적으로 폭식을 하는 경우 등등 잘못된 습관으로 인해 삶이 이상해지는 경우는 많고, 그걸 바꾸는 게 결코 쉽지 않다는 것을 누구나 한 번쯤은 경험해 봤을 것이다. 투자에 있어서도 다르지 않다. 아니 오히려 더 치명적이다.

투자에서 흔히 보는 습관적인 잘못은 실패가 습관화 되어 있는 경우다. 가장 흔한 경우는 여러 번 언급했듯이, 남의 이야기를 듣고 투자하는 경우다. 투자를 잘하는 것처럼 보이고, 말하는 것을 보니 나보다 투자에 대해 많이 아는 것처럼 보여서, 그대로 믿고 그 말대로 투자하는 것이다. 이것도 두뇌가 효율적으로 돌아가는 것의 증거다.

머리 안 쓰고 돈을 벌 수 있도록 우리 두뇌가 우리를 이끈 것이다. 그런 뇌의 이끌림에 동의하고 따라가게 되면 투자실력 향상에 하나도 도움이 안 될 뿐 아니라, 오히려 투자능력을 기르는데 방해가 된다. 잘못된 습관이 장착되는 것이기 때문에 그 습관을 버리는데 오히려 더 많은 시간과 에너지가 들 뿐이다. 다시 한번 말하는 데 투자의 세계에 있어서 시간은 돈이다. 시간을 헛되이 쓰고, 잘못된 습관을 바로잡는 데 드는 시간만큼이 손실이나 마찬가지라는 점을 다시금 강조한다.

또 가장 많이 발견되는 잘못된 투자습관은, 욕망이 습관화된 경우이다. '위험한 장사가 많이 남아'란 논리를 근거로 급등한 주식들을 따라다니는 것이 습관화된 케이스인데, 투자 현장에서 상당히 자주 목격되는 모습이다. 이는 본능에 충실한 투자인데, 이런 투자자들은 정말 끝이 보이는 투자자들이다. 평소 잠잠히 있을 때는 아무런 관심이 없다가 불을 뿜듯 차트가 우상향해서 급등하는 것을 보면, 흥분해서 매수를 할 때가 정말 많은데, 쌀 때 사서 비싸게 팔아야 한다는 원칙으로 보면 실패가 규정되어 있는 잘못된 습관이다. 물론 단기 트레이더 중에서 급등하는 주식들만을 잘 분석해서 투자에 성공하는 경우가 있기는 하다. 그러나 그런 투자의 방법론을 찾기 위해 엄청난 시간과 에너지가 소요되었다는 사실을 기억해야 한다. 그런 단기 트레이딩에 성공했다는 투자자 중 저절로 성공을 이룬 사람을 본 적이 없다. 트레이딩의 성공에도 가치투자방법에서 보았듯 엄청난 에너지와 시간 투자는 기본이었다.

무엇보다 투자가 불로소득의 영역이 아니라는 점을 명확히 할 필요가 있다. '투자했더니 저절로 돈이 벌어졌어요'라고 말할 수 있으면 좋겠지만 그런 경우를 찾아보기 힘든 것이 한국의 금융 투자였다. 한국에서는 지난 20년간, 몇 번의 어려운 구간이 있었지만, 부동산은 항상 꾸준히 우상향했기 때문에 돈 벌기가 상대적으로 쉽고 투자만 하면 저절로 돈이 벌어진다고 생각한다. 물론 서울 기준 이야기다. 그렇기에 부동산 투자에서 절대적으로 중요한 영역은 부동산 투자를 위한 쌈짓돈을 모으는 것이다. 쓰지 않는 것이 곧 투자 성공으로 연결이 되었다. 안 쓰고 투자하면 큰 수익을 거둘 수 있었기 때문에 투자를 계속하기 위해서는 꾸준히 쓰지 않고 버텨내야 한다는 투자 멘탈리티가 생긴 영역이 부동산시장이었다. 그런 측면의 연장선에서 금융 투자를 생각하는 경우가 많은데 금융 투자는 전혀 그렇지 않다. 멘탈리티도 상당히 다르다. 금융 투자시장처럼 초기 에너지 투입이 많이 필요한 경우는 많지 않다. 초기 투자에 들어가는 시간 대비 리턴이 그렇게 크지 않다. 제대로 된 리턴을 볼 때까지 생각보다 많은 시간과 에너지가 필요하고, 어느 임계치를 넘어서면, 투입 대비 리턴이 기하급수적으로 증가하게 되는 구조를 가진 것이 금융 투자의 영역이다. 절대 불로소득이 아니라는 걸 강조하고 싶고, 불로소득이라고 생각하는 분들은 좋은 결과를 얻기 어려울 것이라는 점도 밝히고 싶다. 투자 성공의 습관을 들이기 위해서 어떻게 해야 하는지로 돌아와서 이야기해 보자.

투자를 위한 습관을 만드는 것은 뇌에 패턴을 입히는 과정이다. 마치 반도체 공정에서 패턴을 입히고 적층을 하는 것처럼 뇌에 그런 패턴화와 적층화를 이룰 때, 성공 투자 습관이 익혀지게 된다.

우리는 이후의 장에서 이런 패턴화의 대상과 일부 방법들을 공부하게 될 것이다. 패턴화는 항상 일상적이고 지속적으로 업데이트를 하는 부분이 있을 것이고, 생각의 방법을 패턴화하는 방법이 있고 생활 습관을 패턴화하는 방법이 있다.

일반 투자자들을 위해서 습관화해야 할 영역들을 몇 가지 가볍게 체크해보자.

기본적 습관

- 금리 상황들을 꾸준히 체크해야 한다.
- 미국 연방준비제도(FED)에서 무슨 말을 하는지 꾸준히 업데이트해야 한다.
- 환율과 유가, 원자재 흐름을 꾸준히 업데이트한다.
- 국내 및 세계경제성장률을 업데이트한다 .

매일의 습관

- 경제신문 산업면에서 어떤 일이 이루어지고 있는지 꾸준히 살핀다.
- 경제정책의 방향이 어떻게 흘러가는지 꾸준히 살펴야 한다.
- 기술 동향이 어떻게 변화해가고 있는지 유튜브 등으로 꾸준히 살펴야 한다.

실전투자 시 습관

- 투자하고 있는 기업에 대해서 꾸준히 업데이트해야 한다.

- 투자할 기업에 대해서는 누구보다 많이 알 수 있도록 준비해야 한다.
- 정기적이고 반복적으로 기업탐방을 진행한다. 전화든 직접 탐방이든 상관없다.

업계에서 일하는 사람들 습관
- 매일 새롭게 업데이트된 리포트 중에서 관심 가는 영역을 읽어본다.
- 조금 두껍게 나온 산업리포트는 꼭 챙겨 본다.

평소 생각을 바꾸는 습관
- 미래가 어떻게 전개될지 항상 상상하고 있어야 한다.
- 내가 하고 있는 소비가 투자와 어떤 연관 관계가 있는지 항상 생각해야 한다.
- 사람들이 몰려드는 영역이 투자와 상관이 있을지를 항상 생각하고 있어야 한다.
- 어떤 이슈를 볼 때, 이걸 투자로 환원하게 되면 어떻게 되는가를 항상 생각해야 한다.

이외에도 두뇌 속에 습관화해야 하는 것들은 무수히 많을 것이다. 이런 영역들을 습관화하기까지 쉽지 않지만, 습관화에 성공하고 나면 내 습관이 돈 되는 습관이라는 점은 우리에게 강력한 촉매를 제공한다. 아니 세상 어느 습관이 돈 되는 습관이 있을까? 바로 위에서 언급한 것들이 돈 되는 습관이라는 점 기억하면 좋겠다. 그런 측면에서 수동적이긴 하지만, 최근 활발히 전개되는 경제 관련 유튜브나 채널들의 이야기를 듣는 것도 두뇌에 기름치는 역할을 한다. 투자와 관련된 습관이 많이 적층 될수록 투자의 고속도로는 넓고 부드럽게 포장되어 우리를 고속으로 달릴 수 있게 해준다는 사실을 기억하면 좋겠다.

누구의 말을 듣고 습관화해야 하는가?

주변에 사람 말을 들으려면 성공한 사람이 한 말을 듣는 게 중요하고, 그다음으로는 그 말을 자기화하는 것이 중요하다. 성공한 사람 말만 듣고 자기화하지 않으면, 성공한 사람들이 운용하는 펀드나 상품에 투자하는 것이 오히려 가장 좋은 방법이 될 것이다. 결국 그것을 자기화하기 위한 일련의 과정들이 필요하다. 그럴 경우엔 남들의 말을 듣는 것을 투자 유익으로 이전할 수 있다. 그 사람이 이러이러해서 좋다라고 이야기하면, 정말 그러해서 좋은지를 사실에 입각해서 검증해야 한다. 그리고 직접 해당 업종과 기업에 대한 분석을 이어가야 한다.

성공한 사람 중에 매우 유명한 투자자들이 있다. 우리가 익히 아는 워런 버핏, 피터 린치 등의 사람들은 이미 공증된 성공 투자자들이고, 이 사람들의 방법이 분명히 성공스러운 방법이었다. 우리가 여기서 얻을 수 있는 중요한 시사점은 좋은 모델을 잘 세워야 하고, 내 것이 되도록 꾸준히 노력해서 그것이 습관이 되게 만들어야 한다는 것이다. 우리가 성공 투자자가 되는 것은 바로 종목 하나 잘 잡고 성공히는 것이 아니라, 계속해서 성공할 수 있는 태도를 나의 습관이 될 때까지 밀어붙일 수 있는가 하는 것이다.

성공한 투자자들은 거의 예외 없이 스스로가 가지고 있는 투자의 방법과 패턴이 있고, 그것이 습관화되어 있다. 이 습관이 다 갖춰져있지 않은 상태에서 단기적인 행운에 의해 투자 성공을 한 경우, 시장 예측을 넘어가는, 그리고 자기의 예측을 넘어가는 나쁜 이벤트가 발생했을 때, 큰 타격을 입고 무너지는 경우를 어렵지 않게 발견할 수 있다. 어느 정도 투자성공이 이루어졌다고 해도, 그것이 습관화된 행동과 사고 패턴에 의해서 이루어진 것이 아니라면, 이는 언제든지 위기 때 흔들릴 수 있다는 점을 꼭 기억해야 한다. 좋은 모델이 습관화된 투자자는 중간중간 예상을 크게 벗어난 패착을 경험한다고 할지라도, 시간이 지나면 다시금 투자 성공의 결론에 이를 수 있을 것이다. 조급하지만 않다면 말이다.

그렇다면 이제 성공한 투자자들에게 발견할 수 있는 습관은 어떠한 것이 있는지를 알아보도록 하자. 물론 너무나 다양한 성공의 방정식이 있기에 여기서는 큰 틀에서 공통되는 부분들 중심으로 접근해 보고자 한다.

| 아웃라이어, 인간 데이터 센터

투자에 성공한 사람들을 만나서 이야기하다가 깜짝깜짝 놀랄 때가 많다. 정말 모르는 게 없는 사람처럼 이야기하는 경우가 많기 때문이다. 물론 각각의 내공은 다 틀리고 그 내공을 수립한 방법들도 조금씩 다르다. 그러나 그들을 만났을 때 느끼게 되는 공통점은 자기가 투자한 영역에 대해서는 굉장히 많이 안다는 것이다. 이렇게 표현하면 적당할 것 같다. 풀Pool이 깊거나 크다는 것. 이는 결국 그만큼 투자에 투자한 시간이 많다는 것을 의미하는 것이기도 하다. 반면 현장에 있는 소위 전문가라는 사람들 또는 전문가로 취급당하는 사람들이 종종 있는데, 사실 그들 중에 자기도 모르는 사이에 가짜배기가 된 경우가 많은게 업계의 현실이다. 앞서도 언급을 좀 했지만, 운이 좋아서 성공한 사람 중 상당수가 자기가 실력이 좋아서 성공했다고 생각하는 경우가 많다. 이는 운전을 할 줄 아는 상당수의 남자들이 자기 운전 실력이 남들보다 좋다고 생각하거나, 대학교수들 중 상당수가 다른 사람에 비해서 자기가 더 강의를 잘한다고 느끼는 경우와 동일한 상황이다. 시장이 상승해서 수익을 쌓은 것은 실상 운이 많이 작용한다. — 물론 투자에 있어서 운은 너무나 중요하다. 자기가 깊이 분석하고 선택했다 할지라도 시장이 그 방향으로 움직여주지 않으면, 운이 없는 상황이 연출된다. 투자 접근의 방향은 좋았으나 선택되지 않는 불운은 언제든지 발생하는데, 그것도 사실은 그 폭을 좀 줄일 수 있기는 하다.

결국 실력이 쌓이면 이런 운까지도 관리가 가능하다는 것이 필자의 생각이기도 하다. 그런데 그 운을 잡은 사람 입장에서는, 자기 실력으로 성취한 것처럼 느껴지는 경우가 많다. 그래서 자기는 전문가라고 이야기하는 사람들이 종종 있는데, 그동안 좋은 운이 작용했던 상황과 전혀 다른 방향으로 시장이 전개되어, 그 쌓였던 운이 공중분해되는 경우를 보는 건 다반사다. 그런데 진짜 실력자들과 전문가들은 시간이 지날수록 꾸준히 시장을 상회하게 된다. 한두 번 운이 좋거나 나쁠 수도 있지만, 누적적으로 좋은 결과를 만들어낸 사람들이 진짜 전문가라고 할 수 있는데, 이 시장에서는 남들보다 좀 더 안다고, 그렇게 전문가 노릇 하는 사람이 많은 건 안타까운 일이기도 하다.

일반인들은 금융권에서 근무하는 사람들 전부가 금융전문가일 것이라 생각하는 경우가 많은데 사실 그렇지 못하다. 금융업계는 업계 전문가를 만들려고 하는 노력보다는, 고객서비스를 잘하는 직원들을 더 선호하는 경향이 많은 거 같다. 그런데 고객 입장에서는 서비스를 잘 받으면 그게 전문가처럼 여겨질 수 있고, 또 그렇게 엄밀하게 두뇌활동을 해서 전문가를 찾아내지도 않는다. 전문가라고 여겨지는 증권사 직원 중에서 정말 투자를 잘하는 그런 전문가들을 솔직히 많이 보지 못했다.

반면, 개인 투자자나 전업투자를 하는 사람 중에서는 종종 투자에 성공한 진짜 전문가들을 꽤 많이 찾을 수 있는데, 도대체 왜 이런 현상이 발생했는지도 궁금하면서 재미있는 대목이다. 필자가 현장에서 여러 투자자를 만나면서 느낀 바로는, 그들의 차이를 만드는 것은 '절실함'이었다. 또 하나 그 차이를 만드는 것은 '재미'였다. 이 두 가지 강력한 동인은 진짜 전문가를 탄생시키는 중요한 요소다. 투자에서 성공하고 싶어 하는 강력한 열망은 절실함으로 드러나는데, 이런 절실함은 그동안 우리가 앞에서 살펴본 여러 가지 투자 장애물들을 뛰어넘게 하는 심리적 기제가 된다. 보통의 경우는 두뇌활동이라는 장애물과 자신이 가지고 있는 인산이라는 굴레가 투자를 계속 전진하지 못하게 만드는데, 투자 성공에 대한 절실한 심정은 집요하게 성공을 위해 파고들게 만들고, 바로 그런 과정들이 성공적인 투자자로, 곧 전문가가 되는 과정으로 이끌어준다. 그리고 이런 투자 활동들이 재미있다고 느끼는 사람은 그만큼 더 많은 시간을 투자 활동에 투자하게 된다. 우리가 재미난 게임이나 드라마에 시간 가는 줄 모르는 것처럼, 투자에 재미를 느낀 사람은 자신이 가진 많은 시간 중에서 투자에 충분한 시간을 할애한다. 머리도 항상 그쪽을 향해 돌아가고 있으니, 이런 사람이 성공적인 전문가가 되는 것은 자연스러운 것이다. 그리고 하나 더 첨언을 한다면, 자기 자신에 대한 '믿음'을 갖는 것이다. 결국 자기가 주체가 되어서 출발하는 게임이기에 그러하다.

앞서 언급했듯이 투자에서 이런 재미를 느끼는 사람이 성공한 투자자와 만나게 될 경우 굉장한 시너지가 발생한다. 이런 '절실함'과 '재미'를 보유한 사람들의 특징은 투자 활동에 많은 시간을 쏟아붓게 한다. 투자의 세계에서도 자연의 이치가 적용되는 법이다. 많이 할수록 실력이 는다는 것이다. 투자를 잘하는 최고의 방법 중의 하나는 투자에 시간을 많이 들여야 한다는 것이다.

여기서 잠시 말콤 글래드웰Malcolm Gladwell의 『아웃라이어』에 나왔던 이야기를 해보자.

전 세계 아이스하키의 종주국이라고 할 만한 나라로 단연 캐나다를 꼽는다. 한국에서 축구와 야구와 배드민턴을 좋아하듯, 캐나다에서는 모든 청소년의 로망 가운데 하나가 캐나다 아이스하키 국가대표가 되는 것이다.

말콤 글래드웰은 캐나다 아이스하키 국가대표팀을 분석하고 재미난 결과를 발표했다. 그것은 아이스하키 국가대표팀에서 유독 1~6월생이 많다는 것이다. 8월 이후 출생한 대표들은 소수인 반면, 1~6월 출생자가 많다는 사실에 착안하여 왜 이런 일이 생겼는지를 분석한다.

그의 결론은 이렇다. 아이스하키를 시작하는 어린 나이 학생들에게 있어서, 1월에 아이스하키를 시작했느냐와 하반기에 시작했느냐는 천지 차이라는 것이다. 각 대표는 해마다 뽑게 되는데, 아무래도 몇 달 더 먼저, 그리고 좀 더 많이 연습한 어린 학생이 아이스하키를 더 잘할 수밖에 없고, 그것이 결국 국가대표를 선발하는 데에도 영향을 미칠 수밖에 없다는 이야기다.

아주 재미난 분석이었는데, 시간 투자를 많이 한 사람이 전문가로서 더 자리 잡는다는 이야기는, 투자자로서 내 무릎을 치게 만들었다.

'투자에서도 똑같은데…'라는 생각과 함께 말이다. 소위 말하는 1만 시간의 법칙이 투자에서도 똑같이 작용된다는 것이다. 그러나 투자 세계에 있어서는 중대한 차이가 하나 있다. 중대한 차이라기보다는 착각하는 경우가 많기 때문에 그런 착각을 벗어나야만, 제대로 된 '시간 투자'가 가능하다는 것은 반드시 명심해야 할 대목이다.

요즘 워낙 유튜브 등을 비롯한 다양한 OTT over the top 채널이 생겼고 그것을 통해서 쌍방향 소통을 통해 청취자들이 하는 말을 들을 수 있었다. 일반인들에겐 그런 채널에서 나오는 이야기가 알아듣기 만만치 않은 이야기이다 보니, 그것을 듣는 것만으로도 큰 공부가 되기도 한다. 그러나 그런 방송을 보는 것은 여러 다양한 습관 중 하나다. 여기서 강조하고 싶은 것은 여러 습관 중 하나일 뿐이라는 것이다. 그런데 그렇게 듣는 것만으로 상당한 공부를 했다고 생각을 하는 경우가 있다. 이는 방향을 잘못 잡은 것이다.

책을 읽어서 투자 공부가 완료된다면, 아마도 투자 세계의 최고봉에는 교수님들이 포진되어 있어야 할 것이다. 누구보다도 책을 많이 읽는 직업군이 교수라는 점을 감안하면, 책 많이 읽어 공부가 많이 된 분들이 투자 성과가 좋아야 하는 것은 자연스럽다. 그러나 앞장에서도 살펴보았지만, 오히려 천재처럼 여겨지는 사람들이 쉽게 자리 잡기 어려운 곳이 투자의 세계이고, 롱텀캐피털 매니지먼트는 천재들이 모여 역사상 가장 최악의 결과를 만들어내기도 했다는 점은 앞서 이미 이야기 나눈 대목이다.

책을 읽는 것이나 유튜브 등을 보는 것 모두 일종의 공부라고 이야기할 수 있겠지만, 투자에 있어서는 투자에 적용할 구체적 공부를 해야만 한다. 소설책을 많이 읽으면, 용접기술이 늘어나는 것일까? 교양과 기술은 엄연한 차이를 가지고 있다. 물론 교양은 용접하는 사람에게 훌륭한 자기 정체를 형성하게 해주어서, 용접 기능사로서 자신의 업에 더욱 충실하고 의미 있는 삶을 만들어주는 역할을 할 수는 있을 것이다. 그러나 기술은 배우고 익혀야만 발전을 하는 것이다.

투자도 이와 마찬가지다.

투자는 일종의 테크닉이다. 투자 관련 도서들을 보면 많은 사람들이 투자철학을 이야기한다. 투자를 철학이라고 이야기하는 사람들이 많다. 그러나 필자는 그렇게 생각하지 않는다. 투자는 철학이라기보는 기술이라고 표현하는 것이 훨씬 더 맞는 개념이다. '투자는 기술이다.' 투자에 접근하는 다양한 사고 패턴과 구조와 세상을 읽는 철학이 투자에 반영이 되긴 하지만 마지막 실행에서 투자는 기술이다.

철학이라는 것이 어려운 개념으로 사람들에게 다가가다 보니, 지식세계에서 희귀성을 획득한 경향이 좀 있다. 그 희귀성이 일정 수준 고상함을 의미하는 부분으로도 치부되는 경우도 발생한다. 그러다 보니 '어려운 투자'와 '어려운 철학'이란 두 단어가 매우 쉽게 철퍼덕 붙어버리며 투자철학이란 이야기가 나오는데, 이는 매우 부분적으로만 유효한 개념이다.

앞서 두뇌작용에 대한 이야기를 했고, 생각을 바꿔야 한다는 여러 가지 이야기를 했다. 그런 측면, 즉 생각하는 법을 바꿔야 한다는 측면에서 약간 철학 비슷한 것이 있을 수는 있다. 그러나 투자는 어디까지나 생각을 프로세싱하고 그것을 어떻게 적용하느냐에 대한 문제이지 인간과 세상이 어떠한가를 묻는 철학적 물음과는 방향성이 상당히 다르다.

투자가 철학이 아니고 기술, 테크닉이란 사실을 명심해야 우리는 좀 더 깊이 있는 투자의 세계로 들어갈 수 있다.

테크닉이기 때문에 살고닦으면 발전할 수 있고, 성공이 가능하다는 이야기다. 정말로 많은 사람들이 이 점을 놓치고 있기에, 한두 번 시도하고 중도 포기하는 경우가 많고, 접근 자체를 마치 로또 긁듯이 시작하는 경우가 많다. 생각해보라. 어떤 사람이 용접토치를 받아 처음으로 용접을 시작한다고 했을 때, 처음 시도부터 멋진 배를 이음 하는 용접이 가능할 것이라고 생각하는가? 한국 조선사업 최대의 경쟁력 중 하나가, 조선 기사들의 용접 능력이라고 하지 않던가? 기술이라는 것은 하루아침에 이루어지는 것이 아니다. 갈고닦고 반추해 보고 새로 적용하고 수많은 실패와 좌절, 인내와 용기를 가지고 도전해야만 성공에 이를 수 있다는 점을 기억해야만 한다. 투자도 이와 같다.

기술 테크닉이라고 할 때는 특정 분야를 지칭할 때가 많다. 교양 테크닉, 문화 테크닉 이런 표현은 부자연스럽다. 운전기술, 수리기술 등 테크닉은 특정 분야를 국한해서 사용할 때 그 의미가 살아난다. 앞서 투자가 테크닉이라고 한 것은 결국 이러한 의미를 함축하고 있다. 방송을 보고 거시적 책을 읽으면 세상이나 투자에 대한 이해가 증진하는 것이지 투자 테크닉이 늘어나는 것이 아니다. 시장을 이해하고 경제구조에 대해서 이해를 하는 것은 매우 값지고 필요한 과정이다. 이런 부분에 대한 이해가 테크닉을 더 가치 있게 만들어주는 것은 분명하다. 그러나 실질적 투자수익률은 시장에 대한 전반적인 이해도가 높아서 되는 것이 아니라, 특정 기업과 기초자산의 내용을 세세히 알게 될 때 가능하다. 물론 시장 전체가 붕괴되고 나서 산업적 접근을 하는 것은 의미가 있다. 시장 전반적인 구조를 보고 큰 틀에서 보수적으로 태도를 취할지 공세적으로 태도를 취할지 결정하는 과정들도 매우 의미 있고, 시장 이해는 투자수익률 향상에 도움을 줄 것이다. 그러나 우리가 투자하는 것은 개별 기초자산에 대한 투자가 일반적이고, 이러한 개별 자산에 대한 투자시에는 반드시 해당 개별 기초자산에 대한 이해도가 높아야만 성공적인 투자 성과를 얻을 수 있다.

내가 만나본 많은 성공적인 투자자들이 이런 기초자산에 대한 이해가 매우 높았고, 이런 기초자산에 대한 지식이 매우 폭넓고 깊이 있었다. 특히 개별 기업에 대한 이해도가 높았다. 이런 기업에 대한 지식 축적이 상당했다는 것이 성공 투자자들의 공통점이다. 무엇보다 그 풀Pool이 상당히 컸는데, 여기서 말한 풀은, 각자가 가진 자기 기준에 따라서 스스로 설계하고 만든 풀이라는 게 중요하다. 남들이 이야기하는 것들을 그냥 모아두면 자칫 정보의 쓰레기더미가 될 수 있다.

투자에 성공한 사람들은 여러 정보를 각각 자기 기준에 따라서 공부하고, 자기 기준에 맞는 기업들에 대해서만 투자를 집중하는 성향이 높았다. 수많은 정보를 자신만의 데이터 클라우드에 잘 분류해서 넣어 두고, 필요할 때 바로바로 끄집어낼 수 있는 능력, 이것이 투자 성공에 꼭 필요한 테크닉이다.

이는 방송을 듣는 수동적 정보 습득의 과정으로서는 이루어지기 어렵다. 직접 해당 정보에 대해서 고민해 보고, 기존에 자기가 가지고 있는 정보와 그물망을 짜보고, 소화를 하는 과정이 필수적이다. 한마디로 정보를 '자기화'하는 과정들이 있을 때 성공에 한 발 더 다가설 수 있다.

투자하는 사람들에게 흥미를 일으키는 미국의 미니시리즈로 〈빌리언스〉가 있다. 미국 헤지펀드의 일부분을 엿볼 수 있게 하는 드라마라 투자하는 사람들에겐 흥미진진한데, 중간에 나온 한 장면이 기억에 남는다.

잘 나가는 헤지펀드 엑스 캐피탈이 검찰 조사를 받게 되자 함께 일하던 3명의 펀드매니저가 회사를 빠져나가 새로운 회사를 차리고 고객들 몇 명을 데리고 나간다. 이에 분개한 엑스 캐피탈의 수장은 3명과 친했던 매니저를 통해 거짓 정보를 흘리고, 그들은 그 잘못된 정보를 근거로 투자해 폭망하게 된다. 엑스 캐피탈 수장은 그 후 그 회사 지분을 인수한다는 내용이었다.

여기서 '아, 이게 일반인들이 생각하는 자본 운용자들에 대한 생각과 이미지구나'라고 느끼면서, 이미지와 실제의 차이가 상당하다는 것을 느꼈다. 거기서 나온 이야기가 불가능한 이야기는 아니고 충분히 가능한 이야기이기는 하지만, 성공한 매니저들이라면 아무리 정보를 들었다고 해도 그렇게 쉽사리 움직이지 않는다. 남의 말만 듣고 움직이는 사람은 전문적 운용자라고 보기 어렵다. 그런 식으로 투자를 배운 사람은 반드시 큰 실패를 경험할 수밖에 없는 게 이 시장이다. 아무리 믿을 만한 사람이 기업 정보를 준다고 해도 자기가 납득이 가고 자기 투자기준에 맞지 않는다면 투자하지 않는 것이 투자 성공의 가장 기본적인 길이라는 것을 우리는 알고 있다. 그러나 미국 드라마에서 나오듯, 일반인들은 전문투자 영역에 있는 사람들이 성공한 것은 좋은 정보를 많이 가지고 있기 때문이라고 착각하는 경우가 많은 것 같다. 그렇다. 그건 착각이다. 그렇게 해서 얻은 수익이 과연 지속적일까? 다음번 파고에 무너질 확률이 높을 수밖에 없다. 투자의 세계에 있어서 운이 중요하고, 운이 잘 닿으면 좋은 결과를 얻을 수 있기는 하지만, 운은 영원히 지속될 순 없다. 운보다는 실력, 그리고 그 실력을 키우는 투자의 태도를 바르게 갖는 것이 성공의 길이라는 점을 다시금 강조한다. 그 실력을 키우는 길은, 한마디로 노가다, '지적 노가다'라는 표현을 하고 싶다. 구어로 말하는 게 아니라 글로 남기는 자리에서 이런 표현을 쓰는 것이 지나치다는 것을 잘 알고 있다. 그러나 정말 확 와닿게 이야기하고 싶어서 경망스러운 표현을 가지고 왔다.

투자 성공에 이른 대부분의 투자자들은 그 과정에서 '지적 노가다'를 실행해 왔고, 그 노가다 덕분에 투자 테크닉이 늘어난 것이다. 이렇게 테크닉이 늘어난 투자자들은 크게 걱정할 것이 없다. 시간이 주어진다면 그 사람은 결국 좋은 결과를 얻을 수 있을 것이다.

우리 독자와 투자자들이 이 부분을 꼭 기억해 주시길 부탁하는 마음이다. 그리고 이러한 테크닉의 수준에 따라서 그 사람의 내공이 결정된다고 이야기해도 될 거 같다. 테크닉을 보유한 다양한 사람들이 있는데, 뒤집어 말하면 다양한 테크닉의 보유자들이 있다는 이야기다. 어쨌든 고수라고 일컬어지는 사람들은 자기 나름의 테크닉을 가지고 있고, 그 테크닉을 활용하여 훌륭한 투자 성과를 거두게 된다. 성공한 투자자들의 공통점으로 욕심을 관리할 줄 안다는 부분은 눈에 띈다. 끊임없이 자기 자신을 관리하고, 승부에서 좋은 결과를 내고자 노력하는 반면, 무모한 욕심은 제어하기 위해서 노력하는 모습은 흔하게 발견된다.

또한 자기 성향에 따라서 투자를 한다. 어떤 사람은 위험을 감내하면서 투자하는 사람이 있는가 하면, 위험을 극히 싫어해서 작은 수익에도 만족하는 투자자가 있다. 손실 극단 회피 성향이 있는 반면, 과감한 손절 또는 익절 등을 통해서 자기 포지션을 관리해 나가는 사람들이 있다. 이런 다양한 태도 중에서도 시장이 한 방향으로 흘러가는 것들을 경계하고 항상 역발상을 가지고 투자하려는 태도는 공통적으로 목격할 수 있는 부분이기도 하다.

우리는 이 책 말미에 다양한 고수들을 만나볼 예정인데, 이들을 통해 자기의 투자성향을 점검해보는 것은 좋은 방법이 될 거 같다.

어쨌든 이번 장의 결론은 다음과 같다. 투자의 성공에 이른 사람들은 자신만의 테크닉을 가지고 또한 자기만의 풀을 가진다. 그리고 생각보다 광범위한 시간과 에너지를 투자하고, 그런 과정들을 즐기는 사람들이다. 않으나 서나 투자에 관심이 넘치는 사람들이 많았고 '그리 열심히 하니 당연히 성공하지'하는 마음이 들게 하는 사람들이었다.

투자의 영역은 하늘에서 주어진 재능이라기보다는 스스로 갈고닦아서 만들어가는 과정이다. 마치 도자기 장인을 따라나선 제자가 어느 순간에 이르러 자기도 도자기의 장인이 되는 것처럼, 좋은 투자 모범을 따라 열심히 가다 보면 어느새 투자 고수가 되어있는 자기 모습을 발견하게 되는 마치 영화 같은 흐름이 투자의 세계에서도 자주 목격된다. 바로 이런 과정들을 통해 투자 고수가 되기 때문에, 이 책 가장 앞에서 '포기하지 말라'고 이야기한 것이다. 그 과정에서는 온갖 일들이 발생하기 때문이다.

투자자로서 성공하기 위한 최선의 방법을 이야기하겠다.

가장 빠른 성공의 길은 훌륭한 스승을 만나는 일이다. 훌륭한 스승을 만나서, 그 스승의 행위를 copy하고 그대로 paste하는 전략이 가장 빠르게 성공적인 투자자가 되는 방법이라는 이 사실을 기억한다면, 이 책은 사명을 다하는 것이다. 이걸 마음에 새긴다면, 이 책을 잡은 사람들은 금맥을 잡은 것과 마찬가지다. 투자 용어로 '대박'을 잡은 것이 분명하다. 이렇듯 강조하는 이유를 다시 한번 음미하고 마음에 새겨주시길 바란다.

투자의 세계에는 많은 고수가 있다. 이름난 고수들이 있고, 은둔 고수도 있다. 한국에서는 안타깝게도 은둔 고수들이 많다. 여러 고수를 만나서 시장 전면에 모시고 싶었지만, 대부분이 고사했다. 그도 그럴 것이 쓸데없이 사람들 입에 오르내리는 것을 원하지 않았고, 알려지면 귀찮은 일 생긴다고 느끼는 경우가 월등히 많았기 때문이다. 이미 성공적 투자 반열에 오른 사람들 입장에서는 굳이 그런 선택을 할 필요나 이유가 별로 없는 것이 사실이다.

또 하나, 고수들의 특징은 세세히 자세히 정확하게 질문하지 않으면 대답이 대체로 너무나 단순하다. 자기만의 루틴을 만들어서 충실하게 그것을 실행하는 경우가 많기 때문에, 이야기가 화려하지 않은 경우가 매우 많았다. 그래서 사실 전면에 나서 이야기를 한다고 해도, 듣는 사람 입장에서는 지루한 경우가 많아, 사람들의 뇌리에 박힐만한 이야기를 하기 어려운 경우도 꽤 많다.

초보 투자자에겐 적당하지 않지만, 혹여 나중에 투자가 어느 정도 무르익어서 자신이 생기고, 꾸준히 투자금액이 증가하고, 성공 투자가 가시화되기 시작한 독자들을 위해서 몇 마디 더 하고 이 장을 마무리하고자 한다. 자기 용돈 벌기도 버거운 초보 투자자에게는 해당되지 않는 이야기다.

테크닉을 쌓아 올려서 일정 수준 이상의 지속적인 성과를 올린 투자 고수들은 테크닉이 Thinking Fast 단계로까지 접어든다. 성공의 경험이 꾸준히 쌓이다 보면 자기에게 맞는 기초사산이 무엇이고 자기가 언제 어떻게 돈을 벌 수 있는지를 알게 된다. 그리고 그런 기회와 자산을 만나게 되면 몸으로 반응한다. 한마디로 테크닉이 촉으로 승화하게 된다는 것이다. 그래서 투자 결정에 그렇게 오랜 시간 필요하지 않다. Thinking Slow의 영역이 Thinking Fast의 영역으로 넘어간 것이다. 이 모든 것이 훈련을 통해서 진행된 과정이고, 그 훈련의 시간은 작지 않다는 점을 다시 한번 이야기하는 게 필요하겠다.

우리는 다음 장에서 이런 뛰어난 고수들을 copy하기 위한 사전 정지작업에 들어갈 것이다. 고수들을 알기 전에 게임의 룰을 알 필요가 있기 때문이다. 고수가 하는 일이 도자기를 굽는 일인지, 요리를 하는 것인지, 운동을 하는 것인지 정도는 구분을 하고 찾아가야 하는 것이 아니겠는가? 혹시 투자가 익숙한 독자라면 다음 장은 건너뛰기 바란다.

이제 룰을 배우고 시장에 드러난 고수들을 만나러 가보자.

04
실전주식투자를 위한 기반 지식

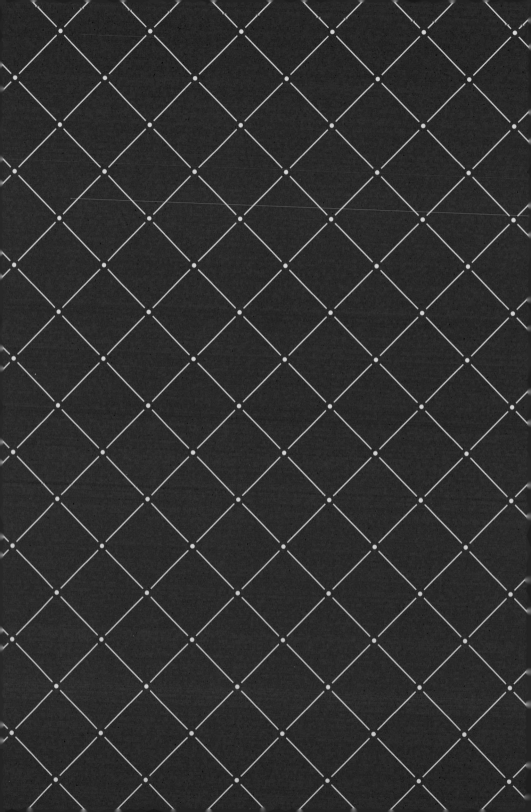

| 게임의 룰, 금리

야구에 더블 플레이가 있고, 축구에 오프사이드가 있듯이 금융시장에서 가장 기본이 되는 룰은 금리다.

금리라는 말을 듣자마자 질겁팔겁하는 독자들이 있을 것으로 생각된다. 그만큼 일반인들에겐 금리라는 개념이 너무나 흔한 반면 너무나 생경한, 가까이하기엔 너무 먼 당신 같은 이야기처럼 들릴 것이기 때문이다.

그러나 단호히 이야기한다. 금리에 대한 개념과 이해 없이는 투자 실행 자체를 안 하는 것이 현명하다. 이런 개념을 안 가지고 게임에 임한다는 것은, 야구 유니폼을 입고 수영장에 뛰어드는 것, 야구 배트를 들고 골프장에 등장하는 것과 동일하다. 그만큼 기본 중의 기본이고 룰 중의 룰이기 때문에 이 부분을 공부하지 않고 투자의 세계에 입문하는 것은 휘발유통을 들고 불 속으로 뛰어들어가는 것과 진배 없다.

이렇게 강조하는 이유를 독자들은 알 것이다. 이건 기초가 아니라 게임의 룰이기 때문에, 룰을 모르고는 게임에 임할 수 없기 때문이다. 사실 투자자들에게 있어서 "금리가 뭐야?"라고 이야기하는 건 식사시간에 "국은 숟가락으로 먹어? 젓가락으로 먹어?"라고 묻는 것이나 마찬가지다.

대신, 투자에 입문하시는 분들도 알기 쉽도록, 기초적인 수준에서 이야기하겠다. 이해를 돕기 위해 최대한 쉽게 이야기할 예정이기 때문에, 표현들이 정확히 딱 떨어지지 않을 수 있으니, 이해해 주시길 바란다. 보다 깊이 있는 금리 이야기를 듣고자 한다면 『나는 금리로 경제를 읽는다(김의경)』나 『금리는 경제의 미래를 알고 있다(박종연)』를 읽어보길 권한다.

앞서 우리는 1장에서 어떤 태도를 가져야 투자에 성공할 수 있는가를 이야기했다. 돈을 버는 창을 준비하기보다, 깨지지 않는 방패를 먼저 준비하는 것이 필요하고, 깨지지 않는 습관을 세우기 위해 인내와 현금의 중요성에 대해서 이야기했다.

2장에서는 우리 인간 두뇌가 투자 영역에서 반대로 작동하는 경향이 많다는 이야기, 우리의 기본적 뇌 작동 프로세서가 투자하기에는 적합하지 않다는 이야기를 나눴다. 3장에서는 두뇌작용에 어떻게 대응해야 하는지와 성공한 사람들은 어떻게 그들의 두뇌활동을 활성화 시켰는지에 대한 이야기를 나누었다. 이 내용들을 확실하게 인지하고 자기의 것이 되었다면, 아니 최소 동의를 한다면, 이제 투자를 할 태도가 마련되었다. 투자의 태도가 마련되어 있다면, 이제 투자의 태도를 구동할 내용을 채워나가면 된다. 그렇게 하면 우리는 분명히 훌륭한 성과를 거둘 수 있게 될 것이다. 이것을 믿고 포기하지 않는 자에게 복이 있나니~

그 내용의 첫 번째는 금리가 차지 하는 것이 마땅하다. 돈을 다루는 데 돈의 값을 아는 것이 얼마나 중요한지 모른다. 금리라는 것은 한마디로 돈의 값이다. 안타깝게도 투자 현장에 들어와서 보면 많은 사람들이 돈의 값도 모른 채 돈을 벌겠다고 뛰어드는 일이 너무나 흔하다. 사실 그게 일반인들 잘못이랴~ 자기 일 매진하기도 바쁘고 힘든데, 투자 공부까지 따로 해서 돈을 모으라고 하는 건 너무 가혹한 주문이라 생각된다. 공모형 펀드들이 알아서 자산을 늘려주고 그러면 참 좋을 텐데 그런 부분들이 미비해버리니, 금융에 대해 모르는 일반인들이 시장에 직접 참전하게 되고 성공을 위해서 사실 안 읽어도 되는 책도 읽어야 하는 이 상황이 개탄스럽긴 하다. 증시각도기가 앞으로 열심히 해서 국민 펀드나 국민 주식회사 같은 거 하나 만들어보도록 열심을 내보겠다. 다시 금리로 넘어가서, 돈값도 모르고 돈을 벌겠다고 하는 것은 마치 글도 모르는데 소설책을 읽겠다는 것과 비슷한 상황이 아닐까 싶다.

그런데 돈의 값은 무엇인가? 그걸 알아보자. 돈을 들고 물건을 살 수 있으니 돈이란 물건값으로 측정이 가능하지 않을까? 이건 돈이 교환의 매개로 사용될 때 성격을 이야기한 것이다. 우리의 타깃은 돈 자체의 가격이다.

즉, 내가 돈을 남에게 꾸어올 때, 얼마에 돈을 꾸어올 수 있을까가 돈의 값에 더 가까운 개념이다. 부모 자식 간이나 친한 친구들끼리 돈 좀 꾼다고 이자 받는 일이 없겠지만, 타인에게 적지 않은 돈을 꾸어주거나 꾸어오게 될 때는 그에 대한 대가가 필요할 것이다. 그 대가가 바로 이자이고, 그 이자의 수준을 우리는 금리라고 부른다. 금리가 결정되는 것은 일반적으로는 돈을 빌리는 사람이 얼마나 믿을 만한지를 근거로 결정이 되는데, 은행은 신용도란 이름으로 그것을 체계화해왔다.

쉽게 내 주변에서부터 생각해 보도록 하자. 어려서부터 성실하고 근면했으며, 회사 생활도 꾸준히 열심히 했고, 가정도 잘 꾸리고 어려서 작은 돈을 빌리면 잘 갚았던 친구가 급한 일이 생겼다고 해서 돈을 좀 꾸자고 한다면, 흔쾌히 빌려줄 수 있을까? 이런 정도의 친구라면 사정을 들어보고 합당하다면 돈 빌려주는 마음이 조금 편할 것이다. 반면 어려서부터 껄렁껄렁하고, 자기 욕망을 위해서 아낌없이 돈을 쓰고, 흥청망청하던 친구가 갑자기 연락을 해서 자기 생활이 어려우니 돈 좀 빌려달라고 한다면, 과연 그런 친구에게 돈을 빌려줄 때는 어떤 마음으로 돈을 빌려줄 수 있을까? '그래. 이걸로 너하고의 관계는 마무리 짓는 것으로 하자'란 마음으로 돈을 빌려주지 않겠는가? 물론 빌려달라는 금액이 크면 그러한 시도조차 어려울 것이다. 바로 전화를 끊어버릴지도 모를 일이다.

이렇듯 돈의 가격을 결정하는 것은 기본적으로 신뢰의 문제이기도 하다. 국가 단위로 가보도록 하자. 아직 가진 게 없지만 국민들이 열과 성이 있고, 발전 가능성이 있는 국가를 상정해 보자. 그런 나라에 대해서는 높은 수준의 이자만 보장이 된다면, 돈을 빌려주고 싶지 않을까? 마치 한국의 과거처럼 말이다. 물론 미국같이 영원히 지지 않을 것처럼 보이는 나라에겐 이자가 많지 않더라도 쉽게 돈을 빌려줄 마음이 생길지 모른다. 반면 이름도 처음 들어본 어느 오지의 국가에 돈을 빌려준다는 결정을 하려면 과연 높은 이자율만으로 대출을 결정할 수 있을까? 석유든 금광이든 확실한 담보물 없이는 대출이 불가하고 담보가 있더라도 낮은 금리 수준으로는 대출 결정이 어려울 것이다.

이런 차이를 우리는 신용도라고 하고, 이런 신용도는 금리의 격차를 만드는 기본이다. 신용도는 과거 행적의 누적으로 매겨지는 결과이기도 하다. 기업의 세계에서도 마찬가지다. 그런데 여기서 마무리된다면, 이건 뭐 공부할 것도 없는 뻔한 내용이다. 그런데 한 단계를 거치면서 일이 복잡해지기 시작을 한다.

모든 금리가 과거의 행적을 통해서 정확하게 계산이 되고 마무리된다면 깔끔해 보이지만 문제 하나는 과거의 행적이 미래를 완벽하게 보장하지 못한다는 것이다. 금리를 결정짓는 자본주의 시스템을 만드는 가장 근본이 되는 기초에 '욕망'이라는 것이 도사리고 있고 또 다른 근본적 기초인 '성장'과 쉽게 달라붙기 때문에, 과거가 미래를 정확하게 예측하지 못한다는 한계가 있다.

성장과 욕망이 합쳐진 성장의 욕망은 자본주의 시스템에서 오히려 장려되는 태도이고 성공의 척도로 사용되기도 한다. 그렇기 때문에 성장을 하고자 하는 욕망은 보다 많은 레버리지를 일으키기를 매우 선호한다.

우리가 흔히 경험을 해보았듯이 돈을 빌리기 쉽고 게다가 금리도 높지 않다면 어찌 되겠는가? 사람들이 쉽게 돈을 끌어다 소비를 하는 것을 우리는 2002년 카드사태 때 경험을 하였다. 카드가 길거리에서 마구 만들어졌고, 만들기만 하면, 선물을 하나씩 주었다. 길거리에서 신용카드 발급 영업사원을 만나면, 카드 발급하는 건 식은 죽 먹기였고, 그 카드 하나만 있으면 자기가 사고 싶은 것을 마음껏 살 수 있었으니, 사람들은 자기의 갚을 능력을 고려치 않고 마구잡이로 소비했던 것을 우리는 과거 경험했었다. 결과는 수많은 신용불량자의 양산으로 마무리되는 아픈 역사이긴 하지만, 이렇듯 돈을 빌리기 쉽게 만들 경우 사람들이 돈을 잘 쓰는 것은 일반적인 흐름이다. 그렇게 되면 사회에 통화가 많이 돌게 되어서 장사하는 사람들이나 경제활동에 참여한 기업 입장에서는 장사가 잘 되고 돈 벌기 쉬운 환경에 접어들게 된다. 사실 돈이 많이 풀리면 경제가 활성화되면서 참여자 모두가 행복해지게 된다. 그러나 그 후 감당의 문제가 남는다. 좀 더 살펴보자.

돈이 빌리기 쉬운 환경에서 금리까지 낮게 되면, 사람들은 평소 사고 싶었던 자동차나 집을 사는데 주저함이 작아진다. 즉, 시중에 통용되는 돈의 양이 많아지고 흔해진다는 것이다. 그 돈이 여러 사람의 손을 거치면서 '돌고 돌아 돈. 돈. 돈'이 되어 통화승수가 높아지면 이런 환경을 일컬어 경기가 좋다고 이야기한다. 흥청망청 모두에게 좋은 시절이 오게 된 것이다.

문제는 그런 시간이 영원히 가지 않는다는 것이다. 경기가 좋고 앞으로도 좋을 것이라는 핑크빛 미래가 그려지게 되면, 사람들은 그 미래의 기회를 잡기 위해 미래에 팔릴 수 있는 물건들을 엄청나게 만들 것이다. 그리고 많은 물건을 만들기 위해 공장을 증축하고 재료들을 엄청나게 사들일 것이다. 이런 흐름이 영원히 가면 좋겠지만 어느 순간 각 집마다 TV가 생기고, 냉장고도 생기고, 자동차와 세탁기가 모두 구비되면 물건이 더 필요 없는 상황이 발생하게 된다. 그렇게 되면 팔기 위해 만들어놓은 상품들은 모두 재고로 쌓여 돈은 안 들어오는 반면, 물건을 만들기 위해 구입한 부품값을 지불해야 한다. 늘린 공장의 설비비용도 돌려줘야 하는데, 물건이 안 팔리게 되자 모든 돈줄이 급하게 막히게 된다. 이게 사회 전체적인 규모로 크게 발생하게 되는 경우를 우리는 일컬어 '공황'이라고 부른다. 자본주의사회에서는 이러한 공황이 주기적으로 발생했고, 그 공황의 고통이 심하게 될 경우, 공황을 일으킨 정치세력은 교체가 되고 국민의 원성을 듣게 되고 심한 경우엔 폭동 등도 발생하게 된다.

바로 이런 흐름, 지나친 호황과 공황이 발생하는 것을 막기 위해서 정책결정자들은 꾸준한 경기 조절을 욕망하게 되는데, 가장 강력한 역할을 하는 것이 자본주의 세상에서는 금리의 결정이다. 매우 간단한 이야기다. 경기의 활성화를 위해서는 금리를 내리고, 경기의 과열을 막기 위해서는 금리를 올린다는 이야기를 하려고 이렇게 돌아 돌아왔다. 설명이 오히려 이해를 막는 어려운 시도가 아니었기를 빈다.

그런데 이 실행 과정들이 말처럼 그렇게 쉽지가 않다. 앞서 경기가 좋을 땐 모두가 좋지만 공황 상황이 발생하면 사람들의 삶은 도탄에 빠지고 정치세력은 교체된다고 이야기했다. 권력을 쥐고 있는 정치권력은 그렇다면 어떻게 행동하게 될까는 매우 중요한 변수가 된다. 정치 권력은 모두가 좋은 상태가 오래도록 지속되길 바랄 것은 두말하면 잔소리다. 문제는 언제 공황이 올 것이냐 하는 문제인데, 예측이 잘 된다면 문제가 없겠지만 예측이 잘 안 된다는 것이 문제다. 그러니 지금 당장 공황의 문제에 휩싸이지 않은 세력은 끊임없이 더 낮은 금리에 의한 금융완화 환경, 돈이 넘치는 상황을 연출하기를 바랄 것은 당연하지 않겠는가?

또 다른 어려운 문제가 하나 있다. 2010년 아이폰이 세상에 나온 이후, 급격하게도 무형상품시장이 커지게 되었고, 실질적인 가격혁명이 발생했다. 산업 패러다임이 급격하게 '사이버라이제이션'되면서 물건값 상승이 아닌 물건값이 지속적 하락하는 일종의 신기술 발 디플레이션 환경이 발생했다.

또한 앞으로는 AI에 의한 최적화 생산효율이 생산 전역으로 확대되는 과정에서 생산단가의 하락이 급격하게 이루어지게 될 것이다. 과거의 인플레이션 원리가 통하지 않는 세상이 도래했다. 또한 산업 세력의 급격한 재편과 자본 소유자와 비소유자 간의 급격한 격차가 발생한 격차사회가 일상화될 것이다.

이런 상황에서 금리는 어떻게 되는가에 대한 방향을 잃고 있는 것이 최근 현실이다. 과거 생각하던 금리의 기준, 특히 중립지역에 대한 기준점이 매우 혼미해진 상황이기 때문에 상황이 보다 복잡해진 것이 우리의 현실이기도 하다. 그러나 투자자로서 우리가 인식하고 알아야 할 대목은, 금리는 결국 통화의 양을 조절하는 가장 강력한 도구가 된다는 것이다. 또한 사회적 수익률을 결정하는 강력한 도구라는 점을 기억해야 한다. 금리를 기업 세계로 환원해서 생각해 보면, 수익률이라고 이야기할 수 있겠다. 기업을 분석할 때 매출과 이익, 그리고 이익률은 얼마나 중요한가? 수익률 30%인 회사와 3%인 회사를 비교해서 투자한다고 하면 어떤 투자를 하게 될지 자명하다. 금리는 사회 전체의 수익률을 결정하는 것이다. 단, 사회가 금리에 대해 대출자이기에 방향은 반대이다. 금리가 올라가면, (돈을 빌린) 사회 전체의 수익률은 낮아지고, 금리가 내려가면 (돈을 빌린) 사회 전체의 수익률은 높아진다.

우리 투자자들은 이것을 반드시 기억해야 한다. 금리가 올라가면 낮아진 '목표 투자수익률' 환경에서 게임을 해야 하는 것이고, 금리가 낮아지면, '목표 투자수익률'이 높아진 사회환경에서 게임을 하게 된다는 것 말이다. 이 부분을 명심 또 명심하고 이 금리가 어떻게 결정이 되는지와 금리 결정에 가장 강력한 힘을 발휘하는 곳인 FED에 대해서도 쌍pair으로 생각해야 한다.

경제의 방향을 결정하는 데 있어서 금리가 중요한 요소라는 것을 꼭 기억했으면 좋겠다. 초보 투자자라면 금리 하나만 기억해도 본 책은 유용한 효과를 거둔 것이다.

| 절대 지존, 그 이름은?

우리는 금리를 살펴보면서 그것이 게임의 룰이라는 이야기를 했다. 이번 장에서는 한 발 더 나아가, 게임의 근본 요소에 대해서 이야기해 보도록 하겠다.

축구를 할 때 여러 게임 룰이 있지만, 축구에서 가장 중요한 것 한 가지는 따로 있다. 축구에서 가장 중요한 것은 무엇일까? 바로, 축구공이다. 축구를 축구 되게 하는 가장 결정적인 근원 요소는 축구공이다. 사실 동네마다 지역마다 축구의 룰은 달라질 수 있다. 그러나 축구공이 없는 축구는 도무지 상상할 수가 없다.

필자는 어려서 화투를 많이 치다 보니 이젠 즐기지 않지만, 필자 앞선 세대 사람들은 명절이면 모여서 자주 화투를 치곤했다. 그런데 화투를 쳐보면 동네마다, 사람마다, 지역마다 그 룰이 다 다르다. 그럼에도 항상 동일한 한 가지가 있다. 바로 플라스틱 화투가 사용된다는 것이다. 화투를 화투 되게 하는 핵심요소는 화투다.

이번 장에서는 바로 그런 핵심요소에 대해서 이야기할 것이다. 이미 다 상상하신 분이 있으실 텐데 그것은 바로 달러다. 달러는 금융시장에서 그야말로 절대지존의 존재이다. 달러가 현재의 위상을 차지한 과정을 정말 간략히 이야기해 보도록 하자.

불과 2세기 전만 해도 달러의 위력이 이다지 크지는 않았다. 다 알다시피 과거엔 영국 파운드가, 그리고 그 이전엔 네덜란드의 화폐길드가 또 그 이전엔 스페인의 은화 페소데오초pseo de ocho가 가장 강력한 통화였다. 달러가 세상의 중심에 등장하기 시작한 것은, 전쟁 이후의 시기들이다. 1차 대전 이후 세계에서 가장 강력한 국가로 변신한 미국의 달러가 주요 통화로 등장하게 되었고 2차대전 승전 이후로는 확고한 기축통화로 자리 잡게 되었다. 그리고 베트남전이 있은 후 1971년 브레턴우즈체제[38] 파기라는 깡패 조치를 통해서 달러는 무소불위의 절대 화폐의 자리에 들어서게 되었다.

신기한 공통점이 하나 있지 않은가? 달러가 강력한 통화가 되는 과정마다 있었던 사건 말이다. 맞다, 바로 전쟁이다. 전쟁이 있은 이후

---

38) 1944년 7월 미국의 브레턴우즈에서 발족한 국제 통화 체제로 금 1온스를 미 달러 35달러로 고정시키고 그 외 다른 나라의 통화는 달러에 고정한 국제 통화 체제.

달러는 더 강화되었다.

여기서 우리는 기축통화의 성격 일부를 읽어낼 수 있다. 세계의 가장 강력한 기축이 되기 위해서는 그 배경에 가장 강력한 군사력을 구축하고 있어야 한다는 이야기다. 이로써 우리가 알 수 있는 중요한 포인트 중 하나는, 달러는 권력의 총합이라는 사실. 즉 기축, 다른 말로 기준점이 되는 통화가 되고자 한다면, 자기가 서있는 자리가 가장 높고 확고해야 한다는 사실을 말이다. 권력 총 합의 정점에 기축통화가 자리 잡고 있다. (달러에 대해서 더 알고 싶다면 조금 어렵고 두껍지만 『달러』, 앨런 H. 브라운 저, AK 출판)라는 책을 참고하기 바란다.)

갑자기 옛 생각이 떠오른다. 나보다 바로 위 학번 선배들로 한국 최강 운동권 80년대 학번들이 있다. 그 선배들의 주요 구호 중 하나가 '양키 고 홈'이었다. 젊은이로서 뜨거운 혈기로 당연히 외칠 수 있는 구호였다고 생각이 든다. 그러나 기축통화를 들고 있는 양키들의 위상을 생각해 본다면, 혈기로 모든 것을 해결하긴 어렵다는 점을 나이 먹고 느끼게 된다. 북한이 미국과의 회담을 그토록 간절히 원하는 것도, 기축국이라는 미국의 지위가 절대적이란 것의 다른 표현이기도 하다. 이런 흐름의 세상사에 대해 사람들마다 의견이 갈라질 수 있고 각자의 주장이 있을 수 있지만, 금융에 있어서는 현재까지로는 여지가 없다. 일례로 15억 넘는 인구를 가졌다는 중국이 미국과의 분쟁으로 쩔쩔매는 꼴을 보시라.

달러와 관련해서 또 다른 중요 포인트 중 하나는, 석유와 관련된 것이다. 미국이 기축국으로 가는 과정에서 목줄을 꽉 잡은 중요한 원자재가 하나 있었는데 그것은 바로 세계 최대 에너지원인 석유다. 가끔 강연을 나가면 하는 이야기가 있다.

"문명은 무엇으로 이루어져 있나요? 문명은 바로 인간＋에너지입니다."라는 이야기를 하곤 한다. 인간은 지혜로운 존재였지만, 힘이 부족한 존재였다. 여러 지혜로 힘을 늘리는 역할을 만들어왔지만, 여전히 소나 말과 같은 동물의 힘이나 자연에서 발생하는 바람, 물 등의 에너지를 이용하는 수준이었는데, 근대에 와서 열을 다루는 방법을 알게 되었고, 그 열의 근원이 바로 석탄에서 석유로 이제는 가장 최첨단 에너지 원인 전기로 전환되어오고 있다. 이런 열을 통해 얻은 강력한 에너지는 과거 불가능하다고 여겨진 일들을 가능하게 만드는 근원이 되었다. 그런데 현재 가장 중요한 열에너지의 원자재 석유는 달러로 거래가 된다. 달러가 기축이 되는 중요한 요인 중 하나다.

전기가 주요 에너지원이 되는 과정 중에 있지만 아직까지는 석유가 여전히 문명 에너지원의 근간이다. 여기서 잠시 예언을 하나 하면, 에너지 중심이 전기로 완연히 전환되어 일정 수준 석유를 벗어날 정도까지 이루어진다면, (내 생애에는 가능하지 않겠지만) 세상은 또다시 엄청난 요동을 치게 될 것이다. 에너지의 패권을 잡아야만 세상의 패권을 잡아왔다는 현대사를 감안해 본다면 말이다.

잠시 딴 길로 많이 갔으니 다시 논지로 되돌아오자, 달러는 문명의 핵심 축을 장악하면서 세상의 기준이 되었다. 그 모습은 빙산의 일각처럼 보일 수 있으나, 그 위력은 빙산 전체보다 작지 않다. 그러한 영향력 하에 있는 것이 세계 자본시장이다. 결국 달러에 대한 이해없이 투자를 하는 것은 공 없이 축구를 하는 것이요, 화투 없는 고스톱을 치고 있는 것이다. 다시 한번 이야기하지만, 현재 달러의 위상은 단지 화폐만의 위상이라고 할 수 없다. 세계 군사력 총 합의 결론이고, 교역 규모 총 합의 결과이기 때문이다. 힘의 정점에서부터 만들어진 기준이니만큼, 우리는 달러에 대한 이해를 가지고 금융시장을 이해할 필요가 있다.

경제에 대해서 이야기하는 것을 볼 때, 가끔 현재 우리가 위치한 곳에서 모든 것을 해석하는 것을 볼 수 있는데, 이게 실제 상황과 잘 안 들어맞는 이유는 우리의 처해진 상황과 실제 중심 권력에 대한 이해가 부족하기 때문이 아닌가 싶다. 물론 IMF를 온몸으로 체험한 1970년~1980년대생들은 달러가 얼마나 큰 위력이 있는지 감각적으로 알고 있어서 이야기 전개를 더 안 해도 충분한 의사소통이 되었을 것이라 본다. 또한 근래에 와서 금융시장 거래 총량에서 미국이 차지하는 비중이 점점 더 커지고 있고, 파생시장도 어마 무시하게 커지고 있으며, 달러의 공급량도 점점 많아지면서, 달러 기축에 의한 금융시장 거래 수준도 줄어들기는커녕 더 늘어나고 있다.

달러의 상황에 따라서 세계 금융의 물줄기가 확연히 달라지는 것을 실제 투자 세계에서 계속 확인하게 되는데, 이런 점에서 달러에 대한 이해는 필수적이기에 이번 장에서 언급을 했다. 생각보다 훨씬 더 거대하고 깊이있는 시스템 체계가 달러에 녹아들어있다는 것을 머릿속에 새겨두는 것은 투자에 꼭 필요한 과정이다.

달러의 위력을 체감할 수 있는 가상의 일을 상상해 보자. 만약 급작스럽게 세계의 기축이 유럽의 유로화로 바뀐다고 상상해 보자. 그렇다면 세상은 무슨 일이 일어나고 미국에는 무슨 일이 발생하게 될 것인가? 먼저 미국이 발행한 그 많은 국채를 들고 있는 나라들은 어떻게 행동을 할 것이며, 달러를 들고 석유를 사러 온 사람들에게 중동 국가는 어떻게 대응하겠는가?

OPEC이 가격 결정을 달러에서 유로로 전환한다면 석유 소비국들은 중앙은행의 지급 준비 기금에서 달러를 긴급하게 빼내 유로로 대체해야 한다. 이렇게 되면 달러는 20~40% 가량 평가절하되고 다른 통화의 붕괴와 대규모 인플레이션에서나 볼 수 있는 미국 주식시장과 달러 표시 자산에서 외국펀드들의 유출현상 등의 결과가 초래될 수 있다. 물론 이런 가정들은 가능성이 낮고 가장 바람직하지도 않지만 언제든 현실화될 가능성은 있다. (『미국 중앙은행』, 김재홍 저, 휘즈프레스)

기축이 흔들리는 것은 그동안 든든히 지켜지던 팍스아메리카나가 무너진다는 이야기이고, 그렇다면 그것을 지키기 위해 미국이 어떻게 행동하게 될지 생각해 보면 세계에 벌어질 혼란상은 글로써 형용하기 어려울 것이다.

미국이 중국을 그렇게 견제하는 것도, 과거에 미국이 일으켰던 수많은 전쟁도, 과연 이 기축통화라는 지위와 관련이 없는 것일까? 이런 가상의 상상에도 불구하고 현실에서 달러는 여전히 지존의 자리에 있다. 생각처럼 그렇게 금방 지존 자리가 바뀔 거 같지도 않다. 그렇기 때문에 투자자들은 달러에 대한 이해를 충분히 하고 투자의 자리로 들어오는 것은 필수적인 덕목이다.

달러의 중요성을 파악했다면 이제 금융시장에서 가장 중요한 흐름을 만드는 곳에 대한 이야기를 나누고자 한다.

앞서, 금리는 룰이라고 했고 달러는 근본 요소라고 표현했다. 이 근본 요소를 가지고 룰을 결정하는 곳이 있으니, 바로 미국의 연방준비제도, 일명 FED라는 곳이다. 다음 장에서 가장 쉬운 개념으로 FED를 만나보자.

| FED, 경제 대통령

앞장 '달러'에 대해서는 따로 언급을 안 하고 넘어가려고 했다. 그런데 주로 한국기초자산을 투자하려고 하시는 분이 미국이 어떻고, 달러가 어떻고 하는 문제가 뭐가 중요하다고 생각하겠는가? 그러나 투자를 한 20년 넘게 해보고 나니, 이 부분에 대한 이해 없이는 너무 많은 부분을 놓치기에 설명을 하게 되었다. 이번 장도 마찬가지다.

필자는 꾸준히 시장보다는, 투자하는 기초자산에 대해, 특히나 기업에 대해서 이해하는 것이 중요하다고 언제나 이야기하고 다닌다. 심지어 시장 전체 흐름에 대해서는 무시하는 것이 더 좋은 결과를 얻게 될 것이라고 이야기한다. 실제로도 그렇다. 전혀 예상치 못한 불의의 사건, 일명 블랙스완 사건이 터지는 것에 대해서는 예민해야겠지만, 실상 그 외에는 시장 자체보다는 기초자산의 체력이 월등히 중요하다는 의미를 담고 있는 이야기다. 그럼에도 재미없을 수도 있는 금리, 달러, FED를 이야기하는 것은 다른 것들은 다 몰라도, 거시 영역에서 이 부분은 반드시 짚고 넘어가야만, 장기적 시계열에서 보다 좋은 성과를 거둘 수 있기 때문이다. 시중에 판매되고 있는 투자책들은 본인이 어떻게 해서 돈을 벌었는지를 중심으로 기술하고 있다. 그러나『투자의 태도』는 어떻게 하면 깨지지 않고 장기적으로 성과를 거둘 수 있는 투자 법칙을 이야기하는 데 초점이 맞추어져 있기 때문에 이 점이 상당히 중요하다.

어떤 분들은 이런 이야기를 할 것이다. 피터 린치나 워런 버핏이나 벤저민 그레이엄 등 투자의 대가들 책을 보면 앞서 이야기한 달러 등의 이야기가 별로 없는 거 같은데 이게 왜 우리에겐 중요하냐는 의문을 가질지도 모르겠다.

한국과 미국은 투자환경이 다르다. 환경이 다르면 대응도 달라야 한다. 북방 추운 지역의 집은 창문이 별로 없고 남방 더운 나라는 창이 뻥뻥 뚫려있는 집을 만들듯이, 북방은 두꺼운 벽을 남방은 홑껍데기 벽을 가진 집을 만들듯이 삶의 형태는 모두 환경에 의해 결정지어진 것이다. 우리도 환경에 의해서 그런 영향을 받을 수밖에 없다. 금융도 환경이 있다.

한국은 수출 중심의 국가다. 내수 사이즈가 반드시 작다고 할 수는 없지만, 지구적 기업을 키워내기엔 작은 내수 규모다. 한국에서 자체 수요만으로 (거대장치 산업이 된 제조업에서) 세계적 기업으로 성장하는 것은 만만치 않다. (이 말을 또 뒤집어서 생각해 보면, 비제조업 중 무형자산 산업에서도 내수뿐 아니라 수출에서 기회를 잡아야 한다는 말이다. 인구가 일본 이상으로 커지지 않는다면 일부 어쩔 수 없는 방향이다.) 그런 측면에서 한국에겐 교역이란 것이 매우 중요하다. 교역은 거의 반드시 달러화를 기본으로 두고 진행되게 된다. 위안화나 유로화의 영향력이 앞으로 늘어날 것으로 보긴 하지만, 달러의 중요성은 여전하다. 한국의 이런 상황은 달러의 가치 변동과 향후 방향성이 절대적으로 중요하다는 걸 보여준다. 그리고 교역국들의 상황도 매우 중요하다. 한국 주변의 상황들이 우리만 잘하면 되는 것이 아니라, 세계가 향후 어떻게 흘러갈지를 잘 파악하고 거기에 맞게 잘 처신해야 한다는 것이 현재로서는 우리가 처해진 상황이다. 이런 상황을 인식하고 투자시계를 펼쳐야 하는 것은 어쩔 수 없는 우리의 환경이다. 그래서 달러니 FED니 미국의 금리니 등을 이야기하는 것이다.

초보 투자자들을 위해서 정말 쉽게, 그러나 거칠게 이 상황에 대해서 설명을 해보고자 한다. 대략적인 윤곽을 잡는 것은 쉽게 사물을 금방 캐치할 수 있다는 장점이 있지만, 세세하게 그 내용을 다 알기는 어렵다는 약점이 동시에 존재한다.

세계의 통화가 달러 한 개 라고 가정하고 생각해 보자. 말도 안 되는 예이긴 하지만, 논의의 편의를 가지고 지면을 아끼기 위해서 거친 예를 들어본다. 이 달러의 기준금리가 한 번에 5%씩 움직인다고 또 가정해 보자. 그런데 이 달러 기준금리를 결정하는 기관, 중앙은행이 일정 수준의 독립성을 가지고서 금리를 결정한다고 해보자. 정치권의 대통령이 원하는 대로 중앙은행장이 움직이지 않고, 자기들이 생각하는 대로 기준금리를 결정한다는 가정을 세워서 이야기해 보자.

앞서 금리는 한 번에 5%가 움직인다고 했는데 때에 따라서 그리고 필요에 따라서 금리를 한꺼번에 두 번, 세 번씩도 움직일 수 있다고 생각을 해보자. 그래서 실제로 어떤 경우 한 번에 금리를 두 번 10% 움직이고, 또 어떤 때는 반대로 내린다면 그때 세상은 어떻게 될 것인지 상상을 해보자. 세상은 어떻게 바뀔 것인가?

10억 원짜리 집을 자기 돈 5억 원과 은행 대출 5억 원으로 매입해서 살고 있다고 하자. 대출조건은 0%였다. 그런데 갑자기 경기과열이라고 인식한 중앙은행이 금리를 10%로 올렸다. 거기서 그치지 않고 그다음 금융통화위원회에서 또다시 두 번을 더 올려 금리가 20%까지 올렸다고 치면, 그 집과 매입자는 어떻게 될까?

여기서 생각해 보자. 세상에 돈은 달러 하나이고, 금리는 한 번에 5% 단위로 움직이며 독립적으로 그것을 결정할 수 있는 중앙은행이 있다면 그 위상은 어떻게 될까? 세상 사람들의 귀추기 중앙은행의 기준금리 결정에 쏠리지 않겠는가?

과장된 예시이기는 했지만 이와 같은 위력을 지닌 곳이 실제로 하나 있다. 미국의 중앙은행으로 일컬어지는 FED(연방준비제도 이하 연준)이다. 이름도 참 다양한 곳이고 성격도 단순하지 않다. 왜 이름이 저렇게 정해졌는지, 그곳을 정말 중앙은행이란 이름으로 부를 수 있는지 논란의 소지가 많다. 중앙은행을 다룬 것 하나만으로도 책 몇 권이 나오는 상황이니 말이다. 단 한국에서는 미국 중앙은행과 관련된 자료들을 만나보기 힘들다. 필자가 읽은 『미국 중앙은행』이란 책도 참 좋은 책이었는데, 지금은 절판되고 없다.

본 책은 미국 중앙은행의 성격을 규명하는 것을 목표로는 삼지 않았기 때문에, 이렇게 간략히 정리하고 넘어가는 것이 좋을 거 같다. 우리가 알아야 할 것은, 세계 경제 대통령이라는 표현이 과하지 않다는 것. 그만큼 위상이 대단한 곳이 미국의 연방준비제도, FED라는 점이다. 연준에 대해 많은 투자자들이 개념치 않고 투자하고 있는 경우가 많다. 연준에 대한 이번 장을 이렇게 따로 뽑아 강조하고, 거칠고 자극적인 예를 들어 이야기하는 건 그만큼 중요하고도 중요하기 때문이다. 그런데 위에서 이야기한 20% 금리 올렸을 때 느낄 대출받은 사람의 심정을 잠시 헤아려보자. 말도 안 되는 예라고 생각하시는 분이 계실 수 있다. 그러나 그렇지 않다. 절대 그렇게 과한 예가 아니다. 실제에 더 가깝다. 아니 더 강력한 위력을 가진 곳이 연준이다.

세계 통화는 지역마다 모두 다르고 환율 수준도 다 다르게 책정하지만, 그 변동의 기준이 바로 미국 달러와 그 금리에서부터 시작한다. 그러기에 실제 금융권에서 느끼는 달러의 위력과 강도는 보통 사람이 생각하는 것보다 엄청나다. 일반적인 관점으로 이것을 인정하든 인정하지 않든 금융의 세상은 그렇게 돌아가고 있다는 점은 기억해 줬으면 좋겠다. 여기서 잠시 또 하나 짚고 넘어가야 할 대목이 있다.

실제 금융시장에 참여하면서 많은 사람들은 연준이 무슨 말을 하고 있는지 귀추를 주목하고 있다고 했다. 그런데 일반적 상황에서 이해를 하고 있어야 하는 점은, 연준이 결정한 금리수준과 통화량은 실물경제에 영향을 미치기까지 일정 수준의 시간이 필요하다는 것이다. 전기차가 충전을 시작해서 만충이 될 때까지 시간이 걸리고, 상류에서 내린 비가 하류까지 도달하기 시간이 걸리듯 연준의 결정이 세상에 만개될 때까지 시간이 걸린다는 점은 꼭 기억해야 한다.

그런데 금융시장은 이 점을 알고 있다. 연준이 결정을 하고 나면 일정 수준 시간이 지나 그것이 효과를 발휘한다는 점 말이다. 그렇다면 금융권은 어떻게 반응을 하게 될까? 앞서 언급했던 선행성과 연관되는 말이기도 한데, 금융권은 그런 시간차를 고려치 않고 연준 포지션에 즉각적으로 반응하는 경향을 가진다. 어차피 연준이 결정한 방향이 일정 시간 이후 시장으로 흘러갈 것이기 때문에, 연준이 결정을 시차를 고려하지 않고 그대로 금융시장에 반영을 하고 그 방향에 맞추어 포지션을 짜게 된다는 것이다.

그래서 금융권은 또다시 열심히 귀 기울이고 생각한다.

'지금 연준은 무슨 생각을 하고 있을까? 이번에 한 그 말의 진의는 무엇이지? 앞으로의 행보는 어떻게 되는 것일까?' 하고 말이다.

시험 참여자는 문제를 낸 사람의 의도를 잘 알아야 보다 정확한 답에 도달할 수 있듯이, 금융권에 참여하는 사람들은 연준이 무슨 생각을 하고 있고 어떤 의도로 그런 이야기를 했는지 파악하려고 노력한다. 물론 가끔씩 해석을 잘못해서, 심지어 해석을 거꾸로 해서 시장이 충격을 먹기도 한다.

코로나19 사태에 대한 연준의 대응을 통해 우리는 다시금 연준의 거대한 힘을 보았다.

처음 사람들은 미국 연준이 순식간에 제로금리로 기준금리를 내리고 2008년보다 더욱 파격적이고 충격적으로 돈을 풀고 미국 국채를 사주고, 회사채를 사주고, 심지어 ETF 마저 사들이는 모습을 볼 때, 이는 과한 것 아닌가 하는 생각을 했으나, 이후 연출된 실물경기 악화를 보고는 이해할 수 있었다. 연준의 이런 대응이 없었다면 세계경제는 공황으로 직행했을 가능성도 매우 높았다. 덕분에 증시 패닉도 폭락 두 달 만에 회복되는 V자형 반등을 기록했다.

이로써 미국 연준의 위력이 다시 한번 확인이 되었다. 그래서 사람들은 다시 한번 이야기한다. '미 연준에 맞서지 마라.'

그럼에도 사람들은 시장 상승을 납득하지 못하고 반대 포지션을 잡은 경우가 많았다. 이는 금융시장의 매커니즘을 제대로 인식하지 못했기 때문이고, 무엇보다 달러 공급의 창구 역할을 하고 있는 미 연준의 위력에 대해서 제대로 이해하지 못했기 때문에 나온 현상이라 이야기할 수 있겠다.

미국 연준의 위력을 실감할 수 있게 앞서 언급한 달러를 기준으로 생각을 한번 돌려보자. 달러로 표시된 세계의 모든 자산은 미국 것이 아닐까? 이 말은 다음과 같다. 달러로 표시된 모든 자산은 달러가 있으면 사는 것이 아닌가? 그런 측면에서 달러로 표시된 자산은 모두 미국 것이다. 실제로 미국은 돈을 한 푼도 안 들이고 그 자산을 내 것으로 만들 수 있다. 단지 중앙은행인 미 연준에서 달러를 받을 수만 있다면 말이다. 그런데 실제로 2020년 코로나19 사태 이후 이런 일들이 벌어지고 있다. 미국 재무부가 발행할 미국채를 필요에 따라 연준이 사주겠다고 나섰기 때문이다.

달러가 무너지지 않는 한, 달러를 무한 공급할 수 있다. 이것이 미 연준이 행사할 수 있는 권한이다. 물론 미 연준은 달러 가치를 지키기 위해 그렇게 무모한 행동을 하지는 않을 것이다. 그러나 그 권한을 행사해야 하는 결정적일 때가 오면 주저하지 않을 것이고, 이는 세상을 바꾸는 가장 강력한 동원 중의 하나가 될 것이다. 세상을 바꿀 가장 강력한 키를 미 연준이 쥐고 있다는 사실을 우리는 기억해야 한다.

물론 이런 강력한 교역규모, 군사력, 에너지 패권 등 종합적 총체로서의 미국 권력이 살아있는 동안만 존재하게 될 것이다. 과거 로마에 살던 사람들은 로마가 영원할 것이라고 믿었을 것이다. 지금 우리가 살고 있는 현실 세계에서도 그렇게 여겨진다. 미국의 패권은 영원할 것처럼… 그러나 미국도 때가 되면 해가 저물 것이다. 그러나 생각보다 그렇게 빠르지는 않을 것이다. 우리 생전에 못 볼 확률이 더 높을 것이라는 것에 한 표를 건다.

이번 장까지, 투자에 있어 중요한 거시 체계들에 대해 다루어보았다. 다음으로는 투자를 위한 기본적 개념들을 살펴보도록 하자.

| 매출, 이익, 현금 흐름

드디어 기업에 대한 이야기를 할 차례다. 계속해서 말하지만 투자에서 성공적인 투자 성과를 올리는 최선의 방법은 기초자산을 정확히 파악하는 일이다. 주식투자에 있어서 기초자산은 바로 기업이다. 기업이 어떠한가를 읽어내는 것이 투자 성과와 직결된다. 제목을 보고 몸이 벌써부터 굳어오는 독자들이 있을 텐데 너무 걱정하지 않아도 된다. 경제학자처럼 이야기하지는 않을 테니까.

내 친구가 장사를 시작한다고 해보자. 그런데 돈이 좀 모자란단다. 처음 시작할 때는 그의 과거를 보고 돈을 꿔줄지 여부를 결정할 것이다. 과거에도 성실하게 돈 버는 재주가 있었다면 바로 투자를 실행할 것이고, 그렇지 않다면 투자하지 않을 것이다.

반면 성실했던 친구가 이제 새로 장사를 시작했다고 하고 지금 돈이 필요하다고 한다면 어떻게 해야 할까? 장사가 잘 되는지 살펴야 하지 않겠는가? 말만 믿고 돈 빌려줬다 잘못되면 꽝이지 않겠는가?

그런데 그 친구하는 사업이 너무 잘 되고 있고, 앞으로도 전망이 좋다면 어떻게 할 것인가? 돈을 꾸어만 주겠는가? 그 친구와 동업을 해보고 싶지 않을 것인가? 돈뿐 아니라 '나도 같이 할게'하고 나서고 싶지 않겠는가? 물론 장사 잘하는 친구가 받아줄지는 미지수이지만, 단지 돈 빌려주고 이자 정도 받는 거보다는 그 친구 사업에 같이 참여하여서 지분을 갖고 같이 성장해 보고 싶지 않겠는가? 이런 투자자들의 투자 욕구를 공식적이고 제도적으로 만들어 둔 곳이 주식시장이다. 그리고 상장하는 기업들에겐 제도와 규제를 두어서, 참여하는 사람들이 쉽사리 사기 치지 못하고 투자자들이 보호될 수 있는 장치가 되어 있는 곳이 거래소다.

투자자 보호를 위해 금융 감독을 하고 회사의 회계자료를 공개하게 하는 것, 회계가 정확한지를 정기적으로 회계법인들에게 감사 받게 하는 시스템이 금융 감독 시스템이고 한국은 이런 제도가 잘 만들어져있다. 이런 정도 시스템이면 기업이 사기 치는 것에 대한 상당한 방어장치가 되어있기 때문에 투자자들이 활동하기엔 선진적이라 판단된다. 가끔 소소하게 사기꾼들이 나타나고 있지만, 그건 일정 수준의 주의를 기울인다면 막아낼 수 있다. 오히려 이렇게 좋은 시스템을 투자자들이 충분히 사용하지 않는 것은 참으로 안타까운 대목이다. 자료나 정보가 부족하기보다 그것에 대해 적극적인 공략이 부족하다는 게 필자가 평소에 경험하는 바다.

기업가들은 항상 노심초사하고 관심이 온통 '어떻게 기업을 성공적으로 운영할 수 있을까'에 집중되어 있다. 앉으나 서나 현재 운영하는 사업과 함께하고 있는 직원에 대한 고민과 생각이 계속되고 미래사업 기회에 대한 탐구도 끊이지 않고 있다. 이런 기업가들의 경우에 비해서 투자자들은 한결 손쉽게 주주로서 기업가와 동등한 대우를 받을 수 있으니, 투자라는 게 이런 측면에서 엄청난 매력이 있는 직업이기도 하다. 물론 이 책 앞에서 언급되었던 수많은 인간적 난관을 헤쳐야 한다는 과제가 있긴 하지만 말이다.

투자자들 입장에서는 어떤 기업이 훌륭하고 좋은 기업인지만 잘 분별해낸다면, 기업가들의 전 인생이 걸려있는 사업에 쉽게 동참할 수 있다. 사실 투자가 쉽다고 이야기할 순 없지만, 기업가들의 일보다는 상당히 손쉬운 것이 사실이다. 투자가 어렵다고 생각이 들 때마다 현장에서 고생하고 있는 기업가들 생각도 같이해보면 좋을 듯하다.

이제 어떤 기업가와 동업을 할지에 대해서 구체적으로 알아보자.

• 매출

일단 첫 번째, 장사가 되어야 한다. 장사가 안 되는 기업은 투자가 곤란하다. 장사가 된다는 것은 무엇인가? 무형이든 유형이든 무엇인가를 팔고 그에 대한 대가를 받는 행위를 한다는 것을 말한다. 우리는 그 대가를 현금이라는 것으로 고정시켰고, 이 모든 것들을 숫자로 기록하게 만들어놓았다. 우리는 이것을 일컬어 '매출'이라고 이야기한다.

기업이 잘 돌아가고 있다는 것은 매출이 발생하고 있다는 것이고, 더 잘 되고 있다는 것은 매출이 늘고 있다는 것이다. 그리고 더더 잘 되는 것은 매출의 증가 속도가 점차로 더 올라가는 것이고, 더더더 잘 되는 것은 매출의 증가 속도가 점차 더 커지고 있다는 것이며, 그 증가폭과 속도가 더 빠르다면 최고의 매출 기업이라고 할 수 있다.

그런데 만약 이 회사가 많은 자본으로 시작해서 그것을 펑펑 쓰는 것으로 매출이 늘어난다면, 게다가 그것을 공짜로 뿌린다면 이 회사 망하는 것은 시간문제일 뿐이다. 그래서 매출이 매우 중요하지만, 단지 매출이 늘어나는 것만이 중요한 게 아니고, 매출이 늘어나는 것과 동시에 회사의 이익도 비례해 늘어나고 있는지도 매우 중요하다.

가지고 있는 자본대비 매출이 얼마인지도 중요하다. 100억 원 자본을 가지고 있는 회사가 10억 원 → 20억 원 → 30억 원으로 매출이 느는 것을 잘한다고 보기는 어렵다. 자기가 가진 자본보다 얼마나 큰 매출을 가질 수 있는지도 함께 읽어보아야 한다.

· 이익

매출이 우상향하는 것은 해당 사업이 꾸준히 성장한다는 이야기가 되기 때문에 해당 사업의 전망이 밝다는 것을 의미한다. 매출이 성장하고 있는 한 해당 산업 전망과 그 회사의 미래에 대해서는 긍정할 수 있다.

매출의 흐름이 정말 괜찮은 건지는 이익의 질을 통해서 확인을 해 볼 수 있다. 물론 매출이 막 일어나는 때에는 기계설치하고 공장 짓고, 사람 고용한다고 매출 대비 이익이 잘 늘지 않는 경우가 있을 수 있다. 그러나 결국 매출이 늘수록 그에 정비례해서 또는 강비례해서 이익이 늘어나는 구조를 가지지 못한다면, 해당 매출은 남 좋은 일만 시키는 매출이 될 수 있다. 일정 수준 이상의 이익마진을 확보하지 못한다면, 미래를 위한 건실한 준비를 하기에 한계를 가지는 것이고 투자자 입장에서는 마음 편치 못하다. 물론 해당 시장 확대에 부합하기 위해 꽤나 긴 기간 투자를 집행하다 보니, 이익 증가가 잘 안 나타나는 경우도 있는데, 이런 경우를 투자자들이 별로 선호하지는 않는다. 매출 규모가 커도 좋은 평가를 받기는 어려워진다.

투자자들이 좋아하는 이익은, 한 개 팔 때 많이 남는 것이다. 한 개에 백만 원짜리 팔아서 1만 원 남기는 거보다, 한 개에 1,000원짜리 팔아서 500원 남기는 게 더 나을 수 있다는 것이다. 물론 총 얼마를 파는지는 매우 중요하다. 물건 한 개 값보다 중요한 것은 총 얼마나 팔 수 있는지, 즉 해당 제품의 시장규모가 어떠한 지가 월등히 중요하다. 어쨌든, 투자자가 좋아하는 이익은 높은 마진이 남는 이익이고 이것들이 많이 팔릴 때 가장 좋은 평가를 할 수 있게 된다.

그런데 어떤 제품이 마진이 많이 남게 되는 것인가? 희소성이 있고 남들이 못 만드는 제품을 만들 때 마진이 높아진다. 이를 일컬어 우리

는 경쟁력이 높다고 이야기한다. 경쟁력이 높아서 다른 사람이 감히 범접 못하게 될 경우, 아무리 비싸도 팔 수 있게 되는 것이다. 수천만 원하는 버킨백은 여전히 없어서 못 팔고 있는 상황이 아닌가? 해당 제품의 마진은 어떠하겠는가? 투자자 입장에서는 이런 기업이 매력적인 기업이다. 이익의 질이 얼마나 훌륭한가 말이다.

물론, 어떤 경우에는 마진을 일부 희생해서라도 시장점유율을 확보해야 하는 경우가 있다. 과점을 하게 될 경우, 압도적인 우위를 확보하여 시장 전체를 좌지우지할 수 있게 되고 그때부터는 보다 압도적인 마진을 향유할 수 있게 되는데, 대표적인 사업이 메모리 반도체, 파운드리[39], 아마존 같은 이커머스, 데이터 센터 등 인터넷 관련 사업들이다. 초기 적자의 기간을 잘 통과하고 나서 확고한 시장을 확보하게 되면, 그다음부터는 돈을 쓸어 담을 수 있게 되는 경우가 종종 있다.

이렇듯 이익의 모양도 다양하다. 이익을 어떻게 내게 되고, 향후 이익의 질이 어떻게 바뀌게 되는지의 양상을 파악하는 것은 투자자의 몫이다. 질 높은 이익을 앞으로 내게 될 기업들을 잘 찾아낸다면, 투자자들은 성공 투자에 한 발 더 다가선 것이다.

• 현금 흐름

가끔씩 이익의 질이 안 좋은 기업들이 있다. 이런 기업들을 잘 구분해

---

39) 반도체semiconductor 생산공장을 말한다.

낸다면, 투자자로서 위험을 피할 수 있게 된다. 사실 재무제표를 회계사처럼 읽는 것은 어려운 일이고, 투자를 위해서 꼭 그렇게 할 필요는 없다. 그러나 해당 기업이 부실하고 잘못될 회사인지를 가볍고 빠르게 파악할 수 있는 방법을 아는 것은 중요하다. 그리고 유용하다. 대체적으로 많은 투자자들이 매출과 이익 정도 수준에서 투자를 결정하는데, 여기서 체크 안되는 게 흑자부도 또는 향후 부실 등이다. 이런 함정에 빠지지 않는 방법은 바로 현금흐름을 파악해 보는 것이다. 회계에 정통하다면 더 좋겠지만, 회계만으로 다 해결되는 건 아니다. 그리고 투자자의 눈과 회계사의 눈이 동일한 게 아니다.

현금흐름이라고 하면 정말 많은 사람들의 몸이 굳을 거 같은데 정말 쉬운 부분만 체크해도 큰 도움이 된다. 일단 현금흐름에서 연초에 가지고 있던 현금과 연말에 가지고 있는 현금 상황이 어떠한가로 해당 회사가 지금 현금 얼마를 가지고 있는가를 파악할 수 있다. 지금 당장 현금이 다 말랐다면 이는 위험신호이다. 둘 중 하나다. 돈이 나가는 만큼 돈이 안 들어왔다는 것인데, 하나는 물건을 뿌렸는데, 돈이 안 들어오거나, 하나는 투자를 해서 돈이 없어진 경우이다. 투자도 두 가지로 나눌 수 있다. 기계설비 장비 등 물건을 만들기 위한 현물투자의 경우가 있고, 금융권 예치금으로 넣어 두는 경우도 있다. 가장 나쁜 경우는 매출을 달성했는데 돈 못 받고 있는 경우이고 이 부분은 체크가 필요하다.

이 부분을 체크하기 위해서는 영업현금흐름을 따져보면 된다. 영업

현금흐름은 일반적으로 영업이익보다 나쁘지 않아야 한다. 영업현금흐름이 나쁘다면, 이익으로 계산했는데 돈을 못 받는 경우가 발생할 수 있다는 신호이다. 몇 분기에 걸쳐 그걸 계속 못 받으면 부실로 털어야 하는 사태가 발생할 수 있고 그렇다면 회사는 심각해질 수 있다.

이 정도만 체크해 보도록 하자. 어렵지 않지 않은가?

회사를 파악하는 기본적인 골격을 파악해 보았다. 다음은 시장이 생각하고 있는 회사를 파악하는 지표들에 대해서 이야기해 보도록 하자.

실전투자자 입장에서 이야기할 테니 도움이 되길 바란다.

| 투자 지표들, PBR, PER, ROE

앞서 기업을 분석하는 기초적인 사안인 매출과 이익 그리고 현금흐름에 대해서 이야기를 해보았다. 이제부터는, 기업들이 이룩한 성과를 좀 더 객관적으로 비교하는 지표들에 대해서 살펴보자. 투자를 하다 보면, 사람들이 이 비교지표에 너무 좌지우지되는 경우가 많은 거 같다. 매우 편리하고 유용한 지표이기는 하지만, 이 지표들도 자신만의 고유한 기준을 가지고 볼 때 의미가 있고, 이 기준은 결국 많은 시간을 투자해서 스스로 터득하고 만들어 나갈 때 의미가 있다고 하겠다.

기본적인 개념들 중 가장 기초가 되는 것은 어떤 기업이 가지고 있는 총재산이 얼마나 되는지와 그 재산을 주가로 나눠봤을 때 의미가 있는가를 살펴보는 PBR에서 시작해 보자.

· PBR

PBR은 Price to Book-value Ratio의 약자로 그 회사의 장부가치를 의미한다. 한국에서는 주당순자산비율이라고도 이야기한다. 총자산을 보유 주식 수로 나눈 게 주당순자산Book-value per share이다. PBR은 주당순자산으로 주가를 나눈 비율이다. 쉽게 이야기해서 장부가치는 그 회사가 그동안 사들인 총재산을 의미한다.

가정집으로 따져보자. 집을 사서 들어가 살기 위해서 냉장고, 세탁기, 건조기, TV, 오디오, 주방용품, 가구, 의류, 식품, 자동차 등을 매입하게 된다. 물론 각종 소비재도 넣게 되는데, 이러한 모든 것을 사는데 돈이 들어가고 이 모든 것이 자기 재산이 된다. 그리고 시간이 지나게 되면 서서히 노후화되면서 가끔씩은 물건들을 바꾸기도 하는데 회사도 이와 같다. 가정집에서 출발을 해보면 이해가 더 쉬운데, 집에 들어가면서 산 물건들 중 집을 팔 때, 돈을 더 받을 수 있는 경우가 있고, 가격을 못 받는 경우가 있다. 예를 들면 옷가지 등은 집을 팔 때 돈 받기 꽤 어려울 것이고, 전기제품도 오래되었다면 돈 받고 팔기 어려울 것이다. 그러나 구매자 입장에서는 꽤 많은 돈을 주고 산 것인데 돈 받고 못 팔면 아쉬울 가능성이 있지만, 그건 구매자 생각이고 실제로 매수자 입장에서 매력을 느끼지 못하는 물건들은 팔리기 어렵다. 요즘은 중고시장이 잘 되어있어서 좀 더 팔 수는 있겠지만, 빨리 팔기 위해서는 가격을 그만큼 더 내려서 내놓아야만 원하는 시간에 팔 수 있을 것이다. 그러고도 내겐 의미 있지만 팔리지 않는 제품이 남을 수 있다. 기업의 장부가치를 따질 때도 이러한 상황을 인식하고 파악할 필요가 있다. 한 기업의 생존에 있어서 매우 중요한 기계설비장치들이 다른 기업에게 팔 때는 거의 의미가 없는 경우가 많다. 그런데 이런 자산이 장부가치에 떡하니 큰 몫을 차지하고 있다면 이 장부가치에게는 얼마만큼의 의미를 부여해야 할 것인가?

물론 서울 요지에 본사 건물을 두고 있는데, 그 건물의 장부가가 약 20년 전의 가격을 그대로 기록하고 있다면 이는 위와는 반대로 해석이 가능하겠다. 기록된 장부가 보다 실제 가격수준을 반영하면 회사 가치는 더 높아지기 때문이다. 이처럼 장부가치는 절대적이지 않다. 그리고 업종에 따라서 상당히 다르고, 가지고 있는 자산에 따라서 상당히 달라질 수밖에 없다.

예를 들어서 정유회사가 가지고 있는 원유저장탱크의 장부가는 원유 가격이 계속 올라가고 있을 때와 내려가고 있을 때에 차이가 있을 것이다.

기업들은 이러한 흐름들을 재무제표에 반영한다. 감가상각이란 이름과 평가손익을 통해서 꾸준히 장부가치에 반영한다. 이런 의미에서 기업 손익은 일정 수준 마사지가 가능하다. 감가상각을 아주 느리게 하는 회사는 실제보다 보유 기계설비가 평가를 높게 받고 있는 것이고, 반대로 감가상각이 빠른 회사들은 기계설비를 저평가하고 있다고 해석할 수 있다. 그런 측면에서 기업의 재무제표에 대한 태도를 알아내는 것은 의미가 있겠다. 가능하다면 재무제표를 보수적으로 설정해서 장부가를 낮게 유지하는 회사라면 투자자에게 좀 더 유리하다고 볼 수 있다.

여하튼 장부가치라는 것에 대해서는 유연한 사고로 대응하는 것을 권해보는 바다.

· PER

다음으로 가장 많은 사람들이 사용하는 지표 중 하나인 PERPrice to earning Ratio에 대해서 살펴보자. 회사가 버는 돈에 비해 얼마의 주가를 기록하고 있느냐 하는 것인데, 순익 기준으로 보기 때문에 이자와 일부 영업 외 비용이 차감된 개념이다. 영업이익 대비 주가 수준을 볼 때는 EBITEarning before Interest, Tax을 보게 되는데 회사 영업능력의 본질을 볼 수 있다는 측면에서 투자자들 사이에는 더 자주 직관적으로 사용되는 지표이기도 하다.

이익 대비 주가가 적정한지를 파악하는 데 있어서는 업종별 구분이 우선되고, 과거와 현재 미래에 대한 전망도 매우 중요하다. 단순히 지금 이익이 높고 주가가 싸다고 좋은 결과를 내는 것이 아니기 때문이다. 앞서도 언급이 되었지만, 투자자는 항상 미래에 내가 투자한 기업이 잘 될 것인지를 생각하게 된다. 옆집 철수네 빵집이 장사가 잘 되어서 장사 밑천에 함께 참여를 했는데, 내가 참여한 그날부터 장사가 점점 안된다면 과연 좋은 결과를 얻을 수 있을까? 철수에게서 이익금의 일부를 배당을 받을 수 있을진 모르겠지만, 철수네 가게 권리금이 뛰지는 않을 것이다. 기업도 이와 크게 다르지 않다. 투자를 한 시점 이후에 회사 가치가 올라가야지, 과거에 아무리 좋았다고 해도 그것이 미래를 반드시 보장하지는 않는다.

한국에서는 무엇보다, 경기의 흐름을 타는 기업들이 상당히 많기 때문에 이 부분에 대한 파악이 투자에 있어서는 필수적이다. 단지 주가가 싸다는 이유만으로 투자하기에는 경기순환에 영향을 많이 받기에 구조가 조금 다르다는 것이다. 단순히 PER가 싸다고만 해서 저평가로 분류하기가 애매하다. 그런 측면에서 PER을 적용하는 데에는 약간의 기술이 필요하다. 공급자 수급우위 시장인 메모리 반도체가 그 대표적인 경우이다. 반도체는 고 PER 때 투자해서 저 PER일 때 수익을 실현하는 게 맞는 투자였다. 물론 투자자들이 대대적으로 들어오는 시기라면 싼 기업들의 주가는 어느 순간 평가를 받게 되어있다. 우리는 과거 그런 흐름들을 중간중간 경험했다. 외국인들이 한국 시장 개방과 함께 들어오면서, 이익 대비 주가가 낮았던 저 PER 주식들이 대대적 상승을 한 경험이 있고, 1998년 IMF 이후 한국의 알짜기업들을 외국인들이 모두 수집(?)해갈 때도 주가가 폭등하는 것을 경험한 적이 있다. 그리고 2002년~2007년 사이 한국의 가치투자자들이 탄생하게 된 그 시기에, 밀려들어온 돈에 의한 재평가 시기도 있었다.

그런 측면에서 보면 돈이 대대적으로 들어오는 구간에서는 모두가 승자가 될 수 있다. 그런 시기에는 모두가 투자 전문가가 된 것 같은 기분을 느낀다. 아마도 2008년 이후 미국시장도 상당히 그럴 것으로 보여진다. 정말 쉬지 않고 10년을 넘는 기간 동안 주가가 달려갔기 때문이다. 물론 지구적 기업들인 FAANG(facebook, amazon, apple, neflix, google) 나 MAGA(microsoft, amazon, google, apple) 등에 투자한 사람들에게 혜택이 더 집중되기는 했지만 대체적으로 돈 벌기가 너무 쉬운 시기였다. 한국은 이와 달랐다. 2012년 차화정 장세 이후, 한국 주식은 제자리에서 박스권 형태를 계속해서 보여주었기 때문이다. 2018년 초 2,600pt을 기록했던 것이 최고 수준이었기에 2020년 지수 2,000pt~2,200pt를 찍고 있는 이 시점에서 시장을 이기고 높은 수익을 달성한 투자자들은 정말 소수에 불과하다. 뒤집어보면, 이 시기가 정말 실력 있는 투자자가 누구였는지를 확연히 보여주는 기간이었다고 볼 수 있다.

모두가 돈을 싸 들고 들어오는 시기가 2020년 이후 펼쳐질지는 좀 더 두고 봐야겠지만, 아무리 투자자 누구나 쉽게 돈을 벌 수 있는 기간이라도 실력의 차이는 드러날 것이다. 이런 실력 차이 중 가장 큰 실력차로 판명이 되는 것은 기업의 이익 성장이 지속될 수 있는지를 판별하는 능력이다. 그리고 이것은 뒤에 언급하게 될 안전마진과도 직결되어 있다. 이익이 현재 매우 뛰어날 뿐 아니라, 미래에도 꾸준히 상승하게 될 회사를 구분하는 것인데, 현재 투자자들의 눈에 띄지 않아 아주 저렴한 가격으로 거래되는 기업인 경우 일정 수준의 안전마진을 확보한 경우를 찾기가 쉬워진다.

현재 한국 시장에서 가치투자자들이 고전하는 이유는 미래 이익 성장에 대한 구분이 어렵기 때문이다. 꾸준한 이익을 내는 회사는 적절하게 저렴한 가격의 주가를 형성하는 데 비해, 미래 이익 성장이 확실한 회사에는 시장 자금이 몰리고 있어, 한국의 전통적 가치 주식들은 꽤나 오래 시세를 내지 못하고 있다. 시장이 지금보다 미래에 저렴해지는 주식을 훨씬 더 선호하고 있는 것이 최근 몇 년간 한국가치투자자들이 고전하는 핵심 이유다. 물론 이런 현상이 발생한 데에는, 시중 자금이 주식시장에는 제한적으로만 들어왔기 때문에 심화된 것이라 판단하고 있다. 제한된 자금 상황에서는 보다 더 저렴한 기업에 투자해 상대적으로 더 높은 수익을 올리고 싶은 것이 투자자의 인지상정일 수밖에 없다. 그러다 보니 폭발적 이익 증가가 예상되는 그래서 내년이나 내후년 분기면 지금보다 더 저렴하게 보여질 그 회사로 투자 자금이 집중되고, 반면 현재 상당히 저렴해 보이는 회사들이 소외되는 현상이 꽤 오랜 기간 나타나고 있다.

이런 흐름은 공모 펀드 부진에서 다시 한번 확인이 된다. 한국의 대표적 가치투자 펀드인 한＊＊류, 신＊＊산 운용의 펀드 등이 정말 오랜 기간 눈에 띄는 수익을 내지 못하고 있는 중이다. 그리고 이들 한국 대표펀드들의 부진이 2020년 새로운 현상으로 다가오고 있다. 개인 투자자들의 직접적인 시장 참여, 일명 '동학개미운동'이란 재미난 이름으로 명명된 개인 투자자들의 직접투자 현상으로 나타나고 있다.

만약 공모 펀드가 장기간 꾸준히 일정 수준 이상의 수익을 기록해 예금 대비 상대적 우위 수익률을 보여주었다면 과연 지금과 같은 일들이 벌어졌을까? 물론 공모 펀드 운용상 제한 등이 있어 시장을 초과하기는 쉽지 않았겠지만, 시장의 전문투자자 입장에서 볼 때는 매우 아쉬운 대목이다.

어쨌든, 지금 나타나고 있는 2020년 '동학개미운동'에 의한 투자 자금의 러시, 그리고 당분간 유지될 저금리 기조 등을 감안할 때, 2002년~2007년 사이에 등장한 한국의 2세대 가치투자자들 탄생 이후 새롭게 성장하는 투자자와 자산가들이 탄생할 절호의 찬스가 다가오고 있다는 느낌이 실제로 실현되기를 소망해 본다.

· ROE

다음으로 봐야 할 부분은 ROE(자기자본이익률)Return on Equity이다. ROE는 기업의 체력을 판단하는데 매우 중요한 지표이다. 자기가 현재 가지고 있는 자본을 얼마나 효율적으로 쓰는가 하는 문제이기 때문이다. 순이익을 자본총액으로 나누어서 계산한다.

앞서 예를 들었던 옆집 철수네 빵집이 장사가 잘 되어서 그 옆 가게까지 터서 장사를 한다고 하자. 원래 있었던 곳보다 장소가 두 배로 커졌으니, 판매량이 그대로 두 배로 커지면, 볼륨은 2배, 즉 매출 2배 성장을 하게 된다. 장소가 커진 만큼 임대료도 더 많이 내야 하고, 직원들도 더 많이 고용을 해야 한다. 그런데 매출 2배 나온 것에 비해서 비용이 덜 들면 철수네 빵집의 영업이익률은 더 높아진다. 투자자 입장에서는 아주 신나는 일이다. 이익은 철수네 통장으로 쌓이게 될 것이고, 순자산은 늘어나게 될 것이다. 장사가 꾸준히 잘 되어서 순자산이 많이 쌓이게 되어 다시 여윳돈이 생겼다. 그 여윳돈으로 이번엔 길건너 동네에 빵집을 차렸고 거기서도 똑같이 장사가 잘 되었다. 매출은 또다시 기존대비 2배가 늘고 이익도 비례해서 상승했다. 투자한다고 비었던 철수네 통장에 돈이 쌓이기 시작한다. 연속된 성공에 고무된 철수는 이번엔 전철역 근처에 빵집을 크게 차렸다. 기존 두 군데 사업장에서 돈을 많이 벌고 있었기 때문에, 임대료가 좀 비싼 곳이지만 충분히 감당할 수 있었다. 그리고 그 전철역 빵집도 장사가 그럭저럭 괜찮았다. 그런데 기존에 차린 빵집에 비해서 임대료가 너무 높았다. 그러다 보니 매출은 비례해서 늘었는데 이익률은 떨어지는 현상이 발생했다. 통장이 늘긴 느는데 기대했던 것보다는 조금 덜하다.

우리 일상에서 쉽게 발생할 수 있는 예인데, 이 상황들을 투자지표들로 환원해서 생각해 보자. 옆 가게를 터서 빵집을 펼칠 때까지 매출과 이익은 비례해서 늘었다. 그렇다면 이 빵집의 가치(주가)는 비례해서 상승한다. 그리고 두 번째 가게까지도 그런 흐름이 이어졌고 여전히 회사의 성장성에는 문제가 없다. 매출과 이익이 공히 같이 잘 증가하고 있기 때문이다. 그런데 세 번째 집부터 문제가 생기기 시작한다. 사실 문제라고 보긴 어렵다. 매출과 이익은 증가일로에 있고 단지 이익률만이 떨어졌기 때문이다. 이때부터 움직이는 지표가 바로 ROE이다. 두 번째 가게까지는 매출 성장률과 이익률이 유지되면서 ROE도 같이 증가를 했는데, 세 번째부터는 이익률은 소폭 떨어졌지만 ROE는 이익률보다는 더 빠른 속도로 떨어지고 있기 때문이다.

ROE 개념을 쉽게 설명하기 위한 예를 들었는데 이해에 도움이 되었는지 모르겠다. 기업체가 사업을 잘하게 되면 이익이 쌓이게 되고, 이는 자본이 더 늘어난다는 것을 의미한다. 1억 자본금으로 시작해서 매년 1억을 순익을 내어서 쌓인다면, 10년째에 순자본은 10억으로 증가하게 된다. 11년 차에 들어 매출이 10억이고 이익이 1억이면, 이익률은 초기 자본대비 100%가 된다. 그런데 11년째도 1억의 이익을 낸다면 이 기업은 정말 잘하고 있는 것일까?

첫해 이 기업은 초기 자본금 대비 100%의 이익을 내었지만, 11년째 쌓인 순자본 10억에 비해서는 단지 10%만의 이익을 낸 것이다. 회사가 성장한 것에 비해서 이익의 질이 같이 증가하지는 않았다는 이야기가 된다. 훌륭한 기업은 기업이 성장함과 동시에 이익의 질도 같이 성장하는 기업이다. 그런데 사실 매출 1억일 때 10%와 1조일 때 10%는 상황이 완전히 다르다. 1억일 때 10% 버는 것은 그다지 어렵지 않은 일일 수 있지만 매출이 1조가 되었는데도 10%의 이익을 내는 것은 그야말로 어마어마한 과정을 거친 엄청난 결과라는 것을 우리는 쉽게 가늠할 수 있다.

예를 들자면 매출 1억짜리 시장에 관심이 많은 기업들이 얼마나 될까? 그땐 쉽게 경쟁자들이 진입하지 않는다. 애를 쓴 만큼 돌아오는 것이 없을 테니 말이다. 반면에 매출 1조에 꾸준히 이익을 내주는 시장이라면, 결국 해당 시장은 레드오션으로 변할 수밖에 없을 것이다. 즉 수많은 경쟁자들이 출현하고 매출 증가에 따른 사회적 관심이 커진다는 것은 기업 입장에서는 결국 모두 부담으로 돌아올 확률이 크다. 관심이 전혀 없었던 세무당국도 점차 관심을 가질 것이고, 공정거래위원회도 관심을 가질 것이며, 경쟁업체들은 이미 같은 사업을 시작해서 시장점유율을 빼앗고자 프로모션을 진행 중일 것이다. 잘 된 것에 대해 시기 질투하는 사람들도 엄청나게 많아져 있을 상황임에 분명하다. 그런데 이런 시장에서조차 과거에 냈던 이익률을 그대로 낼 수 있다는 것은 온갖 풍파들을 이겨내고도 굳건히 자리를 지키고 있다는 것의 증거가 된다. 1억에서의 10%와 1조에서의 10%는 의미가 너무도 다른 것이다. 바로 ROE는 여기와 관련이 되어있는 지표다. 순자본이 늘어나는 데에도 이익률을 지킬 수 있느냐의 문제는 바로 그 회사의 경쟁력이 점점 더 커지고 있는지, 경쟁상대와 비교해서 상대적 우위를 지키고 있는지, 온갖 풍파들을 잘 헤쳐 나가는 위험관리 능력이 있는지, 새로운 기회를 잘 포착해서 사업을 계속적으로 성장시켜 나갈 수 있는지에 대한 문제인 것이다. 오랜 기간 매출과 이익이 증가하는 가운데에서도 ROE를 지키는 기업은 그야말로 위대한 기업이라는 칭호가 아깝지 않을 것이다. 그만큼 ROE를 꾸준히 지켜 나가는 것은 결코 쉽지 않은 일이라는 점을 투자자들이 인식하는 것이 필요하다. 실제로 워런 버핏의 투자에서는 ROE가 상당히 강조된다. 버핏은 오랜 기간 스스로의 능력을 증명한 회사에 투자한다는 이야기가 되겠다.

지표들은 매우 효과적인 투자의 툴임에는 분명하다. 그러나 상황에 따라서 다 다르게 적용해야만 한다. 업종과 업황에 따라서 적용하는 방법이 다 다르다.

업종별로 어떻게 다르게 적용하는지까지 이야기하면 이번 장이 너무 길어질 거 같고, 이 책에서 타깃하는 독자층에겐 적합지 않다고 판단되어 다음 기회로 미뤄두고자 한다. 이 책이 성공적으로 팔리면 아마 다음 책을 쓰고 싶은 유혹에 이끌릴지도 모른다. 그러나 투자자는 책으로 승부하는 게 아니고 결과로 승부하는 것인 만큼 책을 자주 쓸 기회는 많지 않을 듯하다.

어쨌든 투자자들은 다양한 방법을 익히고 자기 것으로 만들 때, 보다 좋은 결론에 도달할 수 있을 것이다. 그리고 이런 것들을 쌓는 게 내공이고 앞서 언급한 투자에 성공한 고수들, 즉 자신만의 루틴을 만들어낸 사람들은 다름 아닌 이런 지표들을 해석하고 분석하는 자기만의 독특한 루틴을 만들어낸 것이다. 사람별로 방점을 두는 곳이 각각 다르다. 그리고 그 방점두는 것이 각자만의 독특한 노하우가 스며들어있다. 그런 노하우들을 많이 배우고 실천해 볼수록 우리는 더 발전된 투자자가 될 수가 있을 것이다.

이러한 다양한 적용이 있는 반면, 큰 성공을 거둔 투자자들에게서 공통적으로 찾을 수 있는 부분이 있다. 지표들을 적용하는 다양한 방법과 시점들이 있지만, 경제적자유를 얻고 자산가 수준에 진입하려는 투자자들에게서 자주, 그래서 어찌 보면 공통점이라고 할 만큼 확인되는 부분을 다음 장에서 알아보고자 한다.

이 책이 실전을 위한 가이드로 활용되기 바라기 때문에 개념 정의하는 데에는 그다지 에너지를 사용하지 않고자 하고, 그 개념을 어떻게 실전에 응용할 수 있을지에 집중해서 전개해 보고자 한다. 개념 정의를 해주는 책들은 이미 상당히 많이 나와있다. 다음에 이어지는 장을 투자에 잘 적용하면, 빠른 시간 안에 중수 수준 반열에 진입할 수 있을 것이다.

그 개념은 바로 안전마진이다.

| 다시 해석하는 안전마진

이제 실전투자에서 중요한 포인트에 대해서 이야기를 하자. 물론 앞에서 이야기한 것도 중요하지 않은 것은 아니지만, 사랑하는 독자들께서는 이 단계까지 도달할 수 있기를 간절히 바란다.

안전마진이라는 것을 가치투자자들은 많이들 이야기한다. 한마디로 정말 싸게 주식을 사라는 것이다. 누가 싸게 주식을 사고 싶지 않겠는가? 그런데 인간이라는 게, 사람의 인지상성이라는 게 그걸 막는다.

투자를 20년도 넘게 한 필자도 가격이 뚝뚝 떨어지는 주식보다는 가격이 팍팍 올라가는 주식에 먼저 눈알이 돌아간다. 이는 인간 본성이다. 어쩔 수 없는 인간 본성. 그렇다고, '싸기만 한 주식이 전부다'라고 이야기하는 게 아니다.

안전마진의 교조적 가르침을 전하려는 것이 아니다. 어떻게 우리 투자가 안전마진이 확보된 안전지대로 진입할 수 있는지에 대한 방법을 설명하려고 한다. 꼭 배우고 실행해야 되는 영역이지만 실행하기 결코 쉽지 않은 점은 인정한다. 이것이 쉽게 실행이 되는 분이라면, 청출어람이 청어람이라고 향후 필자 앞에서 "덕분에 경제적자유를 얻었습니다. 고맙습니다. 증시각도기님도 앞으로 더 분발하시죠"라고 필자에게 이야기하게 될 것이다.

안전마진을 확보하기 위한 첫 번째 실전투자방법은 우리 눈높이를 높여야 한다는 점이다.

먼저 나는 최고의 투자자가 될 거라는 마음가짐을 가진 후에 시작하기 바란다. 심령술을 이야기하려고 하는 건 아니지만, 초보자들에겐 필요한 심리 태도이다. 쫄지 말고 나는 최고의 투자자가 될 사람이라고 마음을 먹는다. 그러고 나서 '나는 정말로 매력적인 종목이 아니면, 투자에 임하지 않겠어'라고 생각하길 바란다. 그리고 내 눈에는 정말 대단한 기업들이 선택이 될 것이라는 믿음을 가지길 바란다.

믿음을 가슴에 새겼다면 다음 스텝으로 높아진 시야에 걸맞게 시력을 높이는 과정이 필요하다. 시력을 높인다는 것은 정확히 목표물을 잘 구분해낸다는 것이다. 어떤 게 똥이고 된장인지, 어떤 게 다이아몬드고 금인지를 구별하는 시력을 가져야 한다는 것이다. 시력을 갖는데는 일단 시간과 에너지가 상당히 많이 필요하기 때문에 여기서는 그런 시력을 갖기 위한 한두 가지 방법을 제시해 보고자 한다.

일단 수익 목표치를 대폭 상향하라고 이야기하고 싶다. '난 은행이자 2배면 족해.' 이런 태도는 쓰레기통에 넣으시라. 은행이자 2배가 무슨 의미가 있는가? 그렇게 투자하느니, 차라리 하던 일 열심히 하면 된다. 쓸데없이 금융 투자하겠다고 에너지 뺏기지 말고 하던 일이나 열심히 하자.

'난 욕심이 없는 투자자야.'

'증시각도기가 맨날 욕심은 화를 부른다고 했어.'

'욕심을 내려놓고 난 아주 작은 이익에도 꾸준히 만족해하면서, 이 작은 이익을 복리로 늘려가서 언젠가 경제적자유를 이룰 거야.'

라고 생각한다면 번지수를 잘못 읽었다고 이야기하고 싶다.

사람이 처음 만날 때 서먹서먹하고 말도 잘못 붙이다가, 서로 안면이 좀 익숙해지면서 밥도 먹고 술도 마시고나면, 이런저런 자기 주변 이야기부터 가족 이야기도 하게 되고 자기 생각과 꿈도 이야기하면서 서서히 본성이 나오는 것 아닌가? 어떻게 책의 초반부터 본심을 드러내고 이렇게 투자하라고 이야기할 수 있겠는가? 사람이 좀 친해져야 본심이 드러나듯, 책 쓰는 일도 해보니 글을 쓸수록 점차 본심이 나오는 게 아닌가 싶다.

필자가 투자를 하고 있는 분들에게(투자를 시작하는 분이라고는 하지 않았다) 이야기하고 싶은 바는, 투자금 대비 2배~3배 수익 낼 기업들을 투자 대상으로 선택하라는 것이다. 나를 만족시킬 만한 기업들은 바로 이런 기업들이라고 마음먹고 시작하라. 이게 투자다. 지금쯤 '증시각도기 미쳤구나!' '이 친구 이제 보니 현실감각 없네'라고 생각하실 독자들이 있을지도 모른다. 그런데 지금 한 이 말은 본심이다.

이렇게 접근해야만 안전마진이 생기기 시작할 것이다. 일반 투자자의 짧은 경험과 심리로는 안전마진이 확보된 기업을 선택하는 것은 결코 쉽지 않다. 처음부터 2~3배 기업을 찾아서 투자하겠다고 마음을 먹을 때 안전마진이 확보가 된다는 점, 바로 이 점 때문에 앞서 이런 주문을 하게 된 것이다. 실제로 필자와 가까운 투자자들은 타겟 수익률은 2배 이상 수익발생이 가능한 기업투자에 집중되어 있다. 이런 기업들은 실제로 현재 이익 및 향후 벌어들일 이익 대비, 현재 주가가 형편없이 낮은 기업들이다.

이 이야기를 하면서 무척 걱정이 되는 부분이 있는데, 바이오 투자를 염두에 두게 될 독자들이 있을 거 같아서다. 바이오 주식들은 어느 순간, 순식간에 2~3배 수익이 쉽게 만들어지기도 하니 말이다. 바이오는 이 기준을 훨씬 더 높여야 한다. 바이오처럼 꿈에 투자하는 기업은 10~20배가 보이는 종목에 투자하라고 권하고 싶다. 그리고 2020년 코로나19로 인해서 실제로 소문이 현실화되어 엄청난 주가

상승을 이룬 기업들이 있다. 굉장히 오랜 기간의 횡보를 거쳐 텐 배거 Ten Bagger의 영광을 얻은 기업이 있다. 바이오 투자는 10~20배가 가능하니 그런 목표를 두고 설정을 해야 한다. 물론 기준이 더 필요한데 그건 뒤에 말씀드리겠다.

이런 목표를 가지게 되면 현재 주가를 보는 눈이 달라질 것이다. '약간 더 오를 수 있을 거 같아'란 태도는 투자대상이 되지 않는다는 것을 인식할 수 있을 것이다. 높은 투자 성과를 목표로 한다면, 기업의 현재와 미래에 대한 보다 면밀한 분석을 하게 된다. 시세나 시류를 찾아 투자하는 것이 아니라 기업의 핵심 경쟁력과 향후 업황전망 등에 대한 분석을 하게 될 것이다. 그리고 해당 기업의 경쟁력과 경쟁구도, 그것을 이겨낼 수 있는 DNA 등을 찾아보게 될 것이다. 그리고 무엇보다, 현재 주가가 2~3배, 10~20배 오를 정도로 저렴한 지도 확인하게 될 것이다. 이런 과정을 거치면 서서히 모습이 드러난다. '안전마진'의 모습이 말이다.

그렇다면 어떻게 하면 2~3배, 10~20배 이상 수익이 낼 기업을 찾을 것인가? 그런 기업을 감별하기 위해서는 왕도가 하나 있다. 최대한 수많은 기업들을 살펴보는 것이다. 이게 가장 빠른 방법이다.

투자는 뭐다?

투자 = 지적노가다

라는 것이 바로 이 부분이다.

문제는 그런 회사는 대중적으로 회자되는 종목, 시장에서 유명해진 종목 중에서는 눈에 잘 띄지 않는다는 점이다. 안타깝게도 애널리스트가 언급을 하는 기업은 일정 수준 규모가 확보된 기업인 경우가 대부분이다. 애널리스트라는 직업 자체가 대형 투자자들을 위한 서비스를 제공하는 업이기 때문에, 대형 투자자들이 선택할 수 있는 종목들을 코멘트하는 경향이 높다. 기관투자가들은 아무래도 그들의 자본 성향과 규모상, 일정 수준 이상의 규모가 되는 기업에 투자를 할 수 있기 때문에, 애널리스트들 손에 들어가 회자되기 시작한 종목군들 중에서는 2~3배 이상 주가가 오를 기업을 찾는 건 가뭄에 콩 나듯 한다.

그렇다면 어떻게 안전마진이 확보된 회사를 찾을 것인가? '지적 노가다' 외엔 방법이 없는가? 사실 별로 없는 게 사실이긴 하지만, '노가다'를 좀 작게하고도 그런 회사를 찾을 수 있는 기회가 가끔은 있다. 물론 그런 기회도 거져오지는 않는다. 이미 기업을 파악하고 있는 경우에 한해서만 그런 기회가 두 팔을 벌리고 자기에게 올 뿐이다. 그 기회는 시간 속에서 찾을 수 있는데, 안전마진 확보가 잘 되는 시기가 있다.

어떤 시기가 그러한가?

바로 폭락할 때가 그러하다. 1장과 2장에 걸쳐 언급이 되었듯이, 신용계좌들의 반대매매가 연속해서 이루어질 때 그런 안전마진 확보가 되는 기업들이 속출하게 된다. 패닉장세에서는 본질가치와 기업의 미래가치가 속절없이 무너지게 된다. 패닉이란 감정, 공포란 감정은 이성을 마비시키기 때문에, 이성적인 분석 틀이 작동되지 않는다. 아무리 좋은 기업이라도 그냥 일단 던지고 보는 것이다. 이것이 초대형 종목에서는 그나마 좀 덜하지만, 중견, 중소형 기업들에게서는 너무나 격렬하게 작동하게 된다. 초대형 기업의 경우는 투자를 하는 사람들이 워낙 다양하고 많은 사람들이 관찰을 하고 있기 때문에 비이성적 상황들을 보정하고자 하는 세력들이 상존한다. 그러기에 그런 공포국면에서도 낭떠러지로 떨어지는 경우는 흔치 않다. 그러나 이런 초대형 기업들도 낭떠러지로 떨어져 바닥에 뒹굴 때가 있는데, 경제 전체적으로 신용위기가 발생하게 될 경우 그러하다. 초대형 종목이 바닥으로 뒹굴게 되면, 중견, 중소기업들은 이미 쓰레기통에 던져져있다. 그 안에 다이아몬드가 있던 금덩어리가 있던 상관없이 그냥 쓰레기통으로 던져져버리고 만다. 그때 쓰레기통은 '안전마진'으로 가득차게 된다.

"아니 왜 뻔한 말을 하느냐? 그건 다 아는 사실이다"라고 이야기할 사람들이 있겠지만, 아는 것과 실행하는 것은 하늘과 땅만큼의 거리가 있다. 투자에 있어서 가장 먼 거리는 머리와 손까지의 거리다. 생각은 많이들 한다. 그러나 그게 실행까지 되려면 각고의 훈련이 필요한 것이다. 그게 그리 쉬웠으면 왜 그 많은 사람들이 보석 같은 기업들을 시장 폭락 시 쓰레기통에 던질 생각만 했을까 말이다.

그렇기 때문에 사전에 준비가 되어있지 않으면, 그런 상황이 벌어져도 쉽사리 기회를 잡기가 쉽지 않다. 2018년 이후 이 책을 쓰고 있는 2020년 중반까지도 그런 기회는 4차례 이상 있었고 그중 한 번은 10년 만에 오는 그런 기회였다. 2년간 4번이 넘는 기회를 다잡았다면 웬만해서는 경제적자유에 거의 도달했을 것이다. 이건 투자에 참여한 모든 사람에게 해당되는 이야기인데, 그만큼, 그런 기회를 잡는 것이 현장에서는 죽음을 각오한 사투와 같은 것이다. 사전에 파악한 정보와 제대로 된 분석이 있어도 경험이 없다면 쉽게 결정하기 어려운 대목이다.

안전마진이 확보된 기업을 찾는 중 가장 매력적인 영역은 성장하는 산업 군이다. 일컬어 바이오 업종이나 AI 등 미래를 이끌 첨단산업 군이다. 문제는 다른 어떤 분야에서 보다 안전마진을 찾기 힘든 영역이 바로 이런 고성장 섹터이다. 이 분야는 안전마진이 깊은 지식에서 나온다. 즉, 해당 회사에 대해서 대주주만큼 정확히 파악하고 있는 사람들에게 열려있는 영역이다. 바이오회사의 경우, 이 회사가 진행하고 있는 프로젝트의 가능성이 어느 정도인지를 정확히 구분할 수 있는 사람이라면, 성장산업에서 안전마진 확보가 용이할 것이다. 해당 프로젝트의 가능성이 어떠한지를 정확히 알고 분별할 수 있는 사람, 다시 한번 강조하지만 대주주만큼 또는 그 이상 잘 아는 사람 눈에만 띌 확률이 높다. 게다가 이런 성장형 업종에서 제대로 된 안전마진은 해당 기업의 주가가 매우 낮게 형성되었을 때만 확보가 된다. 아무리 회사가 성장할 것이 확실하다고 해도, 현재 주가가 낮지 않다면, 안전마진은 확보되지 않는다. 성장이 기대되는 주식들은 무언가 나쁜 이벤트가 발생하지 않으면, 안전마진을 가진 기업 찾기가 쉽지 않을 거라는 말이다. 이 부분이 해당 기업의 내용을 상세히 알고도 제대로 진입하기 어려운 이유이기도 하다. 수많은 기업 종사자를 만나보았지만, 이상하게도, 자기 회사의 주식을 제대로 잘 파악해서 자기 회사 주식투자를 잘하는 사람 찾기가 매우 어려웠다. 이 부분을 잘 염두 해주시길 바란다.

안전마진을 이렇게 이야기하는 게 사실 상당히 조심스럽다. 적극적인 자세에서의 '안전마진' 개념이라고 이해해주길 부탁한다. 전통적인 가치투자자라면, 지금 이야기되고 있는 '안전마진'에 동의하기 어려울 것이다. 초보 투자자들이 실전투자에서 확보할 수 있는 안전마진을 만드는 방법론으로 제시하는 것이니 그걸 감안해달라고 이야기하고 싶다. 일반 투자자들이 안전마진의 개념을 이해하고 그것을 찾아내는 것이 결코 쉽지 않기 때문에 만들어낸 역의 방법이라고 말하고 싶다.

그나마 안전마진 확보가 잘 되는 투자 영역은 무엇보다도 턴어라운드 시점에서 많이 포착이 된다. 적자를 몇 년간 연속해서 내게 되면, 투자자들의 관심은 저 멀리 안드로메다로 떠나버리고 만다. 그리고 과거 잘하겠다고 해놓고 실망을 크게 안긴 기업의 경우엔 그 정도가 더 심하다. 실제로 턴어라운드 해서 분기 실적이 나와도 사람들이 별 관심을 안 가진다. 그런데 바로 이때부터 기회 공간이 열리기 시작한다. 해당 기업의 턴어라운드가 정확해 분기를 거듭할수록 이익이 커지는 상황이라면, 시장과의 괴리가 점차 벌어지게 되는 것이다.

기업은 잘하고 있지만 시장은 관심이 없기에 차이가 점점 더 벌어진다. 그 차이가 어느 수준 이상의 괴리로 벌어지면 이는 오해 또는 착각의 수준으로 넘어가게 된다. 게다가 해당 기업이 포함된 산업이 성장으로 방향을 돌린 산업이라면 곧 기회가 오는 것이다. 시장의 오해 그로 인한 괴리가 커지면 커질수록 강력한 안전마진이 확보가 된다. 이런 기업들이 한국에서는 상당히 많이 포착된다. 한국은 글로벌 기업, 부품 공급사들이 많기 때문에 경기의 영향을 받고 완제품 제조사들의 상황에 따라서 주가 진폭이 크게 나타나는 특성이 있다. 엄청난 흑자에서 적자로의 전환도 이루어진다. 그런데 이런 흐름이 반전되면서 장기간의 호황이 오게 될 경우, 해당 업종에서는 상당히 많은 안전마진이 확보된 턴어라운드[40]가 포착이 된다. 반도체 업종이 대표적 업종이다. 이런 흐름에 관심을 가져보면 좋은 기회를 많이 포착할 수 있을 것이다.

이번 장에서 안전마진은 다른 책에서 이야기하는 안전마진과는 조금 다른 접근을 했다. 필자가 실전에서 사용하던 방법을 제안한 것으로 이해해 주면 될 듯 하다.

[40) 기업의 이익이 하향에서 상향으로 바뀌는 시점을 말한다.

05

투자자의 유형

┃투자 성향은 태어나면서부터 결정된다

부족한 본책을 지금까지 읽어주신 독자분들에게 감사의 말을 전한다. 책을 쓰는 내내 투자 고수들은 이 책을 보지 말아야 하는데 하는 부끄러움이 있었다. 이 책은 초보 투자자와 일반 투자자, 투자의 세계에서 헤매고 계신 분들을 위한 책이지 투자 고수들을 위한 책이 아니라 그 고수들을 배우자는 책이라는 점을 다시금 밝혀 둔다.

앞서 언급한 여러 가지 투자의 태도가 몸에 익혀지고 실천하게 되면 결국 시간의 문제일 뿐 성공 투자자의 반열에 들어가게 될 것이다. 그런데 그 성공의 반열에 가는 길은 참으로 다양하다. 고수라고 다 똑같은 성향을 가지고 있는 것은 아니다. 같은 종으로 분류되는 가치투자자들도 사람에 따라서 투자하는 법이 다르고 자신만의 독특한 성향들이 있다. 모멘텀 투자자는 가치투자자와는 뼛 속부터 성향이 다르다고 표현해도 과언이 아니다. 최근 가장 강력한 수익률을 내고 있는 헤지펀드인 르네상스 테크놀로지같이 수학을 기반으로 한 투자자도 있다. 산의 정상으로 가는 길이 참으로 다양하다. 길도 많고 방법도 다양하다. 다양한 길이 있음을 열어두고 투자 세계를 바라볼 필요가 있다.

투자자들의 성향은 대체로 나면서부터 결정이 되는 거 같다. 아예 태어나면서부터 모멘텀 투자자가 되거나 가치투자자가 되거나가 결정된 게 아닌가 싶다. 세세하게는 더 자세히 나눌 수 있겠지만 가치투자자와 모멘텀 투자자, 이 두 영역으로 크게 분류할 수 있겠다. 물론 필자 주변에 포진된 고수들은 대부분 가치투자 고수들이다. 그것은 필자 자신도 가치투자자의 체질로 태어났기 때문에 그러하다. 가성비를 많이 따지는 성향이라면 그는 아마 가치투자자일 확률이 좀 더 높은듯하다.

그러나 가치투자만이 투자의 진리는 아니고, 모멘텀 투자로도 신정상에 이르는 사람들이 꽤 있다. 물론 가치투자자나 모멘텀 투자자[41]나 동일하게 적용되는 것은 뼈를 깎는 각고의 노력이 있었다는 점이다. 그냥 저절로 되는 것은 없다. 그만큼 힘과 에너지와 정열을 쏟을 때 결과가 나오는 것이다. 그런 측면에서 주식투자는 절대 '불로소득'이 아니다. 깔고 앉아서 저절로 부자가 되는 경우는 매우 드물었다. 특

---

41) 지난 3개월에서 1년간 상승하는 종목을 샀다가 하락하기 시작하면 파는 투자자를 말한다.

히나 한국은 그 상황이 훨씬 심각해서, 주식시장에서 저절로 부자가 된 케이스를 찾는 것은 하늘의 별 따기처럼 어려운 게 사실이다.

이번 장에서는 다양한 투자가들의 흔적을 필자의 깨달음을 기준으로 좇아가 보고, 그들의 이야기들을 음미해 보고자 한다. 그리고 장의 마지막에서 필자가 직접 만난 한국 투자 고수들에 대한 이야기도 나누고자 한다. 이번에는 가능하면 세상에 덜 알려진 고수들을 많이 만나려고 노력했다. 본 책의 엑기스 중 엑기스가 되는 부분이고, 필자 입장에서는 가장 재미나고 신나는 흥미 가득한 부분이었다.

| 가치투자의 아버지, 벤저민 그레이엄

필자가 벤저민 그레이엄에 대해서 왈가왈부하는 건 자격에 맞지 않는다고 판단된다. 그럼에도 불구하고, 다양한 투자자를 이야기할 때, 언급하지 않고 넘어갈 수는 없는 인물이 그레이엄이기에 살짝 언급을 하기로 한다.

보통 가치투자자라고 여겨지는 사람들이 했던 거의 모든 이야기의 연원은 벤저민 그레이엄으로 거슬러 올라간다. 이 책에서 언급한 상당히 많은 내용도 사실 배경엔 벤저민 그레이엄의 정리가 있다. 그래서 우리는 그를 일컬어 '가치투자의 아버지'라고 칭송하기도 한다. 앞서 워런 버핏이 연설한 그레이엄-도드마을의 주인장이 그레이엄이라는 것은 다들 아실 것이다.

　가치투자를 설립한 벤저민 그레이엄을 통해서 정말 수많은 성공 투자자들이 배출이 되었다. 어떤 방법보다도 성공한 투자자들을 많이 배출한 영역이 가치투자이고 앞으로도 그렇게 될 것이다. 본 책에서 이야기한 상당히 많은 이야기도 따지고 보면 과거 그레이엄이 이미 다한 이야기의 변형판인 경우가 많다. 그래서 이번 장에서는 그레이엄에 대한 필자의 생각을 적는 거보다 그레이엄이 했던 이야기 중에 귀담아들을 몇 가지를 그대로 전달하는 것이 더 의미가 있을 거 같다. 사실 그의 주옥같은 이야기를 옮겨 적는 것만 해도 작은 소책자를 만들 것이니, 필자가 줄을 쫙쫙 쳐가면서 들었던 그의 이야기를 전달하는 정도로 진행하고자 한다.

　본책 1~3장에서 이야기했던 내용의 핵심을 그레이엄의 말로 옮겨 보면 다음과 같다.

> 실제로 투자자에게 최악의 적은 투자자 자신인 경우가 많다. 우리는 이렇게 간곡하게 말한다. "투자자님. 잘못은 타고난 운명 탓도, 주식 탓도 아닙니다. 문제는 바로 나 자신입니다."
>
> － 『현명한 투자자』 본문 중. 벤저민 그레이엄 저. 국일증권경제연구소

　본책, 2-1 '성공한 똑똑이 남성은 투자하지 마라'의 원형적인 표현이다. 3장과 4장에서 계속 이야기했던 이야기는 그레이엄의 입을 빌

리면 다음과 같이 이야기할 수 있다.

> "투자의 묘미는 결과를 섣불리 일반화할 수 없다는 것이다. 일반 투자자가 최소한의 노력과 실력으로 엄청나지는 않더라도 괜찮은 성과를 거둘 수도 있다. 그러나 최대한의 성과를 기대한다면, 더 많은 실전 경험과 지혜를 쌓아야 한다. 자신의 투자 프로그램에 지식과 지혜를 보태는 노력을 어설프게 하면 투자 성과도 어설프게나마 나아지는 것이 아니라 오히려 악화되기 십상이다."
>
> —『현명한 투자자』본문 중, 벤저민 그레이엄 저, 국일증권경제연구소

·

투자 세계에서 일반인들이 하는 착각을 다음과 같이 실전 경험이 고스란히 녹은 말로 표현해 주고 있다. 문명은 눈부시게 발전했지만 예나 지금이나 사람은 변한 게 없다. 상승장에 취해, 자기가 계속 시장을 이기고 좋은 성과를 얻을 것으로 생각하는 사람들, 심지어 그동안의 성공에 취해 신용대출까지 사용해서 주식을 투기한 경우 돌아온 쓰디쓴 경험은 왜 반복적으로 일어나는지…

> "주식만으로 포트폴리오를 구성한 투자자는 주가 등락에 따라 환호와 절망 사이를 오가게 된다. 인플레이션이 심화될 것을 예상하고 주식을 매수한 경우라면 너욱 그러하디. 이러한 투자자는 이후 이어지는 강세장에서 주가가 큰 폭으로 상승할 경우 곧 주가가 하락할 수 있다는 위험신호나 그

동안의 수익을 현금화할 기회로 여기지 않고 주가 수준이나 배당수익률에 상관없이 주식을 계속 매수할 근거로 삼기 때문이다. 이렇게 하다 보면 결국 후회만 남게 된다."

"수익률을 좌우하는 것은 투자자가 쏟을 수 있는 지적인 노력의 정도다. 안전하고 걱정 없는 투자를 원하는 소극적인 투자자에게는 최소한의 수익이 돌아간다. 최고의 수익은 탁월한 현명함을 발휘해 최상의 기술을 활용할 줄 아는 적극적이고 영민한 투자자의 몫이다."

— 『현명한 투자자』 본문 중, 벤저민 그레이엄 저, 국일증권경제연구소

고맙습니다. 그레이엄 선생님하고 인사를 꾸뻑하게 된다.

그가 이야기하는 시장 변동에 대한 이야기는 꼭 들어볼 가치가 있다. 필자가 항상 이야기하듯, 시장을 예측하지 말라는 이야기의 근원이 되는 것들이다.

"관행이나 확신에 근거해 투자자와 투기자 모두에게 신중한 시장 예측이 중요하다고 믿는 측은 증권회사와 투자자문업체들이다. 월스트리트에서 멀찌감치 떨어질수록 주식시장 전망을 예측하거나 정확한 시기를 선택하는 것이 얼마나 어려운 일인지 깨닫게 된다. 거의 매일 무수한 '예측'이 쏟아지고 쉽게 구할 수 있는 자료도 많지만 그중에서 투자자가 진지하게 받아들일 수 있는 정보는 드물다. 그런데도 투자자들은 이 난립하는 예측을

뒤좇고 그에 따라 행동할 때가 많다. 왜 그럴까? 투자자들은 주식시장의 미래를 나름대로 전망하는 것이 투자활동에 아주 중요한 요소라고 생각하기 때문이다. 또한 증권회사나 투자자문업체가 제시하는 전망이 적어도 투자자 개인이 직접 예측하는 것보다 더 믿을만하다고 느끼기 때문이다."

"일반 투자자가 시장 예측을 통해 돈을 벌 수 있다고 생각한다면 큰 오산이다. 일반 투자자들이 신호에 따라 수익을 노리고 일제히 매도에 나선다면 그 주식을 살 사람이 누가 있을까? 시장 예측과 관련한 시스템이나 영향력 있는 리더의 방식을 장기간 답습하며 언젠가 부자가 되기를 바라는가? 아쉽지만 이미 같은 꿈을 꾸는 도전자가 무수히 많다.~ 경험적으로 평범한 일반 투자자가 다른 투자자에 비해 시장 동향을 전망하는데 특출한 능력을 발휘하기는 어렵다."

"일반 투자자가 시장을 예측하려고 노력한다고 해도 가격 변동의 틈에서 성공적인 투자기회를 잡을 가능성은 거의 없다."

"주식은 큰 폭으로 상승한 직후에 사지 말고 큰 폭으로 하락한 직후에 팔지 말라!"

― 『현명한 투자자』 본문 중, 벤저민 그레이엄 저, 국일증권경제연구소

정말 소소하게 그의 이야기 일부를 인용하였다. 본 책 3장에서 이야기한 내용의 핵심은 결국 투자 세계 고수들이 어떠한 행동을 하는지를 이야기했던 것이고, 고수가 되길 원하는 자는 고수를 찾아 고수 따라 하기를 하라는 이야기로 그 핵심을 모을 수 있다. 그런 측면에서,

'원조 고수' 벤저민 그레이엄이 투자자들(일반 투자자들을 포함해서)에게 남기는 귀한 조언으로 가득한 '현명한 투자자'는 가치투자자들에게는 성경과 진배없는 그런 책이다. 교회를 다니는 사람들은 성경을 통독하고, 부처님을 따르는 사람들은 반야심경을 음독하듯 성공적인 가치투자자가 되고 싶은 사람은, 벤저민 그레이엄의 '현명한 투자자'를 옆구리에 끼고 내 생각이 그레이엄처럼 통째로 바뀔 때까지 꾸준히, 정기적으로 읽을 필요가 있다. 그리고 책이 낡아지는 것을 방지하기 위해 비닐 커버 씌우는 것도 잊지 않는 게 좋겠다.

| 지주회사 회장, 워런 버핏

본 책에서조차 워런 버핏을 이야기하는 게 옳은지 고민을 했다. 그러나 워런 버핏은 매우 다양하게 읽힐 수밖에 없는 사람이다. 그런 측면에서 필자가 최근에 느끼는 워런 버핏이 어떤 투자자인지를 언급하는 것 정도는 허용이 되는 범위일 것 같다.

한국에 워런 버핏은 이제 충분히 알려져 있고, 그와 관련된 책들도 꽤나 많다. 주식 관련 서적에서 최소한의 판매량이라도 얻기 위해서는 워런 버핏이란 이름을 사용하지 않고 가능할지 모르겠다. 그만큼 워런 버핏은 범접이 불가능한 수준의 투자자다. 많은 사람들이 그에 대해서 왈가왈부하는데, 사실 그는 일반 투자자나 전문투자자 모두에게 있어서 그렇게 손쉽게 소비될 수 있는 대상은 아니다. 천재가 편집증을 가지고 노력해서 해당 분야에 성과를 낼 때 나타날 수 있는 성공치라고 표현해야 할까? 단순히 천재라는 표현만으로도 다 커버가 안된다. 편집증을 가진 천재가 집중도를 가지고 올인한 영역을 누가 쉽게 가늠이나 할 수 있겠는가?

그런 측면에서, 본 책에서는 그의 매우 작은 일부분에 대해서만 언급하고자 한다. 요즘 가끔 그가 50세나 되어서야 본격적인 큰 수익을 냈다는 이야기를 하는 사람들이 있는데 그건 옳지 않다. 그는 항상 큰 수익을 냈던 사람이고 그렇지 않은 경우가 드물었다. 지금은 다만, 그 규모가 너무나 방대해졌기 때문에 자연스럽게 나타나는 ROE의 하락 정도로 판단하는 것이 나을 것이다. 이런 규모에서 이런 수준의 ROE가 가능하다는 것 자체가 신비스러운 일이다.

규모가 작을 때 월등한 투자 수익을 올린 것도 감탄스럽지만, 그런 흐름에서 대규모 자금의 투자자로, 그리고 초거대자금을 활용한 사업가로 변신을 거듭하는 모습을 보면서 더욱 놀라운 것은 지속적으로 진보해 나가는 투자자 모델을 만들어 나갔고, 지금도 그렇게 계속해 나가고 있다는 것이다. 그리고 앞에서도 언급했듯이 그 놀라운 인내력은 신성한 수준이다.

필자가 그에 대해서 놀라운 것은 그 높은 ROE를 유지하기 위해서, 회사 구조를 투자회사에서 지주회사로 재편해 나갔다는 점이다. 사실 자본 규모가 어느 수준을 넘어서는 단순 투자로서는 수익률을 유지하는 것이 거의 불가능에 가깝다. 한국처럼 작은 규모의 자본시장에서 조차, 대략 2천억 대 이상 수준의 순자산이 만들어지게 될 경우엔 단순 투자자가 아니라, 기업 지분 및 경영참여나 인수합병 등으로 자산 투자를 진행하는 모습을 보면서 더욱 그러한 점을 발견하게 된다.

워런 버핏이 그런 투자의 과정 중에서 가장 큰 역할을 한 것은, 그의 기준으로는 상당히 비쌌던 '씨즈캔디' 지분을 매입했을 때부터이고, 이 과정에서 그의 동료 찰리 멍거가 결정적 역할을 했다는 것은 이미 유명한 사실이기도 하다.

워런 버핏을 통해서 배우는 것은 투자자는 순자산의 규모가 한 단계씩 증가할수록 투자의 방향도 달라질 수밖에 없다는 것이다. 한국 코스피 시장이 2020년 상반기 기준으로 약 1400조 시장이고 이 시장규모에서는 1조 정도의 자산이 쌓이게 되면 일반적인 운용으로는 투자의 한계에 다다른다는 것을 수많은 공모 펀드들이 실증적으로 보여주었다. 해당 공모 펀드들이 실력이 부족해서라기보다는, 시장규모 대비 자신들이 운용하는 자산규모가 너무 커졌기 때문에 좋은 성과를 거두기 어려워졌다고 보는 것이 더 맞는 이야기라고 필자는 생각한다.

이런 측면에서 지주회사 회장으로의 워런 버핏을 알아가는 것은 의미가 있겠고 한국에서도 그런 투자자들이 나오기를 희망하지만, 한국에서는 쉽지 않을 것으로 본다. 워런 버핏의 투자 지렛대 역할을 한, 보험회사의 투자방법을 한국에서는 채용하기가 어렵기 때문이다. 그럼에도 불구하고 앞으로 한국에서 한국을 대표하는 그런 가치투자 펀드가 만들어질 수 있길 간절히 소망해 본다. 수많은 워런 버핏의 제자들 중 누가 그 자리에 설 수 있을지 기대가 많다.

| 위대한 펀드매니저, 피터 린치

피터 린치 하면 항상 눈부신 그 하얀 머리칼이 생각이 난다. 그는 정말 눈부신 투자 성과를 이룩한 빛나는 펀드매니저다.

필자가 피터 린치를 생각할 때마다 대단하다고 여기는 것은, 그가 전문 펀드매니저임에도 불구하고 일반인 관점으로도 투자에 성공할 수 있는 방법을 가르쳐주고 있다는 측면 때문이다. 그런 측면에서 그의 가장 유명한 책인 '월가의 영웅', One Up on Wall Street는 오히려 '월스트리트 이기기' 정도로 해석하는 게 더 맘에 든다. 그는 이 책에서 일반 투자자가 생활 속에서 얻는 아이디어를 통해서 어떻게 전문투자자들보다 더 현명한 투자를 할 수 있는지를 이야기한다. 실생활 속에서 마지막 물건 소비자들이 어떤 행태와 반응을 보이는지가 회사의 본질가치를 바꾼다는 것을 펀드매니저로서 분석해 낸 대목들은 정말 멋지고 흥미로운 대목들이다. 초보 투자자가 읽어볼 가장 앞단에 있는 투자서적 중에 그의 책이 포진되는 것은 당연한 게 아닌가 싶다.

그가 이렇게 일상에서 투자하는 법을 가르친 것과 더불어 그에게서 투자자가 꼭 배워야 할 부분은, 주식투자를 통해 이룰 수 있는 수익률이 단지 은행 이자의 몇 배 수준이 아니라 월등한 인생 수익률을 거둘 수 있다는 이야기를 우리에게 남겨주었다는 것이다. 그의 책에서는 수많은 텐 배거ten bagger(10배 수익주식)[42]와 100배거에 육박하는 주식들에 대한 기록들이 있다. 사업이 커져가는 기업을 초기 국면에 잘 선택해 기업에 참여하면, 기업의 성장과 더불어 그 과실을 투자자가 같이 거둘 수 있다는 실전을 우리에게 선사한다. 이런 투자가 실제로 어떻게 가능한지를 일반인들에게 소개하고 있는 부분은 업계에 있는 사람으로서 다시금 감사하지 않을 수 없는 대목이다. 사실 투자는 이런 것이다라는 전형을 그가 우리에게 보여주었다고 생각한다.

투자는 단지 '지금 좀 싸니 투자하면 좀 먹을 것이 있겠어'라는 관점보다는 기업의 성장과 함께 주주도 같이 성장하는 모델이 가장 바람직하면서도 아름다운 자본주의의 모델이 아닐까 싶다. 그것을 현장에서, 그것도 전문투자자로서 어떻게 성취해 나갔는지에 대한 그의 이야기는 투자를 시작하는 사람들이 반드시 깊이 음미하고 마음에 새겨야 하는 대목이다.

실제로 이런 투자로 성공을 이룬 사람이 필자 가까이 있다. 내용은 다음과 같다.

몇 년 전 한 통신장비 회사의 하는 일을 보니, 회사 내용이 좋고 미

---

42) 10배의 혹은 적어도 900%의 수익을 내는 투자자를 말한다. 전설적인 펀드매니저 피디 린치Peter Lynch의 저서 "떠나는 월가의 여우, One Up on Wall Street"에서 처음 소개한 말이다.

래 전망도 기대가 되어 꾸준히 주식을 사 모았고 결국 그 회사 주가가 10배의 잭팟을 터뜨리는 과정을 고스란히 같이했다는 실전투자 경험담이다. 이리 보고 저리 봐도 좋은 회사라고 판단이 되어 여유자금을 꾸준히 더 투자하게 되었고, 주가가 조금 올랐다고 흔들리지 않고 그 회사가 그동안 주주총회 등에서 이야기하던 바를 실제로 꽃피우는 과정들을 모두 지켜보면서 회사의 성장 과실을 같이할 수 있었다는 이야기, 그리고 심지어 그 투자자가 초보 투자자였다는 사실은 충격에 가깝다. 필자처럼 현장에서 매일같이 시세의 변화를 관찰하게 되는 투자자들은 2~3배 기업 성장과정에는 동참할 수 있지만, 10배 수준의 과정을 동참하기는 결코 쉬운 일이 아니기에 그런 실제 상황을 상담하는 것은 매우 이색적이면서도 기쁜 경험이었다.

필자가 과연 그에게 어떻게 투자 상담을 했을까?

앞으로 어떤 사람의 조언도 듣지 말고, 지금 했던 그대로, 바로 그 방식대로만 투자에 임하라. 그 성공 스토리와 비슷한 궤적을 보일 회사가 보일 때 투자하고 이 사람, 저 사람이 하는 이야기나, 소위 전문가라는 사람들이 나와서 하는 말에 휘둘리지 말라라고 조언을 했다.

| 퀀트의 마법사, 제임스 사이먼스

우리들은 투자의 왕으로 워런 버핏을 알고 있지만, 누적수익률로 워런 버핏을 저만큼 밀어낸 투자자가 있다면 믿을 수 있을까? 앞서 언급을 했지만, 워런 버핏은 투자가이기도 하지만, 씨즈캔디를 인수하면서부터 전형적인 지주회사 회장으로 역할을 상당 부분변경하는 모습을 발견할 수 있었다. 그런데 지금 언급하게 될 제임스 사이먼스[45]는 지금까지 순수한 투자로만 즉 금융시장에서의 투자로만, 경이적 수익률을 기록하고 있다.

30년 복리 66%.

정말 말도 안 되는 이런 기록의 소유자 제임스 사이먼스는 수학자로서 퀀트투자[46]라고 일컬어지는, 시스템트레이딩의 전설로 군림하고 있다. 한국에서는 워런 버핏에 가려서 제대로 이름조차 알려져 있지 않지만, 정말 그의 경이적 기록은 시사하는 대목이 많다. 필자도 가끔씩 '가치투자에도 AI를 적용한다면 월등히 좋은 수익을 기록할 수 있을텐데'라는 생각을 하고 있던 참이라 실제로 시스템을 이용해 역사적인 수익률을 기록한 그의 이야기가 흥미로웠다. 실제로 그에 대한 자료가 많지 않기 때문에, 여기서는 유튜버들이 번역한 그의 인터

45) 미국의 수학자, 억만장자, 헤지펀드 운용사이자 자선가
46) 주식시장이 복잡해짐에 따라 주식시장의 복잡성을 수학적 모델로 설명하고 수익 발생 및 위험을 줄여줄 수 있는 전문가를 필요로 하고 있다. 이런 사람을 통계분석가 혹은 퀀트라고 부른다.

뷰를 따오도록 하겠다. 유튜버 김단테님이 번역해서 올린 내용이다.

– 투자에 뛰어든 계기가 어떻게 되나요?

제임스 사이먼스: "아버님이 조금 돈을 벌어서 그 돈으로 투자할 기회가 있었어요. 그런데 그게 재미있었어요. 그리고 앞으로 이 일을 계속해야겠다는 생각을 하게 됐어요. 그렇게 저는 자산운용업을 시작하게 되었죠."

– 아버지의 돈으로 투자를 시작하게 된 거군요?

"네, 가족들 돈으로 시작한 거죠. 그리고 다른 사람들도 돈을 넣기 시작했어요. 그리고 처음에는 모델이 없었어요. 첫 2년 동안은 모델 없이 트레이딩을 했어요."

– 일반 투자자들처럼 내키는 대로 투자했다는 건가요?

"맞아요. 일반 투자자처럼 했어요. 그리고 함께 일할 사람들을 몇 명 더 영입했죠. 우리는 말도 안 되게 성공을 했어요. 단지 운이 좋았다고 생각해요. 우리가 성공하긴 했지만, 그럼에도 불구하고, 자산운용은 너무 스트레스가 심한 비즈니스에요."

"어느 날 아침에 눈을 떠보면, 나 자신이 너무 천재가 아닌가 하는 생각이 들어요. 우리는 외환과 원자재와 각종 금융상품들을 다루지요. (초기엔) 주식은 안 했고요. 어떤 날에 눈을 떠보면 내가 너무 바보같은 거예요. 시장은 나를 엿 먹이려고 하는 거 같고요. 스트레스가 너무 심했어요."

"그리고 가격들의 패턴을 계속 보고 있으면, 그런 생각이 들어요. 수학과 통계를 이용해서 연구를 해보면, 혹시 가격을 예측할 수 있지 않을까?"

"그래서 그것에 대해서 연구하기 시작했고, 또 다른 사람들도 데리고 왔어요. 점진적으로 모델을 만들어 나갔어요. 모델은 점점 좋아졌고 마침내 모델이 모든 것을 대체하게 되었죠."

"좀 시간이 걸렸어요."

— 당신이 원래 수학자였던 것을 생각해 보면, 바로 머릿속에 떠오른 생각이 있는데, 왜 2년이나 걸렸나요?

"두 가지가 있어요. 사실 모델은 아주 이른 시기에 발견했어요. 그리고 내가 암호해독했던 시설에서(과거 사이먼스는 국가기관에서 암호를 해독하는 일을 하는 수학자였다) 같이 일했던 훌륭한 친구를 한 명 데리고 왔는데, 우리 둘이서 모델을 바로 만들 수 있을 거라고 생각했어요. 이른 시기였죠. 그런데 모델을 만드는 게 생각처럼 바로 되지 않았어요. 모델에 근본적인 부분에 빠지게 되었고 모델이 그렇게 잘 동작할 것 같지는 않다고 얘기했죠."

"이런저런 얘기를 했어요. 그래서 진도가 잘 안 나갔어요. 하지만 모델을 만들 수 있다고 생각하기에 몇 명의 수학자와 컴퓨터를 잘하는 사람도 데리고 왔어요. 그때부터 제대로 동작하는 모델을 만들 수 있었어요."

"일반적으로 데이터를 분석해봤자, 추가적인 수익을 얻을 수 없다는 효율적시장 가설이라는 게 있는데 가격 데이터의 경우 미래의 모든 것을 다 반영하고 있어서 가격은 언제나 옳다고 알려져 있죠. 어떤 면에서 가격은 항상 옳다고 할 수도 있어요. 그런데 어떨 때는 사실이 아니죠. 데이터에는 늘 이상 현상이 있어요. 과거 데이터에서도 찾을 수 있죠. 한 가지 얘기해 보면, 원자재는 추세적인 성향이 특히 강했어요."

"극단적으로 추세적이진 않지만, 적당히 추세적이었죠. 추세를 잘 타기만 하면 거기에 베팅을 해서 돈을 더 많이 벌 수 있었어요. 가격이 오르거나 내리거나 상관없어요. 그런 것이 데이터에서 찾을 수 있는 이상 현상이에요. 점차적으로 우리는 이러한 이상 현상을 더더더 많이 찾게 되었어요."

"어떤 것도 눈에 확 띄지는 않았어요. 만약에 눈에 띄었다면 다른 사람들 역시 봤을 것이거든요. 그러기에 아주 미묘한 것이어야 합니다. 미묘한 이상 현상들을 하나로 합치기 시작하면, 가격 예측을 아주 잘하는 무언가를 얻을 수 있게 됩니다."

"머신러닝이라고 하죠. 예측력이 있는 무언가를 찾아서 이런 식으로 예상을 하는 거죠."

'오, 이것과 이것이 아마 예측력이 있을 거야.'

"그러면 컴퓨터를 통해서 테스트를 합니다."

– 수학의 어떤 분야를 이용하시는 건가요? 혹시 여러 분야에 걸쳐있나요?

"대부분 통계입니다. 확률이론도 좀 쓰고요. 우리가 무엇을 사용하는지, 또 무엇을 사용하고 있지 않은지 하나하나 이야기해드릴 수는 없습니다. 효과적일 거라고 생각되는 다양한 것에 대해서 시도를 해봅니다."

– 제가 생각하기에는 많은 사람들이 금전적으로 성공하고 싶어 합니다.

"그렇겠죠."

– 그중에 어떤 사람들은 당신 수준의 수학적인 능력이나 컴퓨터를 다루는

능력을 갖고 있을 텐데요. 왜 당신만이 가능한 거죠. 왜 다른 사람들은 가

능하지 않은 거죠?

"잘 모르겠어요. 우선, 다른 사람들 중에 실제로 해낸 사람이 있어요. 그럼

에도 불구하고, 제 생각에는 우리 회사가 더 좋아요. 그것에 대해서는 확

신이 있어요. 어쨌든 다른 회사들도 아주 좋은 모델을 갖고 있어요."

"우리만이 업계에 있는 건 아니죠. 그런데 이걸 하는 건 아주 어려워요. 진

입장벽이 상당히 높아요. 예를 들면, 우리가 수년 동안 모아둔 엄청난 데

이터가 있고요. 우리의 가정을 손쉽게 테스트하기 위해 만들어놓은 프로

그램이 있고요. 그 외에도 아주 많아요. (우리는) 그런 인프라가 엄청나게 좋

아요. 모든 것들이 세밀하게 조율되어 있어요. 이것을 어떻게 하는지 알기

위해 수 년이 걸렸어요."

– 당신들이 모델을 만들었다는 것을 알겠어요. 오너십도 있을 거고, 아마

자랑스러울 거예요. 그런데 모델을 절대적으로 믿는 것은 아주 어렵지 않

나요. 모든 성공이 컴퓨터 덕이라고 생각하는 게 자존심 상하지 않나요?

그냥 앉아서 보고만 있었으니까요.

"아뇨. 컴퓨터는 그저 우리가 쓰는 도구에 불과해요. 좋은 목수는 자신의

제임스 사이먼스의 이야기를 정리해 보면, 다음과 같은 몇 가지 사실을 추출해 낼 수 있다. 그의 경이적인 수익률은 시장이 움직이는 패턴들을 파악하고 그 패턴을 읽어내어 수익 내는 구조를 만들어내었다는 것이다. 여러 시행착오를 거쳐 시장 패턴이 나타날 때를 구분할 수 있는 시스템을 만들고 그 시스템을 이용해서 돈을 번다는 것이다. 이 부분은 매우 쉽지 않았고 오랜 시간이 걸렸다. 모델이 실행되는데도 시간이 꽤 걸렸다. 다른 사람들도 이런 시스템을 갖추어 트레이딩을 하지만, 자신들의 모델과는 좀 다르다. 단순히 시스템이 좋아서 되는 것이 아니다. 우리는 많은 시행착오를 통해서 우리만의 독특하고 훌륭하고 타 회사들이 따라오기 힘든 시스템을 구축했고 그 시스템이 우리를 성공적인 투자 성과로 이끌었다. 이것은 자동으로 되는 것이 아니라 우리가 잘 짜낸 알고리즘 덕분이었다. 정도로 그의 말을 정리해 볼 수 있겠다.

가치투자자 입장, 특히나 전통 가치투자자 입장에서는 굉장히 생소한 이야기로 들릴지 모르겠지만, 시사하는 바가 상당하다. 특별히 그의 투자가 원자재 쪽에서 큰 성공을 거두었고, 주식시장에까지 확대하기엔 여러 굴곡이 있었다는 르네상스 테크놀로지를 다룬『시장의 비밀을 찾아낸 인간』책의 저자 그레고리 주커먼의 말을 빌려온다면, 그들은 일정 수준 재귀적 투자방법을 통해서 원자재 시장에서 상당한 성공을 거둔 것으로 추정된다. 위의 인터뷰에서도 그 부분이 드러난다.

"극단적으로 추세적이진 않지만, 적당히 추세적이었죠. 추세를 잘 타기만 하면 거기에 베팅을 해서 돈을 더 많이 벌 수 있었어요. 가격이 오르거나 내리거나 상관없어요. 그런 것이 데이터에서 찾을 수 있는 이상 현상이에요. 점차적으로 우리는 이러한 이상 현상을 더욱이 많이 찾게 되었어요."

이는 본질가치를 찾는 것이 아니라 가격 변동의 패턴을 찾아내었다는 것이고, 그 패턴을 따라서 돈을 벌었다는 이야기인데, 시도할수록 이런 것들이 더 많이 발견되어 더 큰 수익으로 이어졌다는 이야기다. 재귀적 용법을 주창한 조지 소로스도 바로 저런 방식으로 투자 수익을 거둔 것으로 보이는데 짐 사이먼스도 그와 비슷한 거 같다. 즉, 가격이 방향성을 가지게 되면, 자기힘에 의해 한 방향으로 더 흘러가는 경향성을 일컬어 재귀성이라고 부르는데, 인터뷰 내용에서는 그런 부분이 읽힌다.

결국, 그도 가격의 패턴을 읽어내는데 엄청난 에너지를 쏟아 부었고, 그로 인해서 본격적으로 큰 돈을 벌어들인 것이라고 르네상스 테크놀로지에 관한 책을 쓴 저자 그레고리 주커먼은 이야기하고 있다. 그가 본격적으로 큰 성공으로 접어든 것은 나이가 50이 넘어서라고 한다. 50세가 되기 전에 그는 억만장자가 아니었다. 사실 천만장자도 대단하긴 하지만 지금 그가 230억 달러의 자산가라는 사실을 기억하면, 투자 인생은 50부터라고 말해도 틀리지 않은듯하다. 50세 나이 든 투자자들이여~ 너무 초조해하지 말기를…

또한, 사업을 영위해 가면서 여러 가지 굴곡이 있었다. 9천억 달러까지 자산이 증가한 이후, 시장규모로 인해서 더 이상 원자재 시장에서 성장하기 어려워지자, 제임스 사이먼스는 주식시장으로 방향을 돌리고자 했는데, 이 과정에서 상당히 오랜 시간을 어렵게 고생을 하고 1996년에 와서야 시스템을 성공적으로 정착시키고 주식투자로 확대되었다는 이야기도 매우 인상적이었다. 천재 같지만 그 과정들은 고통으로 가득 차있다는 것은 투자자 세계에서는 너무도 흔하게 목격되는 장면이다.

가치투자와는 전혀 방향이 다르지만 제임스 사이먼스의 이야기를 통해서도 확인되는 부분이 있다. 천재 스타일의 암호해독 수학자도 상당히 많은 에너지를 쏟고 엄청난 시행착오를 견뎌내면서, 자신만의 패턴, 일종의 투자 루틴을 만들어내었다는 것이다.

또 하나 제임스 사이먼스와 워런 버핏의 공통점은 그들이 투자자로 시작해서 기업가가 되었다는 것이다.

버핏은 지주사 회장으로서 자회사 사장들이 각자 가지고 있는 주체적 역량을 최대한 발휘하게 하고, 다른 여타 잡다한 것들, 예를 들어 수익금 운용, 상속, 후계구도 설정 등등으로 스트레스받지 않고 오직 자기가 좋아하는 일에 집중하게 함으로 자회사들의 놀라운 실적을 계속해서 뽑아내었다는 점이 기업가로서의 역량을 보여준다면, 제임스 사이먼스는 훌륭한 직원을 뽑는데 모든 역량을 집중하고, 그리고 그들이 재량껏 투자할 수 있는 환경을 조성하고 계속해서 집중할 수 있도록 자원을 공급하는 모습 등도 투자자라기보다는 훌륭한 투자자들을 경영하는 것, 그런 투자자들이 좋은 시스템을 설계하도록 돕는 경영인으로 보는 것이 더 합당하겠다.

가치투자의 최고봉에 있는 사람과 그와는 정반대되는 시스템 트레이딩의 전설이 서로 이렇게 통한다는 사실이 이채롭고 투자자로서 사업의 규모가 너무나 커지면, 자연스럽게 이런 경영자의 자리로 들어가게 되는 게 아닌가 하는 생각도 해보게 되는 장면이다.

| 전설의 트레이더, 제시 리버모어

5장에서 만나볼 사람들 중에 가장 독특한 사람을 한 명 꼽아보라면 이제 서술하게 될 제시 리버모어다. 사실 가장 독특하지만, 가장 만나기 어려운 유형의 사람은 아니다. 제시 리버모어와 비슷한 유형들의 사람들은 정말 얼마든지 만나볼 수 있고 한국에서는 이런 식의 투자를 하는 사람들이 가장 많지 않을까 싶다. 증권방송이나 각종 증권 관련 이야기를 하는 곳에서는 리버모어의 투자방식과 비슷한 이야기를 하는 케이스를 얼마든지 볼 수 있다. 한국에는 왜 이런 식의 투자가 자리 잡았을까를 생각해 보면, 이는 한국만의 특성이 아니라 주식시장이 생성된 각 나라에서 '가치투자'가 자리 잡히기 전까지 가장 일반적인 투자 패턴이 아니었던가 싶다.

거래의 신이라 불리던 일본의 혼마 무네히사의 예에서 생각해 보면, 과거의 거래는 주로 단일 품목에 대한 거래, 원자재 또는 선물 개념의 거래가 투자의 원형이었다. 이 당시에는 기술적인 거래 방식이 매우 중요했다. 아니 그게 전부였다. 쌀에 대한 거래를 하는 데 있어서 날씨와 풍년과 흉년, 전쟁 등을 제외한다면, 거의 대부분은 시장 참여자들과의 심리싸움이 아니겠는가? 혼마무네히사는 사께다 5법 등 각종 거래기법 등을 남겼는데, 이런 트레이딩 중심의 투자가 여전히 이 시대 한국에서도 풍미하고 있다는 것은, 우리 거래 DNA에 이런 경향이 남아있기 때문이 아닌가 추측해 본다.

다시 제시 리버모어로 돌아오면, 그는 주식시장이 트레이딩 중심으로 돌아갈 때, 최고의 성과를 거둔 승부사였다. 그의 말 몇 가지를 들어보도록 하자.

그 누구도 다른 사람에게서 자신의 행동지침을 듣고 또한 그것을 따른다고 해서 큰 부자가 될 수는 없다. 내 경험을 따르자면 어느 누구도 스스로의 판단보다 더 많은 돈을 벌 수 있는 비밀정보 혹은 연속적인 비밀정보를 줄 수는 없었다. 자신의 판단이 옳았을 때조차도 큰돈을 벌 수 있을 만큼 내가 지혜롭게 그 게임을 할 수 있는 단계에 도달하기까지는 5년이라는 시간이 필요했다.

만일 어떤 사람이 시장을 직시한 채 명쾌하게 볼 수 있다손 치더라도 시장이 사전에 그가 그린 대로 움직이기 위해서는 시간을 필요로 한다. 그 점 때문에 사람들은 성급해지거나 자신이 내린 판단에 대해 의심을 가지게 된다. 그런 이유 때문에 증권가에서 일하는 전혀 어리석지도 않고 삼류와도 거리가 먼 사람들이 돈을 잃는 것이다. 시장이 그들을 패배시키는 것이 아니라 그들은 사고력은 있지만 진득하게 자리를 지킬 수 없기 때문에 스스로에게 패하는 것이다.

자신의 판단을 믿을 수 없다면 이 게임에서는 누구도 멀리 나아갈 수 없다.

내 안에서 시끄럽게 떠드는 희망이나 요란한 자신의 신조를 외면하고 자리에 꾹 눌러앉아서 경험에서 우러나오는 평온한 소리와 상식이 권고하는 바에 귀 기울이고 있었다. 일단 어느 정도 규모의 종잣돈만 모인다면 기회를 잡을 수 있을테지만, 설령 그 기회라는 것이 아주 사소한 것일지라도 만일 종잣돈을 날려 버린다면 기회를 잡는다는 것이 내 손이 미치지 않는 초호화 사치품이나 마찬가지가 될 수도 있는 싱황이었다. 6주 동안의 인이 책 내내 이야기한 여러 투자의 태도와 비교해 본다면, 제시 리버모어는 정말 독특한 사람이다. 실제로 우리 주변에 이런 시도를 하는 사람이 많을지라도, 이런 수준의 성공을 거둔 트레이더는 드물기 때문이다. 그럼에도 공통점 하나를 찾을 수 있다. 인내하고 학습하고 정진했다는 것이다. 저절로 이루어지는 성공이 없다는 것을 전형적인 트레이더인 제시 리버모어를 통해서도 확인할 수 있다.

| 내가 만난 한국의 숨은 고수들, 투자의 어벤져스

한국에 알려진 유명한 투자자들이 많다. 그런 분들이 앞으로 한국의 워런 버핏이나, 피터 린치 같은 분으로 성장할 수 있으리라고 생각된다. 그럼에도 드러나지 않은 고수들이 실제로는 월등히 많다. 나중에 기회가 된다면, 그런 고수분들을 찾아가 인터뷰해서 그들의 투자전략을 들어보고, 그 내용들을 집대성한 한국판 성공 투자 법칙의 책을 써보고 싶은 마음이 있다. 아 물론 책 쓰는 거보다는 읽는 것이 더 좋아서 가능한 일일지는 잘 모르겠다.

우리는 항상 시장에서 성공한 투자자 이야기를 할 때면, 주로 해외 사례를 들게 된다. 물론 미국의 자본시장은 100년이 훌쩍 넘었고, 세계적인 투자자들이 나왔기 때문에 당연히 그럴 수밖에 없긴 한데, 이제 자본시장 50년을 향해 가는 한국에서도 당연히 한국을 대표할만한 투자자들이 많이 드러나야 할 시기라고 생각된다. 한국을 대표하는 펀드매니저도 많아지고, 괄목할만한 성장을 이룬 성공 투자자들도 헤아리기 힘들 정도로 많아지길 소망한다. 이제 그럴만한 때도 되었다. 실제로 그런 분들은 과거보다 월등히 많아졌다. 다만 장막 뒤에 숨어있을 뿐이다. 그런 분들을 많이 만나고 인터뷰해서 그들의 성공 노하우를 전하고 싶다. 이번 책에서는, 그런 시도에 앞서 필자와 지근거리에 있는 성공한 투자자들을 인터뷰하고 그들의 노하우를 전하고자 한다.

· 보수적, 더 보수적으로, 오 형

오 형은 나보다 다섯 살쯤 위의 형이다. 평범한 회사원이다. 사실 정확히는 평범한 회사원은 아니고 투자에 깊숙이 개입했던 펀드매니저 경험이 있는 회사원이다. 그런데, 그의 투자 원칙과 방법은 과거 자신의 업무와 관계가 있지만, 회사에서는 그렇게 열광적인 환영을 받지는 못했다. 회사가 생각하는 그림에 비해서는 너무나 밋밋한 그러나 꾸준한 흐름이었기 때문이다. 그런 측면에서 보면, 평범한 회사원이었다고 표현해도 꼭 틀린 건 아니지 싶다. 이 형의 특징은, '욕심이 없다'는 것이다. 그리고(투자에 있어서), 인간에 대한 믿음, 스스로 잘할 거란 믿음이 거의 없고, 종목 선택도 매우 보수적인 선택만을 하였다. 소소한 수익에도 만족하는 매우 낮은 수준의 목표수익률을 가지고 있다. 2000년에 드디어 당시엔 종잣돈이라고 할만한 돈을 7년에 걸쳐 모으고 나서, 지난 20년간 약 60배에 이르는 투자자산을 일구었다. 20년에 60배 정도의 수익률이라면, 뭐라고 할까 괄목하다고 표현하긴 좀 그렇지만, 꽤 잘한 편이라고 이야기할 수 있는 수익률이다. 그러나 수익률도 수익률이지만, 투자와 관련해서 스트레스가 거의 없다는 것이 오 형의 가장 큰 강점이다. 왜 이 형이 스트레스 없이 무난한 자산증식을 일구어냈는지 살펴보자.

오 형의 특징은, 보통 투자하다가 맞보게 되는 일명 '대박' 종목을 경험한 적이 그다지 많지 않다. 그도 그럴 것이 웬만큼 수익이 나면 수익을 확정해 가는 스타일이라서 그러하다. 또 거의 언제나 현금이 풍부하다. 현금을 그냥 들고 있을 때가 상당하다. 필자와 가끔씩 만나서 식사를 할 때에, 필자가 '형, 이 종목이 이러이러해서 굉장히 좋고, 상황이 이렇게 전개되면 어느 정도 수익이 나는 건 참 뻔해요'라고 이야기해도, 자기 기준에 맞을 정도로 안전하고 저렴하지 않으면 별로 손을 대지 않는다. 여기까지 이야기들은 독자들은, '아니 어떻게 그렇게 해서 그만큼의 수익을 내었느냐'라고 물을 거 같다. 그 형의 구체적 수익률을 분석해 보면 그 신비가 풀린다.

2000년부터 내체직으로 연 20% 내외의 수익률을 꾸준히 기록해 오고 있고, 손실을 기록한 해는 2008년 -20% 수준과 2011년 -2.6%

딱 두 해만이 손실을 기록한 해였고, 그다음은 꾸준한 흐름이었다. 물론 2008년 폭락 후엔 큰 수익을 내기도 했기에 60배 가까운 수익이 가능했다. 필자와 만나서 이야기하다 보면… 항상 '너무 자신감이 과한데', '그렇게 공격적이면 안 되는데' 하면서 필자의 안전운행 멘토 역할을 하신 분이다.

사실 여전히 오 형을 만나서 이야기할 때면, 좀 답답하기도 했다. 그러나 이제는 충분히 이해가 된다. 느리게 가더라도, 꾸준히만 가면 투자자는 어느 정도 성과를 얻을 수 있다는 것. 오히려 일반 투자자에게는 가장 필요한 '태도 모델'이 바로 오 형 스타일이라는 것 말이다.

오 형의 자산운용은, 2020년 코로나19 사태 때에 빛이 발산된다. 보유하고 있던 현금을 3월 중순 사람들이 공포에 질려 신음하던 그 시점에 쏘기 시작했다.

필자와 다음과 같은 대화를 나누었다.

"형, 몇몇 고객들은 미치려고 해서 위험관리 좀 해야 할 거 같아요."
"어? 아닌 거 같은데? 나는 이제 사기 시작했어."
"아 그래요? 그렇죠 지금 사야 할 때지? 위험관리한다고 팔 때는 아니죠?"
"나 잘은 모르는데, 내 판단엔 지금은 사야 하는 때 같은데."
나중에 확인해 본 결과, 오 형은 그 폭락세에도 현금을 다 쓰지 못하고, 50%를 남겨두었다. 더 쓰고자 했지만 이미 시장이 올라가고 있었다는 이야기다. 그럼에도 그는 아쉬워하지 않았고, 이미 목표연수익률을 초과했다는 것에 매우 만족해하고 있다. 그러면서 나에게 하는 말은,

"연 수익률을 초과 달성했는데, 앞으로 6개월이나 남아있잖아."

"나 아주 만족해."

옆에서 아쉬워하는 필자에게 오 형이 한 말이다. 물론 현금의 사이즈가 더 커지고 있었던 것도 당연한 일이고 말이다.

단, 오 형은 자전거를 탈 때 모습은 매우 공격적이고 저돌적이다. 위험회피 심리가 항상 있지만, 그 안에 숨겨진 본능이 자전거를 타면서 나오는듯하다. 덕분에 필자보다도 훨씬 더 빠르고 또 사고도 많았다는 건 매우 이채롭다.

· 따라가기 힘든 절정 기량 고수, 고 군

필자에게 가장 인상적인 투자 성과를 발휘한 친구 고 군이 있다. 이 친구 이야기를 여기서 다뤄야 하나 고민을 했다. 이야기해봐야 일반 투자자들 입장에서는 따라가기가 매우 힘든 모델이기 때문에, 혹여 투자를 시작하는 사람들에게 절망만 줄까 봐 걱정되었기 때문이다.

일단 고 군은 대학교 시절 푼돈으로 시작해서, 이제 곧 자산가의 대열에 끼게 될 친구나. 자산가 대열에 끼게 될 때 그의 투자 형태가 어떻게 바뀌게 될지가 그에 대해 필자가 가장 궁금해하는 사항이다. 아

마 투자방식은 지금과는 분명 다른 궤적을 보이게 될 것으로 판단된다. 결국 규모가 투자의 방식도 바뀌게 할 수밖에 없을 것이다.

일단 수집한 데이터의 양과 그동안 쌓아놓은 공부의 양이 월등하다. 투자가 습관화, 즉 뇌화된, 뇌의 구조를 바꾼 전형적인 예인데, 무엇보다 재미나서 그렇게 했다는 것이 괄목할만한 점이다. 밤새워 연준의 발표를 확인하고(지금은 안 그런단다) 모든 산업리포트를 읽고 업종별 내용을 파악하고, 투자할 기업을 그 기업 사람보다 더 샅샅이 분석하는 방식이 피터 린치를 연상케 하는 친구다.

이 친구의 핵심 투자 포인트는, '시장의 오해를 산다'는 것이다. 시장의 오해라는 것은 산업현장과 소비현장에서는 분명히 트렌드가 우상향하고 있는 업종이고, 매출과 이익 성장이 확실한 영역임에도 불구하고, 시장이 가격을 다 메기지 않고 있는 그런 기업을 주로 공략을 하는 것이다. 물론, 자기가 생각하기에 충분히 저렴한 가격에 있는 놈들만 골라내는 피킹 작업에서 그 수완을 발휘한다. 이는 곧 그가 엄청나게 많은 기업을 파악하고 분석한다는 이야기가 되겠다. 가끔씩 고군과 이야기하다 보면, 그 넓은 기업 커버리지에 놀라곤 한다. 물론 이미 투자 경험이 20년을 넘었기에 그동안 꾸준히 해온 업력이 쌓인 부분도 분명히 있다. 그렇지만, 어느 정도 투자 성공의 반열에 올라가있음에도 불구하고 지속적으로 기업을 업데이트하는 것은 매우 인상적인 대목이다.

이런 특장점에도 불구하고 고군을 가장 빛나게 하는 대목은, 위험

회피 능력이다. 위험한 상황, 또는 불확실한 상황이 왔을 때, 너무나 그 위기 상황을 잘 피하는 모습이 경탄스러웠는데, 그 비결은 다음과 같다. '팔기도 잘하지만 사기도 잘 산다. 내 판단이 틀렸으면 주저 없이 반대 포지션으로 넘어간다' 이게 무슨 말인고 하니, 위험이 다가오는 것 같으면, 현금의 비중을 급격히 높인다. 그런데 생각했던 그런 위기가 다가오지 않고 자기의 판단이 틀릴 경우 주저 없이 다시 매입 포지션으로 자신의 포지션을 변경한다. 그런데, 놀라운 것은 그렇게 팔아둔 상태에서 시장 붕괴와 폭락과 패닉이 꼭 발생한다는 점이다. 이 말인즉슨, 자주 현금 포지션으로 들어와있다는 이야기다. 지금 한 이 말이 무슨 말인지 이해하는 사람은 복이 있다.

이러한 투자 태도 덕분에 투자생활 21년간, 단 한차례도 연 수익률이 마이너스가 난 적이 없고, 위기 이후에는 매번 큰 폭의 이익실현이 가능했다. 수익률은? 정확히 이야기해 주지 않는다. 여하튼 2020년 코로나19 이후, 무난히 백만 %의 수익을 돌파했을 것으로 필자 증시 각도기 계산기는 추산하고 있다. 정확한 것은 고 군만이 알 것이다.

위의 두 사람에게서 찾을 수 있는 중요한 공통점이 있다. 위험관리에 민감한 편이라는 것이다. 두 사람의 차이는 수익을 내는 수익률의 차이 정도다. 그럼에도 두 사람은 일맥상통한다. 위험관리가 가장 중요하다고 이야기하고 있고, 연 수익률에서 마이너스가 안 나는 것이 중요하다고 말이다. 위험을 어떻게 관리하느냐는 것은 자기 선호 방식을 따른다. 6천 %이든, 백만 %이든 삶의 질은 크게 다르지 않다. 다들 적당한 경제적자유를 가지고 자기 삶에 만족하면서 살아간다. 이두 사람을 동시에 일컫는다면, 이렇게 부르고 싶다.

'복리의 마법사들!'

• 멋진 삶의 표본, 최 형

다음으로 소개할 숨은 고수는, 개인 투자자들에겐 정말 둘도 없이 귀한 모델이 될 것이다. 위의 두 사람의 경우엔 상당한 훈련이 필요하지만, 이제부터 소개할 고수는 원칙을 잘 지킨다면, 일반 투자자들도 캐치업 할 수 있는 모델이기 때문이다. 이 모델의 주인공은 최 형이다.

최 형은 항상 여유롭고 멋진 삶을 즐기며 산다. 음악을 즐길 줄 알고 여행을 좋아하며, 와인을 즐기고 문화를 향유하며 삶의 가치를 음미하며 사는 분이다. 옆에서 이분을 볼 때마다 참 멋지게 나이 먹고 있구나 하는 생각과 함께 투자자의 삶으로서 귀감이 된다는 생각을 많이 하게 하는 케이스다.

다른 투자자에 비해서 월등히 여유를 가진 투자자인 최 형의 투자 모델을 살펴보자.

최 형은 다른 사람과는 좀 다르게, 한국인 자산 증가율을 자신의 타깃 벤치마크Bench-Mark(투자할 때 기준, 특히나 수익률의 기준이 되는 좌표, 일반적으로 한국 금융 투자자들은 한국의 거래소 수익률을 벤치마크로 활용한다)로 설정했다. 코스피 수익률보다는 일종의 체감 실질 인플레이션률을 만든 것인데,

한국인들이 자산을 운용하게 되면 일반적으로 수수하게 거두게 되는 수익률을 타깃으로 하여 자신의 자산을 관리한다. 그렇기 때문에 우리가 시중에서 살아갈 때 느끼는 일반적인 가계 순자산 증가 수준이라 볼 수 있는 약 5% 수준을 벤치마크 수익률로 설정한다. 과거엔 이보다 더 높은 수익률이 벤치마크 수익률이었고 최근엔 좀 더 낮아지는 추세다. 기준이 이렇다 보니 플레이도 다른 투자자들과는 확연히 다르다. 목표 수익률은 자신이 세운 개인 타깃 수익률의 2배를 설정하여 포트폴리오를 구성한다. 그러다 보니, 투자 기초자산의 성향도 다른 사람들과는 조금 다른 개념이다. 기초자산의 성향이 거의 fixed income이라고 부르는 채권과 같은 성향을 가지고 있다. 그런데 투자 대상은 채권이 아닌 주식이다. 메자닌인 CB나 BW를 투자하는 것도 아니다. 그러나 그의 투자 기초자산을 들고 있으면, 영어 표현인 fixed income이 너무나 잘 들어맞는 자산에 투자한다. 필자는 최 형의 이야기를 들으면서 '주식에서도 이렇게 놀라운 수준의 fixed income 세상이 있다니!' 하면서 경탄했다.

핵심 투자 포인트는 배당과 추가적인 옵션이다. 자신의 벤치마크를 확실하게 달성할 옵션이 달린 배당 주식들을 찾아내는 작업에 집중한다. 단순히 배당률이 높은 것만을 찾는 것이 아니라, 배당의 지속성과 안정성, 그리고 추가적인 옵션이 달려있는지를 파악해서 투자를 결정한다. 특별히 배당과 함께 추가적인 사항들이 달려있는 기업에 투자하는 것을 선호하는데, M&A 이슈가 걸려있다던가, 기업이 가지고 있는 자산의 활용도가 극단적으로 높은 경우를 선호한다. 이런 기업의 경우, 높은 수준의 배당률과 더불어 이벤트 발생에 따른 높은 자본차익을 선사하기 때문에 평소에는 꾸준히 배당을 통해 수익을 확보하지만, 가끔씩 이벤트 발생을 통해 상대적으로 높은 수준의 자본 이익을 획득하게 된다. 더불어 향후 배당이 더 올라갈 수 있는 기업, 즉 기대 배당수익률이 목표수익률에 부합하는 기업들을 찾는데 노력을 집중한다. 이런 흐름을 통해서, 최 형은 자신의 타깃 목표수익률을 달성한다. 평소 배당 수익과 가끔씩 발생하는 이벤트에 의한 자본 수익을 합산해 연 수익률로 환산을 해보면, 자신이 목표한 실질 가계자산수익률의 2배 수준인 세후 10% 수익이 달성된다. 이해가 잘 안 되는 독자들을 위해 예를 들어보면, 배당률이 높고 배당 지급이 꾸준할 기업들을 주로 매입을 하는데, 단순히 배당률만 높은 기업이 아니라, 회사의 향후 진로상 이벤트 발생 가능성이 높은 쪽에 투자한다. 이미 여러 번 배당투자를 한 기업들이 지주회사화 되면서 M&A 되는 경험을 가지고 있고, 그런 이벤트가 발생하면, 그동안 받아왔던 배당금 외에 수배에 이르는 자본차익을 획득하게 된다.

또, 하나 최 형의 투자 원칙 중 중요한 부분은, 기초자산의 가격-가치를 점검하여(가격이 올라) 가치를 상당 수준 초과한 경우엔, 가격-가치가 저렴한 주식으로 포트폴리오를 변경한다는 것이다. 대표적인 사례가 이번 2020년 코로나19 사태 때 발생했는데, 본인이 소유한 기업들은 워낙에 높은 배당률을 자랑하는 기업들인지라, 코로나19 사태에도 불구하고 주가가 별로 빠지지 않았다. 그러나 시장에서는 패닉셀링에 의해서 바닥에 나뒹구는 주식들이 많았고, 덕분에 건실하고 꾸준히 배당을 많이 주던 회사들이 주가가 폭락하면서 배당률이 급격하게 올라가게 되었다. 평소 꾸준히 시가 대비 5%의 배당을 주던 회사 주가가 반토막이나자 시가 배당률은 10%로 올라가게 된다.

그 당시 최 형이 보유하고 있던 주식은 가격 변동이 별로 없던지라, 그 주식을 매도 처분하고 바닥에 나뒹구는 주식으로 포트폴리오의 바구니를 채우게 된다. 결과는? 뻔하지 않겠는가? 물론 패닉셀링 후에 떨어진 주식을 주워모을 때도 그가 세운 기준에 따라 포트폴리오를 채웠다. 배당의 안정성, 지속성 등이 담보가 되는 기업을 매입했고, 코로나19사태가 지속된다고 할지라도 영위하고 있는 사업모델이 훼손되지 않고 지속될 수 있는 그런 기업들을 찾아 포트폴리오 변경을 진행했다.

일반 투자자들이 최 형에게서 꼭 배워야 할 부분, 그리고 다른 고수 투자자 모델과 다르게 일반 투자자도 따라 할 수 있는 모델 부분은 그가 어떠한 상황에도 이런 원칙에서 크게 벗어나지 않고 투자를 지속하고 있다는 것이다. 그런데 그의 투자 원칙은 아주 현란하지는 않다. 그러나 엄격하다. 사실 인간이란 존재가 원칙을 정확히 따라가는 게 쉽지는 않다. 그래서 이 모델은 추종 가능하나, 이 원칙을 끝까지 잘 지키는 게 쉽시는 않을 것이다.

실제로 이번 코로나19 사태 당시의 최 형의 경험담은 흥미롭다.

"폭락을 하잖아~ 무섭지. 가지고 있는 자산들 평가액이 폭락을 하니 '아, 이게 뭐지'하면서 무서운 마음이 들지."

"이럴 때 내 원칙을 되뇌지, 그리고 결심을 해. '그래 원칙대로 실행하자.'"

"이번에 마음이 많이 흔들렸는데, 그동안 내가 쓴 글을 다시 읽으면서 마음의 평정심을 찾았어. 예전엔 투자 고전들을 읽으면서 마음을 다잡았는데, 이번엔 내가 쓴 글을 통해서 훨씬 더, 큰 영향을 받았다니까. 사람이 오래 살다 보니 그렇게 되더라."

"그리고 그 원칙대로 추가 매입을 했는데, 더 떨어지잖아."

"그래서 내가 감당할 수 있다고 세운 원칙에 따라 레버리지를 사용해서 추가로 더 매입을 했지."

그가 세운 레버리지 원칙이 궁금했다. 어떤 원칙인지 물었더니,

"내가 1년에 받는 배당금과 내가 1년에 벌 수 있는 연봉 그걸 합한 금액이 내 레버리지 사용액이야. 그 정도는 내가 담담하게 감내할 수 있는 수준이니까."

그는 최근 더 편안한 마음으로 생활하고 있다. 그의 배당금이 온전히 그의 연간 연봉을 넘었기 때문에 좀 더 자유로운 삶을 추구하기로 했기 때문이다. 그리고 투자자들에게도 이렇게 전한다.

"꾸준히 기준을 가지고 배당금을 쌓아가는 투자를 진행하면 언젠가 그 배당금이 연봉 수준에 다다르게 만들 수 있어요. 그러면 소위 말하는 '경제적자유'를 달성한 것이라고 봐요."

이런 투자 원칙 때문인지, 필자가 그동안 만나본 투자자 중에서 가장 여유가 있으며 삶을 만끽하는 투자자가 바로 최 형이다. 가끔 같이 식사를 하게 되면 항상 기대가 된다. 왜냐하면 필자가 평소 구경하지 못했던 아주 유니크하고 신기한 맛집들을 데리고 가 주기 때문이다. 삶을 어떻게 사는 것이 멋들어진 삶인지를 누구보다 잘 실천하고 있다는 점에서 그를 그렇게 만들어주는 투자법은 투자자들에게 어필한다. 물론 그는 자기가 목표한 세후 연평균 10% 수준의 수익률을 꾸준히 올렸고 누구보다 편안한 투자를 하고 있다. 필립 피셔가 쓴 책 『보수적인 투자자는 마음이 편하다』의 전형적인 예가 아닐까 싶다. 적절한 수준의 경제적자유와 그것을 삶의 가치로 녹여 가는 그의 삶이 누구보다 인상적이었다.

최 형이 투자할 때 핵심 아이디어는 자기가 설정해 놓은 기준을 스스로에게 엄격하게 적용하여 투자한다는 것이다. 최 형도 손실 발생의 해가 없다는 점이 인상적이다.

무엇보다 일반인들이 흉내 내고 현실에서 즉시 적용 가능하다는 측면에서 최 형의 투자법을 모든 투자자들이 꼭 마음에 새기고 넘어가면 좋겠다.

유 군은 필자의 친구다. 나는 옆에서 유 군이 어떤 과정을 통해서 성장해 왔는지를 잘 봐왔다. 나는 그를 일컬어 죽순, 퀀텀점프의 전형이라고 표현하고 싶다. 그도 나와 마찬가지 참으로 많은 실패의 길을 걸어왔다. 무려 10년이란 세월 동안, 수익과 손실을 반복하면서, 제자리에서 쉽게 헤어 나오지 못했다. 그럼에도 그런 어려운 상황에서도 그는 포기하지 않았고 정진에 정진을 거듭했다.

증권업계에 하루 발표되는 리포트는 대략 30~50개 정도. 그는 이 모든 리포트를 매일같이 확인한다. 아침 7시 출근을 해서, 마치 정화수를 떠 조왕에게 두 손을 비비며 정성을 올리던 우리 옛 어머니들처럼, 매일 새로 업데이트된 리포트를 확인한다. 그리고 그 전체 리포트들에서 맥락과 흐름을 파악한다. 시장의 트렌드를 읽어내는 과정이다. 매일같이 쌓는 이 과정이 그를 만들고 성장시켰다. 그리고 임계치를 넘어서자 폭발적으로 성장했다. 하루아침에 달라진 자산이 만들어진 것이다. 자산의 증가는 폭발적으로 이루어졌지만, 그런 폭발이 가능하도록 기초를 세우는 과정은 그야말로 인내에 인내를 쌓는 과정이었다. 포기하지 않고, 좌절된 수많은 상황들을 이겨내면서, 칼을 갈고닦아, 결정적 순간에 정확히 목표물을 쪼개내었던 것이다.

이러한 과정에 진입하는 과정에서 중요한 역할을 한 것이 있는데, 바로 증권사 직원으로서 생명줄처럼 여겨지던, '주식 트레이딩'을 포기했다는 것이다. 트레이딩을 포기한 후 그에게 새로운 인생이 찾아왔다. 그동안 쌓아왔던 내공에 바른 투자법이 붙은 것이다. 초음속 비행기에 토마호크 미사일을 추가 장착한 것처럼 궤멸적 위력이 발휘되기 시작한 것이었다.

유 군은 투자 인생 초기부터 집중투자를 해오고 있었다. 그래서 본격적으로 투자 인생을 시작한 2000년부터 수많은 승과 패를 거듭했다. 2000년부터 무려 거의 10년 가까운 시간을 통해서, 성공과 실패를 거듭하면서 투자의 방법이 가다듬어졌지만 집중투자라는 그 방법은 고수하고 있었다. 투자 인생 10년이 다가오던 2010년 즈음, 그에게 획기적인 사건들이 발생하기 시작한다. 그동안 공부하고 투자하던 기업 중에서 3배, 즉 300% 이상 수익을 내는 종목들이 출현했기 때문이다. 이런 성공 이후 그는 증권사에서 주로 행해지던 트레이딩을 내려 놓기 시작하였다. 밑으로 뿌리를 내리던 죽순이 일순간에 키를 죽죽 키워나가는 퀀텀점프를 하듯, 누적수익률이 폭발하기 시작한다.

집중투자 × 장기투자

집중투자란 특기에 장기투자란 추진체가 붙는 순간, 마치 초음속비행기에 토마호크를 단 듯한 위력이 발생하게 된다. 퀀텀점프가 시작된 것이다. 10년 기간 동안 자산은 약 5,000% 증가하게 된다. 엄청난 속도의 자산 증가다.

유 군 투자의 또 다른 특징은 투자한 기업을 철저히 파악한다는 것이다. 확인 또 확인을 한다. 집요한 수준, 아니 그 이상으로 투자 기업에 대한 확인을 거치는데, 나중에는 기업 IR 담당자들이 기피하는 인물이 되기도 한다. 그러나 투자 규모로 인해서 함부로 할 수도 없는 기업 입장에서는 계륵 같은 존재이기도 하다. 이런 습관이 든 데에는 과거 10년간의 실패가 큰 작용을 했다. 2000년 IT 버블 당시, 수천만 원으로 수십억, 수백억을 벌었다는 신화 같은 이야기가 언론에 회자되곤 했는데, 유 군은 그걸 보고 자신도 충분히 잘 할 수 있겠단 생각에 투자에 뛰어들었다가 초기 10년간 산전수전 경험하며 고통과 슬픔의 여러 순간을 겪으며 몇 가지 생각들이 정립이 되었다.

"내 생각엔 정말 열심히 회사 파악하고 아무리 샅샅이 확인을 해도 내 판단이 잘못될 수 있고, 기업의 진행 방향을 정확히 알 수가 없잖아."

"그렇기 때문에 확인 또 확인을 하는 수밖에 없지 뭐."

"그래서 궁금한 게 생길 때마다 전화하고 계속해서 확인하는 수밖에 없어."

확인에 또 확인. 심지어는 투자한 기업에 대해서 수백 번에 이르는 전화를 하는 경우도 있다. 아 물론 장기투자이기 때문에 그 기간은 몇 년에 걸친 것이다. 혹시 이 글을 읽고 기업에 매일같이 전화하는 독자들이 생길까 봐 약간 걱정인데 그 정도까지는 아니다.

필자같이 업계에 있는 투자자에게 유 군의 경우는 주목할만하다. 실제로 업계에 몸담고 있는 경우, 특히나 소위 '브로커리지' 업무를 담당하고 있는 증권사 리테일 직원들의 경우에겐 참고될 내용이 많다. 필자도 현장에서 경험을 해보면, 브로커리지를 잘하면서, 자산을 불리는 것은 정말이지 선택된 몇몇 사람에게만 가능한 일이다. 그래서 실제로 브로커리지 현장에서 자산을 키운 사람들은 대체로 장기투자와 단기 투자분을 따로 떼어서 운용하는 사람들에서만 발견할 수 있었다.

혹시나 본책을 읽는 독자 중에 브로커리지 현장에 계신 분이 있다면, 단기 트레이딩으로 자산을 증식시킨다는 게 얼마나 어려운 작업인지를 인지해 주시면 좋겠다. 보통의 자산증식은 선택된 몇 개의 기업 중 홈런을 치는 종목들이 나올 때 진행되는 경향이 높다. 유 군은 바로 그런 점을 실제 확인해 준 사람이기도 하다.

유 군은 오늘도 여전히 아침 일찍 출근해 그날 발행된 리포트들을 확인하고, 시장 전체의 트렌드를 파악한다. 그리고 이 습관은 촉이 되어, 불현듯 아침에 "OOO 기업 오늘 주가 많이 오를 거 같아~"라는 말을 남기면 그 예언이 실현된 경우를 여러 번 목격하게 된다. 습관이 촉이 된 대표적인 예가 되겠다. 아 물론, 대체적으로 강세장 상황에서 그렇게 된다는 점도 기억해야 한다. 약세장에서는 애널리스트들의 리포트도 잘 먹히지 않으니 말이다.

이외에도 여기에 기술하지 못한 대단한 숨은 고수들이 많다. 향후 한국의 숨은 고수들 열전을 만들어볼 수 있길 기대하면서, 아쉬움을 달래고자 한다.

우리는 이 장에서 해외 유명 투자자와 국내 숨은 고수들을 만나보았다. 모두들 다양한 방식으로 투자 업적을 쌓은 사람들이다. 그리고 그 과정들은 글로 다 표현하기 어려운 깊은 노력들이 있었고 오랜 시간 정진이 있었다. 포기하지 않고 또 즐기며 그 과정을 진행한 사람은 칭찬받아 마땅하지 않을까 싶다. 초보 투자자들에게 길을 만들어 보여주고 있으니 말이다. 본 책을 여기까지 읽은 투자자들도 그 길을 따라 투자 대가로 성장하고 거듭나길 간절히 바란다. 특히 2020년 동학 개미운동으로 일컬어지는 자산 대이동 상황에서 투자를 시작하신 분들은 여기에 나온 여러 가지 투자의 태도에 대한 이야기들을 마음에 새겨서 훌륭한 투자자와 자산가와 자본가로 성장할 수 있길 소망해 본다.

금융시장이 발전하고, 자본을 통한 산업 생태계의 확장과 새로운 벤처기업들이 활성화되고 젊은이들이 자신의 꿈을 마음껏 펼칠 수 있는 그런 환경들이 만들어지길 다시 한번 소망한다. 그리고 나는 믿는다. 분명히 이런 일들이 현실이 될 것이라고 말이다.

 맺음말

어떤 투자자가 될지 결정하고 시작하라

· 화폐의 가장 강력한 특징은 무엇일까?

보통 우리가 화폐의 성격을 이야기할 때는 거래의 편이성, 가치의 저장, 그리고 가치 측정 및 평가 등, 거래/저장/측정이라는 측면에서 접근을 한다.

그런데 이런 화폐에 대한 의미 분류는 화폐의 기초적인 성향만을 반영한 것이다. 이러한 화폐의 기초적 개념이 시간과 만나면, 전혀 다른 차원으로 발전하게 된다.

거래, 저장, 측정이라는 3가지 요소에 시간이 보태짐에 따라 화폐는 거의 무소불위한 능력을 가진 존재가 되었다. 즉 돈이라면 거의 모든 것을 할 수 있는 능력을 소유하게 되었다는 것이다.

돈을 위해 '영혼을 파는' 행위들을 테마로 한 영화를 찾는 것은 사랑 노래를 찾는 것만큼이나 쉬운 일이다. 돈이 사람의 영혼을 살 수 있는 상황이 도래한 것은 돈이 절대적 금기의 영역인 '시간' 영역까지도 침범해 들어갔기 때문이라고 나는 생각한다.

'집단지성'이라는 말이 있는데, 사실 이 개념도 시간이라는 지평을 놓고 생각을 해보면, 집단지성이 발휘되는 그 과정은 시간의 농축이란 개념이 들어있다. 여러 사람들이 한자리에 모여서 자신의 시간을 들여 아이디어를 모아서 쌓아올리는 과정이기 때문에 여러 사람들의 시간이 한자리에서 응축이 된다는 개념으로 풀이할 수 있다. 원래 시간은 존재의 바탕이 되는 개념이었다. 그렇기에 인간이 제어할 수 없는 신적인 어떤 것으로 취급되었는데, 돈은 그 시간 위에 자기 존재를 녹이는 데 성공한 것이다.

그런 측면에서 돈이라는 것의 가치는 모든 것의 기준이 되는 가치가 되었다. 과거에는 돈으로 살 수 없다고 생각되었던 것들도 점차 돈으로 살 수 있는 영역으로 도치되는 과정들을 우리는 꾸준히 목격하고 있다.

결국 이는 돈에 의해서 개별적 가치가 뭉퉁해지는 일종의 몰가치화를 불러오게 되는데, 몰가치화를 통해서 사실상 돈은 신의 위치를 점하게 된다는 게 현대자본주의 문명에서 우리가 인정하든 안하든 목격하게 되는 부분이다.

이런 이야기를 이미 멋지게 남긴 철학자가 있다. 게오르그 짐멜은 우리에게 이렇게 이야기한다.

"첫 번째가 수평화, 평등화 그리고 아주 멀리 떨어져 있는 것까지도 동일한 조건하에 결합시킴으로써 더욱더 광범위한 사회 영역을 창출하는 방향이라면, 두 번째는 가장 개인적인 것을 성취하고 개인의 독립성 및 인격형성의 자율성을 보존하는 방향이다"
"한편으로 어디에나 동일하게 통용되는 매우 보편적인 이해관계, 결합 수단 및 의사소통 수단을 제공해 주며, 다른 한편으로는 매우 현저한 인격의 보존, 개별성 및 자유를 가능하게 해주기 때문이다."

그리하여
"돈은 점점 더 모든 가치의 절대적으로 충분한 표현과 등가물이 됨으로써, 추상적인 수준에서 모든 다양한 대상을 초월하게 된다. 또한 돈은 지극히 대립적이고 이질적이며 멀리 떨어져 있는 사물들이 공통점을 발견하고 서로 접촉하는 중심이 된다. 이렇게 해서 돈도 사실상 신처럼 개별적인 것을 초월하며 자신의 전능을 마치 최고 원리의 전능인 양 신뢰하도록 한다. 그리하여 우리를 언제든지 이 개별적이고 비천한 것으로 말하자면 다시 개종시킨다." (게오르그 짐멜, 돈의 철학, 도서출판 길)

철학자라 그런지 글을 참 멋지게 쓴다. 신적 위치에 서있게 된 몰가치화의 선봉 돈.

문제는 이런 몰가치화에도 불구하고 인간존재는 각자 자기만의 가치가 있다는 것이다. 그런데 돈을 통한 이런 몰가치화를 따로 의식하지 않으면, 그 흐름에 매몰될 가능성이 매우 높다. 건조한 이성과 냉철함은 몰가치화와 환상의 조화를 이룬다.

그럼에도 불구하고, 세상은 나름의 의미와 존재함을 가지고 있다. 봄꽃이 지고 나면 들판은 온갖 꽃들로 흐드러진다. 개나리, 진달래, 벚꽃이 지고 나면 진짜 꽃들이 제 모습을 드러낸다. 그런데 문득 내가 그 여러 이쁜 꽃들의 이름 중 꽃 이름을 아는 게 거의 없음을 깨달았다. 그러면서 다시 스스로에게 반문한다. '내가 알고 있는 것들이 얼마만큼의 의미일까?'라고…

투자의 태도를 넘고 나면 투자자의 태도가 우리 앞에 남는다.

투자로 부를 일군 사람들은 다 각자 독특한 성향들이 있다. 독특한 성향을 향기로 만들어가기를 소망해 본다.

그리고 이 책을 읽은 독자들도 앞으로 그런 부의 성공에 이르게 될 것이다. 그런 성공을 이룬 후 항상 뒤돌아봐야 할 것은, 내 마음에 향이 나는 가다.

강철 같은 의지와 로봇같은 냉철함으로 성공 투자를 일군 후에도 따뜻한 심장을 잃지 않는 그런 투자자들이 더 많이 나온다면, 사회는 보다 아름다워질 것이다. 책을 쓰면서 내내 바라던 한 가지는 이것이다. 이 책 독자들 중에서 따뜻한 심장을 가진 투자의 터미네이터와 투자의 어벤져스가 많이 나오길 말이다. 그런 보람들이 많이 나오길 나는 간절히 바란다.

내가 책을 쓰다니, 그것도 투자 관련 서적을….

둔하기 짝이 없고 고집이 세고, 게다가 똘아이 기질까지 두루 갖춘 사람이 책을 쓰다니, 역시 세상은 불가능한 일은 없고, 요지경이며, 별의별 일이 다 일어나는 신기와 모험이 가득한 곳이다.

나 같은 사람도 책을 쓰는데, 한국의 훌륭한 젊은이들도 용기를 가지고 정진하면, 인생에서 좋은 열매를 거둘 수 있을 것이다. 나의 장기 하나는, 잘 안되는데도 꽤나 오랜 시간 버텼다는 것이다. 버티고 가랑비 옷 젖듯 매일 꾸준히 걸으니 길이 나왔고, 풍경이 눈에 보이기 시작하더란 말 전하고 싶다. 특별히 투자의 정글, 중간중간 험한 협곡과 절벽으로 앞이 가로막혀있는 이 정글도 버티고 나가니 좋은 경치를 제공하는 여행길이 되는 걸 체험했다. 물론 요즘도 가끔씩 협곡을 맞이하면 입에서 욕지기가 터져 나오긴 하지만, 그래도 똘아이에겐 이런 스펙타클이 딱 맞는 구조구나하면서 어려움을 즐기게 된 것에 감사한다. 나 같은 사람이 했으니 누구나 가능한 길이란 걸 이야기하고 싶다.

그럼에도 지금의 내가 있는 것은 여러 도움의 기운 덕분이다. 그 기운들게 공식적으로 고맙다고 말할 기회가 없었는데, 책을 썼으니 그런 찬스가 생겨서 다행이다. 평생에 책을 많이 내지는 못할 거 같으니 이 지면을 빌어 감사의 인사를 해야겠다.

투자의 업이라는 것 자체가 매우 사회적이다. 자본주의가 어느 정도 고도화되어 형성된 것이 금융시장이라는 점을 감안하면, 지금의 나는 결국 사회에 빚을 지고 있는 것이다. 사는 게 빚이 아닌 게 없다는 생각을 가끔씩 하게 된다. 나를 이 다이나믹한 나라에 태어나게 해준 하나님께 감사하고 시작하는게 그럴싸한 것 같다. 사실 어렸을 때는 '뭐 이따위 나라에 태어났~'하는 생각도 많이 했는데, 나이를 먹어 보니, 그저 고맙단 생각이 많이 든다. 일단 숨쉬는 게 자유로워서 참 좋다는 생각이 든다. 해외 나가면 이상하게 숨 쉬는 게 불편하더라~

쥐구멍에도 볕들 날이 있다고, 투자 세계에서 꾸준히 정진하다 보니 점차 수익률도 개선되고, 자산도 증식되는 게 보여 미래에 대한 부푼 꿈을 꾸고 있던 참에 삶의 변화는 느닷없는 곳에서 터졌다. 이브로드 캐스트, 삼프로TV 〈경제의 신과 함께〉에 출연하게 된 것이다. 아물론 그전에도 방송 출연은 했고, 나름 지지도 꽤 받았다. 그러나 쌍방향 소통이 되는 방송에서의 경험은 정말 신기한 모험의 나라였다. 한바탕 놀자리를 깔아주시고 잘 놀 수 있도록 길을 내주신 동환 형께 감사 인사를 올린다. 옆에서 나에게 잔소리 들어가면서도 재미난 추임새로 일반인들이 접근 가능한 투자 방송을 만들어준 영진씨에게도 고마운 마음을 전한다. (영진씨! 영진씨 자산은 제가 맡는 게 인생에 더 유리할 거예요. 열심히 해도 날 따라올 순 없어요. 그래도 혼자의 길을 개척해 가는 건 남자로서 한번 해볼 만합니다. 응원할 테니 그 길을 잘 성취하시길 빌어요.) 무엇보다 한국 투자의 구조가 변화하는 그 중심에 있었다는 건 내 인생에 매우 짜릿한 경험이었고, 이 경험을 선사해준 삼프로TV와 좋은 콘텐츠를 제작해주신 스태프분들께 다시 감사를 드린다.

그럼에도 회사가 방송에 나가는 걸 허락해 주지 않았다면 방송 참여가 불가능했을 것이다. 넓은 아량으로 방송에 참여할 수 있게 해준 신한금융투자에 감사드린다. 회사에 누를 안 끼치고 덕이 되길 바랐는데, 내가 말이 거칠어서 회사 이름을 훼손한 게 아닌가 하는 걱정이 있다. 나를 잘 알아보고, 나의 기량을 펼칠 수 있도록 격려해 주신 선배들께 감사드린다. 새로운 시대가 온다는 것을 간파한 기정 언니, 그리고 너에게 잘 맞는 일이니 열심히 해보라고 격려해 준 존경하는 리더 태순이 형, 친구 같지만 울 회사에서 가장 똑똑한 리더 윤주 언니에게도 고마운 마음을 전한다. 함께 생사고락을 같이했던 수많은 선배와 동료와 후배들이 주마등처럼 지나간다. 특별히 요즘 못난 선배인 증시각도기를 옆에서 잘 도와주고 있는 후배들에게 고맙단 인사를 전한다. 경년, 현진, 갑수, 진호 고맙다. 특히나 갑수는 네이버 카페 〈증시각도기〉의 산파 역할을 해주었다. 요즘 '핫'하다.

내 투자의 멘토들이 없었다면 이 책도 없었다. 그리고 지금의 나도 없었던 것이 분명하다. 먼저 친구이자 동료, 멘토이자 교사. 또 같은 길을 걷는 도반으로 함께해준 우보천리의 진, 선, 민, 현, 우, 엽, 만이에게 더없는 감사의 인사를 올린다. "너희들 덕분에 내 인생이 달라졌어~ 고맙다 친구들아~ 앞으로도 잘 부탁한다. 특별히 너희들에겐 이책 내가 공짜로 보내줄게~" 특별히 요즘 특별 게스트로 자주 이름이 거론되는 진만이는 나와 대적할 수 있는 경쟁자로 성장해 주어 정말 고맙다란 인사를 하고 싶다. 사실 이렇게 깜도 아니라고 생각한 친구가 역전의 발판을 마련해서 치고 나가는 모습은 나로 하여금 칼을 더욱 갈게 만든다. "올해 운용자산 2배 이상 수익 난 거 축하한다. 올해는 내가 졌고 내년에 두고 보자!!"

투자가 성장해야 하는 기점에 나에게 천사같은 멘토 역할을 해준 분들에 대한 빚은 아마 죽을 때까지 잊지 못할 거 같다. 신입사원 때 내 사수였던, 수한형! "까막눈 가르치시느라 고생하셨어요." 붉은칼 홍민형은 나에게 정확한 숫자의 개념이 왜 필요한지를 알려주었고, 기업 탐방에서 숫자 측정의 중요함을 일깨워주었다. 물론 본인이 숫자 천재이기도 하다. "형, 형은 부동산보다 주식에서 더 큰 수익이 날 수 있어~ , 내 말이 맞을걸?" 언제나 투자에 큰 자극이자, 길이었던 영한이에게도 빚진 바 많다. 고비고비마다, 투자의 길이 어떠해야 하는지, 실전투자가 무엇인지를 날카로운 언어로 깨우쳐주었다. "영한아, 다니 덕분이다." 또한 항상 나를 걱정해주는 멘토 원희형에게도 감사드린다. "형이 이야기하는 원칙을 하나하나 깨달아 나갈 때마다' 나의 투자가 성장했구나' 하는 걸 느끼곤 했어요." 앞으로 교수님이 되시는 준식이 형은 내 삶의 롤모델이다. 딴 거 없다. "나도 저렇게 멋지게 살고 싶다."

이 책 저술에 계속해서 함께 했던 대훈이, 대훈이의 앞선 경험과 축적된 지혜가 없었다면, 책은 올해 안에 나오지 못했을 것이다. 대훈이 덕분에 책 발간이 6개월은 빨라진듯 하다. 게다가 생각지도 않던 주석 작업을 해주어 진짜 초보자들을 위한 책을 만들어주었다. "고맙다 대훈아~"

책을 쓰도록 권유해주신 위너스북 안미성 팀장님께도 감사드린다. "안미성 팀장님은 저에게 있어서 병따개 역할을 해주셨네요. 병을 안 땄으면 저는 제가 무슨 맛인지도 몰랐을 거예요~"

인간이 무엇으로 살아야 하는가를 계속 돌아보게 해주는 김기석 목사님, 분투를 하고 있는 김재홍 목사님에게도 감사드린다. "자본 속을 걸어가는 서커스길에서 중요한 목표가 무엇인지 중심을 잃지 않고 돌아보게 해주셔서 감사합니다."

환갑이 넘은 좋은 친구들이 계시다. 윤석철, 한상익 박사님, 내 목표 중 하나는 이분들처럼 나이 먹는 것이다. 20~30살 나이 아래 사람과도 친구가 될 수 있는 열린 마음의 소유자들인 이분들이 얼마나 멋진지 모르겠다. 기업에 있어 경영의 중요함을 일깨워준 이유일 회장께도 감사드린다. "기업과 주식의 상관관계에서 경영의 역할을 실제로 깨닫게 해주셨어요."

무엇보다 나의 투자 파트너가 되어준 분, 내 고객분들게 감사드린다. 특히나, 일임형 자산운용인, 랩어카운트로 함께해주신 분들게 감사한다. 랩어카운트로 함께해주신 분들은 내 투자의 파트너들이다. 10년 후 내 파트너들의 평안한 노후를 멋지게 만들어 드리겠다. 특별히 중간중간 굴곡에도 불구하고 자리를 잘 지켜주신 분들에게 앞으로 큰 보답을 할 작정이다. "제가 곧 진만이 역전할거예요. 기대해 주세요"이 말도 하고 싶다. "그동안 우리는 참으로 많은 투자의 비포장도로를 걸어왔습니다. 저의 운전 실력이 많이 부족했기 때문인데요. 앞으로 고속도로로 인도하겠습니다. 저 죽기 전까지는 같이하시죠~"

항상 영감의 근원이 되는 아내 경미, "무엇보다 싹수없는 나를 잘 이끌어 인간 만들어준 것에 감사해~ 앞으로는 잘할게~" 더불어 이런 아내를 저에게 보내준 처가의 문지방에 절을 한다.

삶에 대한 도전을 주는 딸 다빈, 아들 다윗에겐 "고맙기보단 미안한 마음이 많구나~ 연예인 아빠를 두는 게 만만한 일은 아니지~ 요즘 아빠가 잠시 잠깐이지만 진짜 연예인 된 거 같아. 재수없다는 눈빛은 거두어주렴~"

나의 투자 마루타가 되어 주신 어머니 구윤분 여사께도 감사하단 말을 올린다. "엄니 계좌가 몇 배씩 커져가는 것을 보면서 투자의 자신감을 키울 수 있었어요. 투자 초기 그렇게 깨먹던 저에게 추가적인 자산을 운용해보라고 밀어주신 덕분에 일취월장하게 되었네요. 고맙습니다."

고인이 되신 아버지, 제가 방송 나가는 걸 그렇게 좋아하셨는데, "덕분에 방송 나가는 것에 대해 더 용기를 가지게 되었네요. 아버지 저 요즘 거진 연예인 되었어요~ 믿거나 말거나 말이죠~"

감사의 말을 쓰다 보니, 세상 살면서 고맙단 말을 많이 하면서 살아야겠다는 걸 다시금 깨닫는다. 제대로 고맙단 인사를 하고자 하려면, 부록을 한 권 더 쓰는 게 맞을 거 같다. 생각할수록 끝나지 않는 고마운 분들이 생각난다. "출판 일정 때문에 일일이 다 고맙단 인사말을 전하지 못해 죄송합니다. 정말 여러분들의 도움 덕분에 인간이 되어가는 거 같아요."

끝으로 쌍방향 소통을 해주신, 독자들과 청취자, 증시각도기 카페 회원들께 감사 인사를 올립니다. "고맙습니다. 여러분의 격려가 없었다면, 이 책을 출판할 생각은 꿈에도 꾸지 못했을 겁니다. 게다가 출판사가 절 찾지도 않았을 거예요. 여러분께서 저를 불러주셔서 제가 비로소 의미를 가진 꽃이 된 것 같습니다. 저도 앞으로 여러분들처럼 주변을 꽃밭으로 만들 수 있는 사람이 되어볼랍니다. 앞으로 더 발전하는 것으로 보답하겠습니다."